ADAC Rei

Gardasee

Verona Brescia Trento

von Anita M. Back

Intro

Unterwegs

Verona – das Tor Italiens 98

Gardasee Kaleidoskop

Karten und Pläne

☐ Service

Gardasee aktuell A bis Z 129

Sprachführer 137

Register 141

Leserforum

Die Meinung unserer Leserinnen und Leser ist wichtig, daher freuen wir uns von Ihnen zu hören. Wenn Ihnen dieser Reiseführer gefällt, wenn Sie Hinweise zu den Inhalten haben – Ergänzungs- und Verbesserungsvorschläge, Tipps und Korrekturen –, dann kontaktieren Sie uns bitte:

Redaktion ADAC Reiseführer
ADAC Verlag GmbH
Hansastraße 19, 80686 München
Tel. 089/76 76 41 59
reisefuehrer@adac.de
www.adac.de/reisefuehrer

Gardasee Impressionen

Ein köstliches Schauspiel

»Selbst Neptun ließ das Meer im Stich und versuchte, dem Benacus die Herrschaft zu entreißen.« Agostino Brenzone (16. Jh.)

Seit der Antike wurde der Gardasee, den die Römer *Lacus benacus* nannten, seiner Anmut und Schönheit wegen immer wieder von Literaten gerühmt.

»Heute Abend hätte ich können in Verona sein, aber es lag mir noch eine herrliche Naturwirkung an der Seite, ein köstliches Schauspiel, der Gardasee, den wollte ich nicht versäumen, und ich bin herrlich für meinen Umweg belohnt«, schrieb Goethe im September 1786 am Beginn seiner Italienreise.

Was für den Dichter ein Umweg war, ist inzwischen für viele zum ersehnten Ziel geworden. Kaum eine Landschaft hat Nordeuropäer so fasziniert und angezogen wie der Gardasee, der seit langem als Inbegriff des Italienerlebnisses gilt. Das milde Klima, die Vielfalt an Farben und Stimmungen, der beeindruckende Gegensatz von dramatischem Gebirge und sanften Hügeln zog über Jahrhunderte Schriftsteller, Dichter, Wissenschaftler und Humanisten an.

Der Gardasee ist ein ideales **Feriengebiet**. Die landschaftliche Vielfalt ermöglicht neben jeder Art von *Wassersport* auch andere Aktivsportarten wie *Bergsteigen*, *Wandern*, *Reiten* und *Golfspielen*. Nicht zuletzt präsentieren sich die Orte am Gardasee und die Städte in der näheren Umgebung dem Bildungsreisenden als eine bedeutende *Kulturlandschaft*, deren Denkmäler bis in die Bronzezeit zurückreichen. Etrusker, Römer, Ostgoten, Langobarden, Franken, Scaliger und Venetier beherrschten im Verlauf der Jahrhunderte die Region und hinterließen eine Vielfalt an Architektur und Kunstwerken. Neben Resten römischer Villen in **Desenzano** und **Sirmione** tritt vor allem die Kirchenbaukunst der Romanik mit bedeutenden Beispielen u. a. in **Verona**, **Trento** und **Brescia** hervor. Hier finden sich aber ebenso Bauwerke der italienischen Frühgotik und der Renaissance venezianischer Prägung. Die Malerei bringt unter dem Einfluss von Meistern aus Padua

(Mantegna) und Venedig (Tiepolo, Tintoretto) beachtenswerte Werke hervor.

Dem Verlauf der Uferstraßen am Gardasee folgend, gliedert sich die Reisebeschreibung der Orte und Landschaften zunächst in zwei Hauptteile, die jeweils durch Ausflüge ins Hinterland ergänzt werden.

Die erste Reiseroute führt den Besucher entlang des Ostufers über die **Gardesana Orientale** von Torbole bis Sirmione. Auf der zweiten Route über die **Gardesana Occidentale** wird das Westufer von Riva del Garda bis Desenzano erkundet. Es schließen sich **Lonato** und **Brescia** westlich des Gardasees an. Im dritten Abschnitt werden zwischen **Trento** und **Verona** die bedeutenden Städte

Ganz oben: *Blick von den Zinnen der Burg über die Dächerlandschaft von Sirmione*
Oben links: *Badefreuden am Gardasee – Sprung ins kühle Nass in der Nähe von Lazise*
Oben rechts: *Die Küste zwischen Limone und Salò heißt auch Riviera dei Limoni*
Links: *Eine atemberaubende Aussicht öffnet sich von der Wallfahrtskirche Montecastello*

und Landschaften der östlich vom Gardasee gelegenen Region vorgestellt.

Hinweise auf Informationsstellen, Hotels und Restaurants sind den jeweiligen Städten und Orten angegliedert, um schnelles Auffinden zu ermöglichen. Die Auswahl basiert auf persönlichen Erfahrungen und ist daher subjektiv.

Gebirgslandschaft mit südlichem Flair

Als »edelsteinhafte Transparenz, jenseitiges Blau« beschrieb der Schriftssteller Eckart Peterich (1900–1968) die ungewöhnlichen Farbnuancen des Wassers, das die Winde des Südens oft mit intensivem Grün mischen, während die von Norden wehenden ein tiefes Blau, ja sogar eine unheimliche Schwärze erzeugen.

Fjordartig drängt sich der **Nordteil** des Sees zwischen das beherrschende Monte-Baldo-Massiv und die Brescianer Alpen. Kristallklar und kühl bietet er das typische Bild eines Gebirgssees. Nach Süden hin öffnet er sich fächerartig, anmutig schmiegt er sich in das sanft gewellte ›Moränenamphitheater‹. Ölbäume und Weinstöcke charakterisieren die Hänge am **Ost-** und **Südufer**, während sich im **Westen**, sobald das Gebirge mit den steilen Felsabstürzen zu Ende geht, eine üppige subtropische Vegetation entwickelt. Pflanzen, die den Mittelmeerraum vorausnehmen, gedeihen hier in verschwenderischer Pracht: Oleander, Mimosen, Akazien, Hibiskus und Bougainvillea. Früher belebten auch Zitrushaine die Ufer des Sees. Ihre Früchte waren Markenzeichen für die Qualität der heimischen Produkte. Kalte Winter und Konkurrenz aus dem Süden machten ihnen den Garaus. Nur hier und da blieben ein paar ›Limonaie‹ (eine Kombination aus Zitronenhain und Gewächshaus) erhalten; sie wecken die Erinnerung an Zeiten, als auch der Gardasee ein Land war, »wo die Zitronen blühen«.

Am Rande der großen Durchgangsstraßen von Norden nach Süden und von Osten nach Westen gelegen, lockt der See als eine südländische Oase zwischen

Alpen und Poebene, ein Ruhepol und Verbindungsglied zwischen Nordeuropa und dem Mittelmeerraum.

Mit fast 52 km Länge und einer Ausdehnung von ca. 370 km² ist er der größte See Italiens. In der Tiefe erreicht er 346 m. **Erdgeschichtlich** geht sein Ursprung auf die Eiszeiten zurück, deren gewaltige Gletscher tiefe Einschnitte in das Gebirge gruben und jene gigantischen Felsformationen schufen, die sowohl das Etschtal als auch das Sarcatal auszeichnen. Als das Eis schmolz und nach Süden abfloss, lagerte sich der Schutt des zermahlenen Gerölls als Moränenhügel zwischen Verona und Brescia ab, welche die Menschen seit Jahrhunderten als fruchtbares Weinland nutzen. In der mit schmelzendem Eis ausgefüllten riesigen Talmulde bildete sich die Wasserfläche des Sees, dessen Ränder tief in die fast senkrecht abstürzenden Bergwände reichten.

Einen besonderen Platz in der Entwicklungsgeschichte des Gardasees nimmt der **Monte Baldo** am Ostufer ein. Während das Eis meterdick die Täler füllte,

blieb das über 2000 m hohe Massiv unbedeckt. Seine Höhen bewahrten dadurch eine eigentümliche endemische **Flora**, die später auftretende Alpengewächse bereicherten. Im 15. Jh. begannen Botaniker, diesen ›Garten Italiens‹ zu erforschen, und sie berichteten von der »süßen, unglaublichen und erhabenen« Schönheit dieser Landschaft und ihrer Pflanzenwelt. Einzigartig sind die *Baldoanemonen* (*Anemone baldensis*), die wilden, rotblühenden *Pfingstrosen* sowie die *Segge* (*Carex baldensis*) vom Monte Baldo, zu denen sich Edelweiß, Enzian, Alpenrosen und seltene Orchideenarten gesellen. Im frühen Sommer fügen sie sich zu einem ganz besonderen Farb- und Duftteppich.

Vielfältig sind auch die *Heilkräuter*, die in dem weiten Almengebiet wachsen. Das lang hingestreckte Massiv mit den Gipfeln Monte Altissimo, Bocca di Navene, Valdritta, Monte Maggiore und Coàl Santo ist darüber hinaus ein abwechs-

Links oben: *Die Fontana del Nettuno in Trient wirkt beleuchtet besonders elegant*
Link unten: *Der Hafen von Limone gehört zu den stimmungsvollsten Plätzen am See*
Oben: *Vor allem der Nordteil des Gardasees wartet mit idealen Surfrevieren auf*
Rechts oben: *Der Weinanbau gehört zu den wichtigsten Wirtschaftszweigen der Region*

lungsreiches Wandergebiet, in das Hütten, Almbauernhöfe und kleine Dörfer eingebettet liegen. Im Winter lockt es Skifahrer an, die mit der Seilbahn von Malcesine herauffahren.

Beherrscht von vielen Völkern

Nach der Eiszeit begannen sich die Menschen in den Hügeln und Tälern anzusiedeln. Überreste prähistorischer Pfahlbauten fand man zwischen Desenzano und Lonato sowie am Lago di Ledro. Höhlenzeichnungen an den Hängen des Monte Baldo bei Torri del Benaco berichten von frühen Kulturen. Im Laufe der Jahrhunderte ließen sich verschiedene Volksstämme an den Ufern des Sees nieder. Die **Kelten** gaben ihm den Namen ›Benacus‹, was vermutlich ›See der Halbinseln‹ bedeutet.

Mit den **Römern** begann im 2. Jh. v. Chr. die systematische Kultivierung der Region. Infolge der Christianisierung seit dem 4. Jh. entstanden neben Klöstern auch Straßen, die vor allem im Süden das Seegebiet erschlossen. Die wechselnde Herrschaft von Visconti, Scaligern, Trienter und Brescianer Bischöfen in den folgenden Jahrhunderten prägte die Kultur und die Architektur am See. Sie gab Orten wie Riva del Garda, Malcesine, Torri del Benaco, Garda, Sirmione, Salò oder Desenzano ihren besonderen Charakter. Vor allem Verona und Brescia machten ihren Einfluss geltend, ehe **Venedigs** lange Herrschaft begann. Doch auch Langobarden, Franken, Staufer und andere Herrscher des Nordens hinterließen ihre Spuren in dieser großartigen Landschaft, die schon früh die Sehnsucht und Begierde der Völker des Nordens erregte. Ihnen verdankt der See auch den neuen Namen ›Garda‹.

Nach den Venezianern kamen **Franzosen** und **Österreicher**. Zielstrebig bemächtigten sie sich der strategisch wichtigen Straßen, die den Norden mit dem Süden verbinden. Lange sollte es dauern, bis Oberitalien endlich seine Eigenständigkeit wiedererkämpft hatte.

Beliebt bei allen Urlaubern

Den kriegerischen Heeren folgte der **Tourismus**, der Ende des 19. Jh. langsam zuerst und mit Noblesse einsetzte. Vor allem im Gebiet um Salò und Gardone entstanden luxuriöse Hotels und Villen, in denen die Reichen und Intellektuellen verkehrten, die hier zunächst auch unter sich blieben. In den 1960er Jahren setzte der Tourismus dann verstärkt ein und der Gardasee wurde zum Anziehungspunkt für Urlauber mit den unterschiedlichsten Interessen. In den letzten Jahren entdeckten vor allem Sportler diese Gegend für sich: Der Nordteil des Sees bietet mit seinen beständigen Winden beste Bedingungen für Windsurfer; Kletterer und Mountainbiker zieht es in die den See umgebenden Berge.

Aber auch die Kultur und Erholung suchenden Urlauber werden fündig, sei es in den hübschen Orten rund um den See mit ihren zahlreichen, üppig freskierten Kirchen und alten Burgen, sei es in den nahe gelegenen Kunststädten Verona, Trento oder Brescia. Und mit seinen guten Weinen und traditionellen Fischgerichten ist der Gardasee auch aus kulinarischer Sicht eine Reise wert.

Oben links: *Am Gardasee kann man nicht nur Sport treiben und baden, sondern auch in stilvoller Umgebung entspannen*
Links: *Der Freskenzyklus im Coro delle Monache im Museo Santa Giulia in Brescia*
Oben: *Auf einer Terrasse über dem See lässt sich die regionale Küche bestens genießen*
Rechts: *Die Piazza Centrale ist das grandiose Entrée des MART in Rovereto*

Geschichte, Kunst, Kultur im Überblick

Von Kelten, Römern, Goten, Venezianern, Langobarden und Urlaubern aus aller Welt

Das Gardaseegebiet und das benachbarte Etschtal, die am Schnittpunkt bedeutender Verkehrswege von Norden nach Süden und von Osten nach Westen liegen, haben eine lange, bewegte Geschichte. Die Wurzeln der Besiedlung reichen weit zurück.

2000 v. Chr. Die Pfahlbautenfunde in der Nähe von Malcesine und Pai, am Lago di Ledro und im Val di Tenno zeugen ebenso wie die Felszeichnungen an den Hängen des Monte Baldo (z. B. bei Torri) von prähistorischen Kulturen.

um 1000 v. Chr. Ligurer besiedeln den Westen Oberitaliens, die Veneter den Osten.

6. Jh. v. Chr. Bedrängt von Etruskern, ziehen sich die Veneter zurück.

5. Jh. v. Chr. Besiedlung durch gallische Cenomanen, die u. a. Verona und Brixia (Brescia) gründen. ›Benacus‹, der alte Name des Gardasees, soll auf diese Kelten zurückgehen.

2. Jh. v. Chr. Gründung der römischen Provinz Gallia Cisalpina. Anomannen und Veneter arrangieren sich mit dem Römischen Reich.

Rekonstruktion von Pfahlbauten am Ledrosee

101 v. Chr. Kimbern und Teutonen dringen durch das Etschtal nach Oberitalien vor.

89 v. Chr. Verona wird römische Kolonie und erhält damit neue Rechte. 49 v. Chr. erlangen die Einwohner der Stadt das römische Bürgerrecht.

Römische Münze mit dem Bildnis Caesars

59–49 v. Chr. Caesar ist Statthalter der Provinz Gallia Cisalpina. Verona wird zu einem strategisch wichtigen Kreuzungspunkt an der Via Gallica von Brixia (Brescia) zur Adria und der Via Claudia Augusta von der Etsch über die Alpen nach Norden. Zur Sicherung der Via Claudia Augusta wird Trento, eine Gründung von Cenomanen aus dem 5. Jh., zur Militärstation ausgebaut. 46 n. Chr. erhalten die Bewohner des Trentino römische Bürgerrechte.

4. Jh. n. Chr. Das Christentum breitet sich an den Ufern des Gardasees und in den umliegenden Provinzen aus. In Verona gelingt Bischof San Zeno (gest. 372) eine durchgreifende Christianisierung.

395 Teilung des Römischen Reiches in Westrom und Ostrom; Norditalien gehört zum Weströmischen Reich.

401 Einfälle der Westgoten unter Alarich.

403 Belagerung Veronas durch Alarich, die jedoch abgewehrt werden kann.

452 Attilas Heere erobern Verona und verwüsten die Stadt. Papst Leo I. trifft sich mit dem Hunnenkönig in Peschiera; die asiatischen Reiterscharen ziehen sich auf sein Drängen zurück.

476 Ende des Weströmischen Reiches. Der Germane Odoaker – ein westgotischer Söldnerführer – ernennt sich selbst zum Rex Italiae (König von Italien).

493 Sieg des Ostgotenkönigs Theoderich (Dietrich von Bern) über Odoaker. Er regiert das Weströmische Reich bis zu seinem Tod im Jahre 526 und residiert abwechselnd in Ravenna und Verona.

568 Die Langobarden dringen mit ihrem Führer Alboin in Oberitalien ein. Verona wird Sitz der langobardischen Fürsten und Könige.

773–774 Karl d. Gr. erobert das langobardische Reich und verleiht seinem Sohn Pippin 781 den Königstitel von Italien. Die Mark Verona, zu der auch der Gardasee gehört, wird gegründet. Die häufige Anwesenheit Pippins verleiht Verona den Charakter einer Hauptstadt.

ca. 800 Am Ostufer des Gardasees hat sich ein Gebiet eigener Gerichtsbarkeit gebildet, die ›Corte di Garda‹ ist ab 849 zunehmend unabhängig von Verona.

888–962 Das Erstarken einheimischer Vasallenfürsten bringt eine Zeit politischer Wirren und Kämpfe.

Der Ostgotenkönig Theoderich trat das Erbe des untergegangenen Römischen Reiches an

Wappen des Geschlechts der Scaliger mit der Leiter (Scala)

888–924 Langobardenkönig Berengar I. versucht, ganz Ober- und Mittelitalien zu beherrschen. Er wird von den Burgundern besiegt und in Verona ermordet.

951 Die Wirren in der Nachfolge Berengars nutzt der deutsche König Otto I. zum Zug über die Alpen. Er erobert das Langobardenreich und lässt sich – ganz in der Tradition Karls des Großen – in Rom vom Papst zum Kaiser krönen. Romzug und Erwerb des Kaisertitels sind in den folgenden Jahrhunderten für die deutschen Könige von großer Bedeutung. Die Mark Verona und der Gardasee fallen an das Herzogtum Bayern.

976 Reichstag in Verona unter Otto II., es entstehen unabhängige Stadtstaaten, die sich aus dem Joch der Fürsten zu lösen versuchen. Die Bürger der Städte übernehmen selbst die Regierung, nur in Verona, im Friaul, in den Marken und in Tuszien (Mittelitalien) herrscht noch der Feudaladel. Beginn der Kämpfe zwischen kaisertreuen Ghibellinen und papsttreuen Guelfen.

1154–83 Kriegszüge Kaiser Friedrich Barbarossas gegen die lombardischen Städte, die inzwischen große Macht erlangt haben. Auch die Ortschaften am östlichen Ufer des Gardasees werden in Mitleidenschaft gezogen. Im Etschtal wird die Veroneser Klause von den Kaiserlichen gestürmt. Dagegen behaupten sich Garda und Torri 1158 gegen die kaiserlichen Heere.

1163/64 Gründung der Veroneser Liga gegen den Kaiser.

1168 Die oberitalienischen Städte schließen sich zur Lega Lombarda zusammen und vereinen sich mit der Veroneser Liga.

1176 Sieg des Städtebundes über Barbarossa bei Legnano.

1183 Frieden von Konstanz: Die Städte der Lombardischen Liga erhalten weitgehend das Recht zur Selbstverwaltung.

1437 transportieren die Venezianer Galeeren über den Pass von Nago zum Gardasee

Oben: *Kaiser Otto II. hält 976 Reichstag in Verona*
Unten: *Seine Familie prägte die Region um den Gardasee: Cansignorio della Scala*

1227–59 Heftige Auseinandersetzungen zwischen Guelfen und Ghibellinen, die vor allem in Verona zu blutigen Kämpfen führen. 1226 ist Ezzelino da Romano, ein Verbündeter Friedrichs II., in Verona als ›Podestà‹ an die Macht gelangt. 1258 gelingt es ihm, Brescia zu erobern.

1260–1387 Die guelfischen Adelsfamilien Veronas verbinden sich gegen Ezzelino und werden von Mantua, Ferrara sowie Papst Innozenz IV. unterstützt. Nach Ezzelinos Niederlage in der Schlacht von Cassano d'Adda gelangt Mastino della Scala 1259 an die Macht. Mit ihm beginnt die lange Herrschaftsperiode der Scaliger in Verona, die in ihrem Wappen eine Leiter (Scala) als Emblem tragen. Verona sowie die Region Gardasee erleben unter ihrer Regierung eine große Blütezeit. Unter Cangrande della Scala (1311–29) werden die ghibellinischen Scaliger zur wichtigsten politischen Stütze des Kaisers in Oberitalien.

1387–1405 Die von Tyrannei und Brudermord begleitete Herrschaft der letzten Scaliger endet 1387 mit der Flucht Antonio della Scalas. Das Mailänder Geschlecht der Visconti bemächtigt sich Veronas und des Gardasees.

1405 Venedig entreißt dem Erzrivalen Mailand Verona und die veronesischen Marken und gliedert sie seinem Besitz auf der Terra ferma, dem Festland, an.

1428 Die Republik Venedig erobert auch Brescia, das bis 1797 unter der Herrschaft des ›Löwen von San Marco‹ bleibt.

1437 Der Konflikt Venedigs mit den Mailänder Visconti führt zu einem Seekrieg auf dem Gardasee. Venedig schafft sechs Galeeren und 25 Barken von der Etsch über den Pass von Nago nach Torbole.

1521 Riva geht an den Kaiser verloren und wird dem Fürstbistum Trento angegliedert.

1796 Napoleon erobert die Lombardei und Venetien; damit ist das Ende der venezianischen Republik besiegelt.

1797 Frieden von Campo Formio: Das westliche Ufer des Gardasees fällt an die von Napoleon gegründete Cisalpinische Republik, das Ostufer und Verona werden österreichisch.

1805 Im Frieden von Pressburg muss Österreich Venetien an das von Napoleon gegründete Königreich Italien abtreten; Trento fällt an Bayern.

1814–15 Der Wiener Kongress verfügt nach Napoleons Sturz, dass das Veneto und die Lombardei wieder Österreich zugeteilt werden.

1848–70 Die italienische Einigungsbewegung – das Risorgimento – führt zu blutigen Kämpfen im Verlauf der italienisch-österreichischen Kriege von 1859 (Schlacht von Solferino) und 1866 (Schlacht bei Custoza).

1861 Vittorio Emanuele II. von Sardinien wird mit Billigung des ersten italienischen Parlaments König von Italien.

1866 Die Lombardei und das Veneto werden an das neu gegründete Königreich Italien abgetreten. Das Trentino mit Riva bleibt bei Österreich.

1870 Einigung ganz Italiens; Rom wird Hauptstadt.

1918 Im Ersten Weltkrieg erbitterte Kämpfe der Italiener gegen die Österreicher, vor allem bei Rovereto.

1919 Im Frieden von Saint Germain muss Österreich auch das nördliche Ufer des Gardasees und Trient an Italien abgeben.

1928/29 Extreme Fröste zerstören die meisten Orangen- und Zitonenhaine am Gardasee. Viele Bauern verlieren ihre Existenzgrundlage. Vom ›schwarzen Winter‹ erholt sich die Produktion nicht mehr.

1938 Der Dichter Gabriele d'Annunzio stirbt in seiner Villa in Gardone Riviera.

1943 Benito Mussolini, Verbündeter Hitlers im Zweiten Weltkrieg, gründet nach seinem Sturz in Rom in Salò am Gardasee eine faschistische Republik, die de facto von der deutschen SS kontrolliert wird. Die Alliierten rücken von Süditalien nach Norden vor.

1945 Auf der Flucht in die Schweiz wird Mussolini, der ›Duce‹, am Comer See von kommunistischen Partisanen erschossen und der Leichnam in Mailand öffentlich aufgehängt.

1946 Italien wird Republik.

1948 Trento wird ebenso wie Südtirol eine autonome Provinz mit Landesrat und Landesregierung.

1955 Gründung der Comunità del Garda, die sich provinzübergreifend um die wirtschaftlichen und touristischen Belange der Gemeinden rund um den See, in den Bergregionen und in einem Teil des Mincio-Tals kümmert.

1970 Einteilung des italienischen Staates in 20 Regionen. Beginn der touristischen Entwicklung rund um den Gardasee.

1977 Bau eines groß angelegten Kanalsystems zur Reinhaltung des Gardasees.

1982 In Trento beginnt eine grundlegende Restaurierung, die der Stadt in den folgenden 15 Jahren ihren alten Glanz wiederverleiht.

1960–90 Der Tourismus breitet sich im Gardaseegebiet zunehmend aus. Von ca. 2,2 Mio. Gästen 1960 steigt die Zahl auf 4,5 Mio. im Jahr 1990. Starker Ausbau der Beherbergungskapazitäten.

1990–99 Seit Beginn der 1990er Jahre ist die Entwicklung des Tourismus starken Schwankungen unterworfen. Man besinnt sich auf Qualität statt Quantität.

2000 Eröffnung des Museums der Stadt Brescia ›Santa Giulia‹ in einem mittelalterlichen Klosterkomplex. – Die UNESCO ernennt die Altstadt von Verona zum Weltkulturerbe.

2002 Zwischen Malcesine und dem Monte Baldo geht eine hochmoderne Seilbahn in Betrieb.

2004 Im November erschüttert ein Erdbeben der Stärke 5,2 die Region. Vor allem bei Salò und im Valténesi richtet es schwere Schäden an.

2008 Silvio Berlusconi gewinnt die Parlamentswahlen und wird zum dritten Mal Regierungschef in Rom.

2010 Die Fussballmannschaft des FC Bayern München hält erstmals ihr Trainingslager zur Saisonvorbereitung am Gardasee ab.

2011 Die UNESCO erhebt Zeugnisse der Langobarden in Italien zum Weltkulturerbe, darunter das Kloster San Salvatore, Teil des Santa Giulia Museo della Città von Brescia. – Im November tritt Silvio Berlusconi zurück. Nachfolger wird der Finanzfachmann Mario Monti.

2012 Die meisten Gemeinden des venetischen Ufers führen eine Kurtaxe ein. Touristen ab 15 Jahren zahlen im Hotel oder auf dem Campingplatz je nach Einstufung der Unterkunft 0,40–1 EUR pro Nacht.

Die Schuldenkrise zwingt 2011 Ministerpräsident Silvio Berlusconi zum Rücktritt

Von der Anhöhe über Limone
zeigt sich der Gardasee
von seiner schönsten Seite

Unterwegs

Gardesana Orientale – Traumlandschaft zwischen See und Olivenhainen

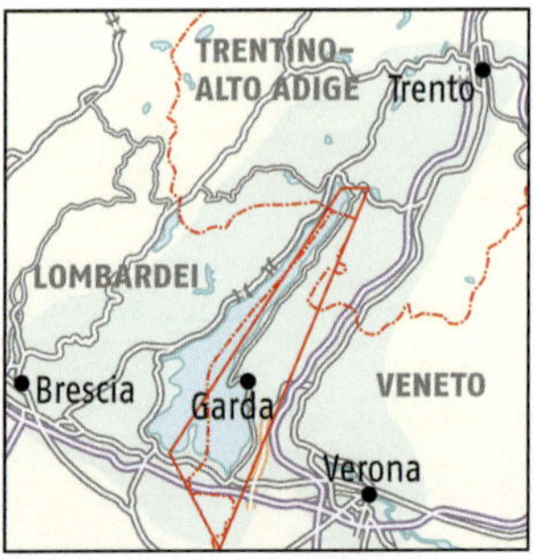

Fjordartig schiebt sich der Gardasee an seinem nördlichen Ende zwischen das Gebirge. Südlich von Riva und Torbole fallen auf beiden Seiten steile Felswände in den See, die von Gletschern glatt geschliffen wurden und nur schwer zu überwinden sind. Über Jahrhunderte gab es nur Saumpfade, die mühsam und gefahrvoll zu begehen waren. Erst nach dem Abzug der österreichischen Truppen aus dem Trentino 1918 machte man sich daran, **Straßen** zu bauen. Die Gardesana Orientale am Ostufer war 1929 fertiggestellt, die Straße am Westufer, Gardesana Occidentale, erst zwei Jahre später. Bis dahin dienten Boote als Verkehrsmittel, mit denen man von einer Ortschaft zur anderen gelangte. Und auch heute noch verkehren zwischen vielen Gemeinden des Gardasees Ausflugsschiffe und Autofähren, so von Malcesine nach Limone und von Torri del Benaco nach Toscolano-Maderno.

Durch die Temperaturunterschiede zwischen Wasser und Land entstehen die regelmäßig über den See wehenden **Winde**. Am Vormittag fällt der Tramontana oder Sover aus dem Gebirge im Norden herab. Um die Mittagszeit, nach einer kurzen Pause, kommt die Ora auf, die aus dem Süden nach Norden weht. Diesen Winden ist es zu verdanken, dass sich der Nordteil des Gardasees zu einem bekannten Surfrevier entwickelt hat.

Die **Gardesana Orientale** führt auf einer Länge von 65 km am Ostufer des Gardasees entlang. Sie verbindet Torbole im Norden mit Peschiera im Süden. Wie Perlen reihen sich die Ortschaften mit kleinen Häfen, krummen Gassen und bunten Häusern am Ufer aneinander. Man nennt diese Strecke auch **Riviera degli Olivi**, denn die jahrhundertealten Olivenbäume sind gewissermaßen die Wahrzeichen des östlichen Gardaseeufers. Die mediterrane Vegetation des Ufers verliert sich mit zunehmender Höhe. Die silbern schimmernden Olivenhaine machen der einzigartigen und charakteristischen Flora des **Monte Baldo** Platz, der die Alpenlandschaft des Trentino mit der Veroneser Ebene verbindet und mit seinem gewaltigen Rücken den Gardasee vom Etschtal trennt. Dank der Vielfalt an Blumen, Pflanzen und Kräutern nennt man ihn **Hortus Europae**. Viele der hier anzutreffenden Gewächse sind endemisch: Da die Gipfelregionen während der Eiszeiten frei von Vergletscherungen blieben, konnten sich Pflanzenarten erhalten, die im übrigen Alpenraum nicht mehr vorkommen, wie beispielsweise die wilden Pfingstrosen oder die Baldoanemonen. Der dem Süden zugewendete Kalkrücken des Monte Baldo gleicht daher einem riesigen Alpengarten.

1 Torbole

Ein Dorado für Segler und Surfer.

Das einstige Fischerdorf Torbole (2700 Einw.) breitet sich an der Mündung der Sarca in einem sonnigen Talgrund zwischen der schroffen Felsbank des Monte Brione (374 m) und den Ausläufern des Monte Baldo aus. Als Goethe hier am 12. September 1786 eintraf, war der Ort noch ein verträumtes Nest mit einem malerischen Hafen zu Füßen des schützenden Berghanges. Das Zollhäuschen an der Hafenmole erinnert an den Aufenthalt des Dichters, ebenso ein Medaillon am Albertihaus im Ortskern. Im Zollhaus soll Goethe die Umarbeitung der 1779 beendeten ›Iphigenie auf Tauris‹ begonnen haben. Die Dichtung, die er selbst als »höckerig« und »übelklingend« bezeichnete, sollte hier verbessert werden. Die italienische Landschaft als Abglanz des klassischen Griechenland erschien ihm als geeigneter Ort für neue Inspirationen. »Am Gardasee ... zog ich die ersten Linien der neuen Bearbeitung.«

Von der Beschaulichkeit aus Goethes Zeiten ist heute nichts mehr zu spüren.

Torbole am Nordende des Gardasees – diese Landschaft inspirierte Goethe bei seiner Arbeit am Bühnenstück ›Iphigenie auf Tauris‹

Torbole ist zu einem quirligen Platz für Surfer geworden, die die aus den Höhen von Nago einfallenden starken Winde nutzen. In den Straßen entlang der Uferpromenade parkt Auto an Auto, drängen sich Sportler und Schaulustige, denn der Anblick der bunten, kunstvoll über den See flitzenden Segel vor der grandiosen Bergkulisse hat einen besonderen Reiz.

Ruhiger und altertümlicher erscheint der über Torbole liegende Ortsteil **Nago**. Seine verwinkelten Gassen und pittoresken Häuser laden zum Entdecken ein.

Sehenswert sind die nahe der Straße zwischen Nago und Torbole gelegenen **Marmitte dei Giganti** (der Fußpfad dorthin ist ausgeschildert), runde, bis zu zehn Meter tief in den Fels eingeschliffene Gletschermühlen aus der Eiszeit. Auf einem kahlen, über den See vorspringenden Fels steht unweit von Nago die Ruine des einst mächtigen **Castel Penede**. Es bewachte bis zu seiner Zerstörung durch die Franzosen 1703 die strategisch wichtige Zugangsstraße zum See. Die Burg war zwischen den Familien der Castelbarco, der Arco und den Venezianern heftig umkämpft. Ein Ausflug zu der Ruine lohnt schon wegen des malerischen Panoramablickes über den Gardasee und die umliegenden Ortschaften.

Die Bucht vor Torbole lockt mit ihren starken Winden die Surfer an

i Praktische Hinweise

Information

Ingarda Trentino, Lungolago Conca d'Oro 25, Torbole, Tel. 04 64 50 51 77, www.gardatrentino.it

Hotels

******Piccolo Mondo**, Via Matteotti 108, Torbole, Tel. 04 64 50 52 71, www.hotelpiccolomondotorbole.it. Sporthotel in Seenähe mit Restaurant und Wellness.

*****Aktivhotel Santalucia**, Via Santa Lucia 6, Torbole, Tel. 04 64 50 51 40, www.aktivhotel.it. Besonders auf Mountainbiker eingestelltes Haus mit Garten, Pool, Sauna und Wellnessbereich.

*****Hotel Villa Gloria,** Via delle Busatte 1, Torbole, Tel. 04 64 50 57 12, www.villagloria.info. Moderne Familienpension mit schönem Blick auf den See.

Restaurant

TOP TIPP **La Terrazza**, Via Benaco 14, Torbole, Tel. 04 64 50 60 83, www.allaterrazza.com. Stimmungsvolles Restaurant am See mit sehr guten Fischgerichten.

2 Malcesine

Ein mittelalterlicher Ort mit Scaligerburg, in der der ahnungslose Goethe beinah als Spion verhaftet worden wäre.

Seiner schönen Lage und seines romantischen Ambientes wegen ist Malcesine (3700 Einw.) einer der beliebtesten Orte am See und vor allem im Frühling und Sommer stets gut besucht. Die schönste Aussicht hat man, wenn man sich dem Ort mit seiner kühn auf einem Kalkfelsen thronenden **Burg** per Schiff vom See her nähert. Von März bis Oktober verkehren die Dampfer und Tragflügelboote der *Gardaseeschifffahrt* zwischen den großen Orten am See, außerdem *Fähren* von Limone nach Malcesine [s. S. 136].

Das Städtchen kam durch Goethes Beschreibung zu literarischem Weltruhm. Dass er beinahe als österreichischer Spion verhaftet wurde, als er eine Skizze der Burg zeichnete, schildert er ausführlich in seiner ›Italienischen Reise‹. Das **Ortsbild** Malcesines mit einem Gewirr mittelalterlicher Gassen, reizvoller Häuserfronten und einem bunten, malerischen Hafen hat zweifelsohne einen besonderen Reiz. Heute prägen natürlich auch Boutiquen und Souvenirläden das Ambiente.

Geschichte Der **Burgfelsen**, um den sich der alte Ort gruppiert, ragt unvermittelt aus den engen Gassen auf. Die Anfänge der Besiedlung verlieren sich in grauer Vorzeit. Früheste archäologische Funde stammen aus der Römerzeit. Im 5. Jh. christianisierte der Trienter Bischof Vigilio die Bewohner am See. Die erste Burg bauten die Langobarden um 568. Sie wurde 590 zerstört und 200 Jahre später von den Franken unter Karl dem Großen wieder aufgebaut. 781 wurde dessen Sohn Pippin in Verona zum italienischen König ernannt; er kam 806 nach Malcesine, um zwei auf dem Monte Baldo hausende Eremiten zu besuchen.

Nach dem Ende des Frankenreiches fielen Ort und Burg Malcesine zunächst an den Bischof von Verona, später an die Scaliger. Sie erweiterten die Burg und bauten jene Anlage, die heute noch stolz und eindrucksvoll über dem See thront. Mastino II. gründete schließlich die ›*Capitanato del Lago*‹, einen Seebund, den die Visconti, die Carrara von Padua und Venedig anerkannten. Unter der venezianischen Herrschaft hatte der Seebund

Der Schiffstransport über Land

Der Pass San Giovanni zwischen dem Etschtal und Torbole ist durch ein besonderes Ereignis in die Geschichte eingegangen.

1437 lagen die **Venezianer** mit den **Visconti** von Mailand in einem erbitterten Krieg. Brescia, das Venedig gehörte, war von mailändischen Truppen eingeschlossen. Um der Stadt zu Hilfe zu kommen, gab es nur den Weg über den Gardasee, wo die Mailänder jedoch Riva besetzt hielten. Den Venezianern blieb nur der Weg über das Gebirge, da der Wasserweg im Süden über den Mincio von den Visconti durch die gewaltige befestigte Brücke bei Valeggio gesperrt war. **Nicolo Sorbolo** entwickelte den abenteuerlichen Plan, Galeeren und Boote über das Gebirge nach Torbole zu schaffen, um von dort aus die Visconti anzugreifen.

Der Chronist und Historiker **Sebellico** hat das Unterfangen geschildert: »Er verbrachte also die Boote (von der Adria) die Etsch hinauf bis Verona; nachdem er Ochsen ins Joch gelegt, brachte er sie unter enormer Mühe zu einem Ort, der Mauro (Mori) genannt wird ...«. Sebellico schildert dann, wie die Schiffe über den Loppiosee gebracht und unter größten Schwierigkeiten den Pass hinaufgeschafft wurden. Nicht minder schwierig war der steile Abstieg zum Gardasee. »Und ich habe diesen Ort (den Pass) oftmals nicht ohne großes Erstaunen betrachtet und niemand hätte mich davon überzeugen können, dass so großes Gewicht durch diese Wildnis des Bergs hätte gezogen werden können ...«.

Nachdem sechs Galeeren, zwei Galeonen und 26 Barken auf den See gesetzt worden waren, kam es am 20. November 1439 zum Gefecht mit den Mailändern, die einen Teil der venezianischen Flotte versenkten. Neue Schiffe mussten – diesmal vor Ort – gebaut werden. Die Entscheidungsschlacht konnten die Venezianer im April 1440 jedoch für sich gewinnen. Bei Riva besiegten sie die Visconti-Flotte und nahmen die Stadt ein. Damit hatten sie die Herrschaft über den Gardasee gewonnen.

seinen Hauptsitz im *Palazzo dei Capitani* am Hafen. Der Capitano residierte als venezianischer Gouverneur abwechselnd in Garda, Torri und Malcesine.

Später entstand die ›*Gardesana dell' Acqua*‹, eine autonome Föderation von zehn Gemeinden, die sich dazu verpflichtet hatten, die Grenzen der Gardesana zu verteidigen. Beide Einrichtungen blieben bis zum Ende der venezianischen Herrschaft (1797) bestehen.

Besichtigung Der **Palazzo dei Capitani**, der schon Ende des 13. Jh. von den Scaligern für ihren Statthalter erbaut worden war, wurde im 15. Jh. im Stil der venezianischen Gotik erneuert. Die mit Fresken ausgestatteten Repräsentationsräume des Capitano im oberen Stock, dem Piano nobile, sind nur im Rahmen von unregelmäßig stattfindenden Ausstellungen zu besichtigen.

Durch die offenen unteren Gewölbe gelangt man in einen stets zugänglichen, mit Palmen bewachsenen Garten am Ufer des Sees. Hier befand sich die Anlegestelle der Barke des Capitano. Die Front des Gebäudes zeigt sich auf dieser dem See zugewandten Seite als eine repräsentative, mit Balkonen und Galerien reich verzierte, typisch venezianische Fassade.

Stolz thront das Castello Scaligero auf einem Felsen über dem Ort Malcesine

Südlich des von Cafés und Restaurants belebten Hafens von Malcesine beginnt die beliebte **Strandpromenade**, gesäumt von Palmen, Oleander, Mimosen und Zedern. Vor der Landzunge des **Val di Sogno** liegen die kleinen, dicht bewaldeten Inseln *Isola dell'Olivo* und *Isola di Sogno*.

TOP TIPP Nördlich des Hafens stößt man auf die Scaligerburg, das **Castello Scaligero** (Tel. 04 56 57 03 33, April–Okt. tgl. 9.30–19, Jan.–März Sa/So/Fei 12–17, um Weihnachten tgl. 10–17.30 Uhr), man erreicht es von der Stadt aus durch die *Porta Saracena*. Drei ummauerte Höfe bilden die gut erhaltene Anlage, die ein ausgeklügeltes System von Treppen und Rampen aufweist und so die Verteidigung der Burg ermöglichte.

Im untersten Hof steht der *Palazzo Inferiore*, den Venedig 1620 für seine Garnison erbauen ließ. In diesem Casermetta genannten Gebäude befindet sich das Naturkundemuseum *Museo di Storia Naturale del Baldo e del Garda*. Neun Säle widmen sich sehr modern aufbereitet der vielfältigen Flora, Fauna und der Geologie des Monte Baldo sowie der Tier- und Pflanzenwelt des Gardasees.

Über eine Treppe erreicht man den zweiten Hof, den die frühere Pulverkammer der Österreicher begrenzt. Hier sind in der *Sala Goethe* die Skizzen zu sehen, die Goethe von dem Kastell zeichnete und derentwegen er beinahe verhaftet worden wäre. In einem kleinen Garten vor dem Museum wurde eine bronzene *Büste des Dichters* aufgestellt.

Die alte Kernburg mit Palas und Bergfried der Scaliger erreicht man über den letzten Hof. Beachtung verdienen hier die alte Zisterne sowie das *Fresko* einer thronenden Muttergottes im spätbyzantinischen Stil an der Nordostwand.

Der *große Saal* des Palas im 1. Stock ruht auf pfeilergestützten Bögen. Er dient heute als Kongresssaal und Ausstellungsraum. Im Erdgeschoss ist ein sehenswertes *Fischereimuseum* untergebracht sowie eine interessante Darstellung zum Transport der venezianischen Kriegsschiffe über den Pass von Nago zum Gardasee in den Jahren 1437/38 [s. S. 21].

Der fünfeckige *Turm*, der 70 m über den See aufragt, war ursprünglich durch eine Zugbrücke im 2. Geschoss begehbar. Die-

Entspannung pur: Sonnenbaden mit Blick auf Malcesine an der Riviera degli Olivi

ser Bauabschnitt stammt noch aus langobardischer Zeit. Die weiteren Stockwerke entstanden später. Von der obersten, offenen Plattform des Turmes öffnet sich ein wunderschöner Blick auf die zinnengeschmückte Burganlage, die Dächer des alten Malcesine und auf den See mit dem umliegenden Bergpanorama.

Oberhalb der Via Gardesana führt eine **Seilbahn** (Tel. 0457400206, www.funlviedelbaldo.it, April–Mitte Okt. tgl. 8–18.45, Mitte Dez–Febr. tgl. 8–16.45 Uhr, alle halbe Stunde) mit sich drehenden Kabinen auf das **Monte-Baldo-Massiv**, das als gewaltiger Riegel das nördliche Ostufer vom Etschtal trennt. Die unteren Lagen sind dicht bewaldet, oben wächst eine einmalige Flora: Anemone, Edelweiß, Enzian, Feuerlilie, Orchidee, wilde Pfingstrose. Mehr als 600 Arten sollen hier blühen. Die Bergstation **Bocca Tratto Spino** liegt in 1752 m Höhe. An klaren Tagen bietet sich ein unvergleichlicher Blick über See und Alpen. Hier beginnen viele Wanderwege [s. S. 24].

TOP TIPP

i Praktische Hinweise

Information

Istituzione Malcesine Più, Via Capitanato 6, Malcesine, Tel. 0457400837, www.malcesinepiu.it

Hotels

****__Park Hotel Querceto__, Via Panoramica 113, Malcesine, Tel. 0457400344, www.parkhotelquerceto.com. Luxuriöses Haus im rustikalen Stil mit gutem Restaurant in sehr schöner Lage über dem See.

***__Hotel Villa Monica__, Via Gardesana 211, Malcesine, Tel. 0457400395, www.villamonica.com. Nettes Hotel 6 km nördlich direkt am See, mit Hallenbad und schöner Terrasse (Nov.–Mitte April geschl.).

Restaurant

Ristorante Vecchia Malcesine, Via Pisort 6, Malcesine, Tel. 0457400469, www.vecchiamalcesine.com. In der Altstadt gelegenes, ambitioniertes Restaurant mit Michelinstern (Mi geschl.).

3 Brenzone

Eine Reihe alter und idyllischer Dörfer abseits der Hauptstraße.

Die Gemeinde Brenzone (2500 Einw.) besteht aus 16 kleinen Orten, die teils am See, teils am Hang liegen. Der Tourismus ist hier noch nicht so übermächtig. Jenseits der Durchgangsstraße kann man in den alten Dorfkernen noch ruhige Gassen und Plätze finden, in denen sich das ursprüngliche Flair erhalten hat.

Von besonderer Schönheit sind die Olivenhaine, die über dem von engen Gassen durchzogenen Dorfkern an den Hängen des Monte Baldo gedeihen und von uralten Natursteinmauern umgeben sind. Steigt man zwischen den Olivenhainen

Spektakuläre Ausblicke über den Gardasee lohnen die Mühen des Aufstiegs auf die Gipfel

Wanderung über den Monte Baldo

Der Monte Baldo erstreckt sich von Norden nach Süden zwischen dem Passo San Giovanni und Costermano, von Westen nach Osten zwischen dem Gardasee und dem Val Lagarina genannten Teil des Etschtals. Einen einzelnen Gipfel ›Monte Baldo‹ gibt es nicht. Der Kamm des Bergmassivs reicht vom Monte Altissimo di Nago (2079 m) bis zur Punta Telegrafo (auch ›Monte Maggiore‹, 2200 m), von wo er allmählich nach Süden hin in den Hügeln ausläuft.

Der Weg über den Hauptkamm des Monte-Baldo-Massivs beginnt bei der Bergstation der **Seilbahn von Malcesine** (1752 m) und führt gut erkennbar ausgezeichnet (Nr. 651) nach Süden. Nach der Überquerung der Bocca di Tratto Spino steigt man zur Cima delle Pozzette (2132 m) auf (ca. 1,5 Std.), deren Westseite schroff zum See hin abfällt.

Über die Cima del Longino, von wo man auf Malcesine herabblickt und sich von den Perspektiven auf das Kar des Val Finestra beeindrucken lässt, erreicht man nach 2–3 Std. die **Cima Valdritta** (2218 m), den großartigsten Punkt des Monte Baldo. Atemberaubend die Aussichten auf den Gardasee! Die Cima Valdritta liegt etwas abseits der Hauptroute, zu der man nun zurückkehrt. Ein bequemer Weg führt entlang des Grates bis zur Abzweigung rechts zur Punta Telegrafo (2200 m), wie der ›Monte Maggiore‹ meist genannt wird. Von dort erreicht man nach kurzem Abstieg die bewirtschaftete Schutzhütte **Rifugio Gaetano Barana** (2147 m), wo sich der Wanderer stärken kann.

Die Gehzeit hin und zurück beträgt etwa 6–8 Std. Je nach Kondition empfiehlt es sich, die Route abzukürzen und zur Seilbahn zurückzukehren. Reizvoll bei dieser Wanderung ist der Gegensatz zwischen den sanft nach Osten abfallenden, grünen Almabhängen und den schroff abstürzenden Felsgraten im Westen. Der Fremdenverkehrsverband ›Riviera degli Olivi‹ hat eine Wanderkarte ›Monte Baldo/Malcesine‹ aufgelegt, die man bei den Touristeninformationen erhält.

weiter hinauf, öffnen sich großartige Ausblicke über den See und das Gebirge.

Nicht weit vom Ufer liegt vor der Gemeinde **Assenza** die kleine Insel **Trimelone**, die im 10. Jh. von den Küstenbewohnern befestigt wurde. Heute sieht man nur noch die Ruinen eines Pulvermagazins der Österreicher.

Eine der ältesten Kirchen des Gardasees ist **San Zeno** bei **Castelletto**. Sie geht auf das 12. Jh. zurück. Drei Apsiden schließen die Basilika ab, die im Innern einen Freskenzyklus aus dem 13. Jh. aufweist, der Johannes dem Täufer gewidmet ist. Kirche und Turm sind aus behauenen Quadersteinen errichtet. Im Volksmund heißt sie ›San Zen de l'oselet‹ – San Zeno vom Vögelchen, wegen des Hahns, der die Kirchturmspitze ziert und von Ferne einem Vogel gleicht.

i Praktische Hinweise

Information

IAT, Via Zanardelli 38, Porto di Brenzone, Tel. 04 57 42 00 76, www.brenzone.it

Hotels

******Belfiore Park Hotel**, Via Zanardelli 3, Porto di Brenzone, Tel. 04 57 40 03 44, www.consolinihotels.it. Schönes Hotel direkt am See mit gutem Restaurant, Pool und großem Wellness-Bereich.

Albergo Carlo, Via Gardesana 26, Assenza di Brenzone, Tel. 04 57 42 03 77, www.albergocarlo.it. Preisgünstige, sympathische Pension 50 m vom Ufer, Zimmer z.T. mit Seeblick (Nov.–März geschl.).

Restaurant

Alla Fassa, Via B. G. Nascimbeni 13, Castelletto di Brenzone, Tel. 04 57 43 03 19, www.ristoranteallafassa.com. Lokal mit schönem Garten am See und köstlichen Fischspezialitäten (Mitte Sept.–Mai Di, Mitte Dez.–Mitte Febr. ganz geschl.).

4 Torri del Benaco

TOP TIPP *Reizvoller Ort mit mittelalterlichem Gepräge.*

Torri (2900 Einw.), das noch den alten Namen des Gardasees trägt, liegt auf einer Landzunge, die in den See hineinragt und einen freien Blick sowohl auf die nördliche als auch die südliche Seehälfte gewährt. Tief schiebt sich der Fjord nach Norden in die markante Bergkulisse, während sich im Süden eine anmutige Seenlandschaft öffnet, von sanften Hügeln begrenzt. Der Monte Baldo verliert seine beeindruckende Höhe und läuft in einer Hügelkette von 800–900 m Höhe aus.

Torri del Benaco ist vergleichsweise ruhig geblieben. Die engen, gewundenen Gassen lassen immer wieder malerische Durchblicke zum See zu. Das ovale Hafenbecken mit bunten Booten und Jachten ragt tief in den Ort hinein. Die Uferpromenade zur *Punta Cavallo* ist ein hübscher Spazierweg zwischen dem blauschimmernden Wasser und der abwechslungsreichen Häuserfront.

Geschichte Prähistorische Funde, Felszeichnungen und Pfahlbauten lassen auf eine Besiedlung schon vor 4000 Jahren schließen. Etwa zur gleichen Zeit wie Verona kolonisierten die **Römer** Torri. Aus dieser Epoche blieben Teile des Ostturms der Burg sowie Überreste des ›Trincero‹, einer Zitadelle neben der Pfarrkirche, erhalten. Im frühen 10. Jh. baute der langobardische König **Berengar I.** die Zitadelle zu einer Burg aus. Nach dem Zerfall des fränkischen Reiches unternahm er noch einmal den Versuch, ein langobardisches Königreich zu errichten. 915 krönte der Papst ihn sogar zum Kaiser, doch währte seine Herrschaft nicht lange, zahlreiche Feinde verbündeten sich gegen ihn. Weil er sich in seinem Kastell in Verona nicht sicher fühlte, nahm er seinen Sitz zeitweise in Torri del Benaco und ließ die Stadt mit Mauern und Türmen befestigen. Dennoch gelang es seinen Widersachern, ihn 924 in Verona zu ermorden. Teile der Stadtmauer sowie einer der Ecktürme, der *Berengar-Turm*, sind erhalten.

Im **Mittelalter**, zur Zeit der **Scaliger**, erlangten Torri und das benachbarte Garda eine teilweise Selbstverwaltung. Die Bewohner lebten vorwiegend von Schiffsbau, Fischfang und Marmorabbau. Der von den Scaligern geförderte Handel brachte Torri Wohlstand. Das Stadtbild mit schmalen Gassen und verträumten Plätzen erinnert noch an diese Zeit. Unter der **venezianischen Herrschaft** wurde Torri für kurze Zeit Hauptsitz der *›Gardesana dell'Acqua‹*, der zehn Gemeinden des Veroneser Ufers angehörten. Die Versammlungen der Gardesana, an denen auch der Capitano del Lago teilnahm, tagten im heutigen Hotel Gardesana [s. S. 27] am Hafen. Der Speisesaal des Hotels war einst der Ratssaal.

Besichtigung Das **Hafenbecken** rahmen einige schöne mittelalterliche Häuser. Neben dem Hotel Gardesana mit seinen Arkaden und Loggien steht die Dreifaltigkeitskirche **Santa Trinità** aus dem 14. Jh. Sie ist mit sehenswerten *Fresken* aus der Schule Giottos (14. Jh.) ausgestattet. Neben einer Darstellung ›Christus in der Mandorla, umgeben von Evangelisten‹, einer Kreuzigung und einer thronenden Muttergottes verdient das ›Abendmahl‹ neben dem Altar Beachtung.

Unweit des Hafens erhebt sich die **Scaligerburg**, die Antonio della Scala 1383 auf den Resten einer römischen Befestigungsanlage und einem Kastell des Berengar errichten ließ. Von der mächtigen Anlage blieben ein Wohngebäude und die mit ghibellinischen Zinnen geschmückte Außenmauer mit drei Türmen erhalten. Die Befestigungen zur Hafenseite sind jedoch zerstört. In den restaurierten Räumlichkeiten veranschaulicht heute das **Museo del Castello Scaligero** (Viale Fratelli Lavanda 2, Tel. 0456296111, www.museodelcastelloditorridelbenaco.it, Mitte Juni–Mitte Sept. tgl. 9.30–13 und 16.30–19.30, April–Mitte Juni/Mitte Sept.–Okt. tgl. 9.30–12.30 und 14.30–18 Uhr) wichtige Aspekte des Lebens in dieser Region. Mehrere Säle dokumentieren die Geschichte der Fischerei sowie des Olivenanbaus anhand von alten Werkzeugen. Ein weiterer Saal widmet sich den Felszeichnungen des Monte Baldo, die man vor allem in der Gegend um Torri gefunden hat und die teilweise aus prähistorischer Zeit stammen [s.u.]. Im Windschutz der Burgmauern gibt es eine **Limonaia**, einen alten Zitronengarten, der im Rahmen des Museumsbesuches besichtigt werden kann.

Zu Beginn des 18. Jh. wurde die barocke Pfarrkirche **Santi Pietro e Paolo** gebaut. Von besonderem Wert ist die Orgel von Angelo Bonatti aus Desenzano.

Von Torri aus überquert eine **Autofähre** den See nach Maderno am Westufer. Jenseits der Gardesana Orientale ist die Landschaft außerordentlich reizvoll. Silbern leuchtende Ölbäume ziehen sich den Berghang hinauf. Gärten mit Blumen und subtropischen Bäumen beleben das Bild. Unübertroffen ist der Blick von der Kirche von **Albisano** über Torri und den See bis zum anderen Ufer. Dunkle Zypressen setzen südländische Akzente zwischen Häusern und Olivenkulturen. Eine kleine Straße, die von Albisano Richtung Süden verläuft, öffnet bezaubernde Aussichten auf die *Punta di San Vigilio* und die *Baia delle Sirene* (Sirenenbucht).

Von hier aus erreicht man auch die glatt geschliffenen Felsenhänge des **Monte Lúppia**, an denen man 1964 prähistorische Felszeichnungen entdeckte. Im Ortsteil *Brancolino* sind die ›Pietra dei Cavallieri‹ und die ›Pietra delle Griselle‹ zu besichtigen, auf die die Menschen des Bronzezeitalters Figuren und Reiter, Waffen, Tiere und Boote sowie Sonnensymbole und rätselhafte geometrische Formen zeichneten. Diese Darstellungen gehören zu den bedeutendsten Kulturzeugnissen dieser Art im Alpenraum.

In **San Zeno di Montagna**, oft als *Balkon des Gardasees* bezeichnet, lockt der abwechslungsreiche Park *Jungle Adventure* (Tel. 0456289306, www.jungleadventure.it, Mai–Sept. tgl. 10–19, April, Okt. 10–18 Uhr), ein Hochseilgarten inmitten von Baumwipfeln, der auch speziell für Kinder gestaltete Kletterparcours anbietet.

Vom Ortsteil Prada aus führt eine abenteuerliche **Seilbahn** (Funivie del Garda Prada-Costabella, Via Prada 21, San Zeno di Montagna, Tel. 0457285662, www.funiviedelgarda.it, Mai–Sept. tgl. 9.30–17.30 Uhr) auf den Monte Baldo. Zunächst geht es mit einem offenen Korblift zum Gasthof Baito Turri, dort steigt man

Den Charme vergangener Zeiten hat sich der Hafen von Torri del Benaco bewahrt

Punta di San Vigilio: die Villa Brenzone auf der von Zypressen gesäumten Landzunge

um in den Sessellift und gelangt so bis auf 1850 m, zum Rifugio Fiori del Baldo. Eine neue, leistungsfähigere Bahn ist in Planung. Oben bietet sich eine herrliche Aussicht über den See, außerdem ist es ideal für Spaziergänge und Wanderungen. Man erreicht z. B. in einer halben Stunde über das Rifugio Chierego die Gipfel des Costabella auf über 2000 m.

i Praktische Hinweise

Information

IAT, Viale Fratelli Lavanda 1, Torri del Benaco, Tel. 04 57 22 51 20, www.infotorri.com

Hotels

******Galvani**, Loc. Pontirola 7, Torri del Benaco, Tel. 04 57 22 51 03, www.hotelgalvani.it. Die Zimmer bieten zum Teil Seeblick, 50 m vom Strand entfernt gibt es Außenpool, Hallenbad, Sauna und Türkisches Bad sowie selbst gemachte Teigwaren im Restaurant.

*****Gardesana**, Piazza Calderini 20, Torri del Benaco, Tel. 04 57 22 54 11, www.hotel-gardesana.com. Traditionsreiches Haus direkt am Hafen und mit Blick auf die Scaligerburg, das Gästebuch enthält viele illustre Namen. Restaurant mit vielgelobtem Service.

Restaurant

Ristorante Viola, Via Gardesana 186, Torri del Benaco, Tel. 04 57 22 50 83, www.ristoranteviola.com. Elegantes Lokal mit kleiner, aber feiner Speisekarte (MI geschl.).

5 Punta di San Vigilio

Heitere Harmonie zwischen Natur und Architektur.

TOP TIPP

Südlich von Torri del Benaco schiebt sich die **Punta di San Vigilio**, der letzte Ausläufer des Monte Baldo, in den Gardasee. Kaum ein Ort am Seeufer wurde emphatischer besungen als diese Landzunge, die sich als ein gelungenes Gesamtkunstwerk von Natur und Architektur präsentiert.

Gegen Ende des 18. Jh. beschrieb der Kanoniker Marai den malerischen Platz: »An jenem Ort kennt man weder den trüben Dezember, noch den grausigen Februar. Der Lorbeer, die Myrte, die Orangen und die Aloe gedeihen ganz von allein. ... Vielleicht gab es an den berühmtesten Orten des antiken Griechenland oder Italien keine Aussicht von größerer Heiterkeit als diese.«

Die ganze Anlage der Punta ist wohlüberlegt gestaltet und wirkt doch ganz natürlich. Man folgt, vom Parkplatz kommend, einer dunklen, von uralten Zypressen gesäumten Allee, die am Garten der

Unterhalb des beherrschenden Burgbergs schmiegt sich das Städtchen Garda in die weit ausschwingende Bucht

auf der höchsten Stelle erbauten **Villa Brenzone** endet. Aus dem Dunkel der Zypressen tritt man jäh in die mediterrane Helle einer heiteren Gartenlandschaft vor der leuchtenden Kulisse des Sees.

Die Villa, die heute im Besitz der Familie des Grafen Guarienti di Brenzone ist und nicht besichtigt werden kann, wurde zwischen 1538 und 1542 für den Humanisten *Agostino Brenzone* gebaut. Der Entwurf stammt von dem berühmten Veroneser Baumeister *Michele Sanmicheli*. In ihrer schlichten Architektur mit Loggien und einem Portal zum See hin wirkt sie außerordentlich elegant, streng und zugleich vollendet. Ein **Park**, geschmückt mit Blumen und Statuen, führt terrassenförmig zum See hinab.

Brenzone hatte sich einen Ort geschaffen, wohin er sich mit seinem Freund *Aretino* und anderen Schriftstellern und Künstlern zurückziehen konnte, um in Schönheit, Einsamkeit und gelehrter Diskussion zu leben. Von ihm stammt auch der berühmte Diskurs über den »schönsten Ort der Welt«, der in keinem Reiseführer über diese Region fehlen darf: »Ich möchte, dass Eure Exzellenz zur Kenntnis nehmen, dass San Vigilio der schönste Ort der Welt ist, und zwar auf folgende Weise: Die ganze Welt besteht aus drei Teilen: Afrika, Asien und Europa. Der schönste Erdteil ist Europa, und davon ist Italien der schönste Teil, von Italien wiederum die Lombardei, und von dieser der Gardasee, und an diesem San Vigilio. Ergo ist San Vigilio der schönste Ort der Welt.«

Auf der einen Seite der kleinen Halbinsel verschafft der **Parco Baia delle Sirene** (Tel. 0457256688, www.parcobaiadelle sirene.it, April–Sept. Eintrittsgeld) Zugang zu einem Garten mit Olivenbäumen und der gleichnamigen, lieblichen Bucht mit sehr schönem *Kiesstrand* und Kinderspielplatz. Auf der anderen Seite führt ein grob gepflasterter Weg zwischen hohen Mauern zu einem schmalen Platz, an dem die Locanda des Grafen – ein Restaurant und ein kleines Hotel – stehen und wo eine verträumte *Limonaia* ihren Duft verströmt. Durch einen Rundbogen tritt man vom schattigen Platz in den lichtdurchfluteten **Hafen**. Tische und Stühle der alten *Bar Taverna* am Rande der Mole laden zur Rast ein. Weit öffnet sich hier der See in die Bucht von Garda; am anderen Ufer erkennt man Gardone, den Felsen von Manerba und die Bucht von Salò. Die sich mit dem Stand der Sonne verändernden Farben und die Sonnenuntergänge über dem See sind unvergesslich.

Neben der Locanda erhebt sich die kleine Kirche **San Vigilio** aus dem 13. Jh., die dem Bischof Vigilio geweiht ist und der Punta ihren Namen gab. Die Schönheit dieses Ortes hat viele Persönlichkeiten angezogen. Die Liste der Prominenz, die in der Villa Brenzone weilte, ist lang, von Marie-Louise – der Gattin Napoleons – über Zar Alexander III., Churchill und Vivien Leigh bis zu Prinz Charles und König Juan Carlos von Spanien.

i Praktische Hinweise

Hotel und Restaurant

******Locanda San Vigilio**, Loc. San Vigilio, Garda, Tel. 0457256688, www.locanda-sanvigilio.it. Das romantische Haus mit Pool und stilvollem Restaurant verfügt über zwölf Zimmer und Suiten, die z.T. mit antiken Möbeln ausgestattet sind oder einen eigenen Garten haben.

6 Garda

Der venezianisch geprägte Ort hat eine bewegte Geschichte.

»Dort hinten erhebt Garda seine trutzige Burg, über dem fließenden Spiegel, das Märchen alter, versunkener Städte und Königinnen der Barbaren singend.«

So schildert der italienische Dichter und Literat Giosuè Carducci (1835–1907) die Rocca, die die Bucht von Garda (3900 Einw.) beherrscht und über Jahrhunderte eine Schlüsselstellung in Oberitalien besaß. Die Königinnen der Barbaren – *Theodolinde* und *Adelheid* – sind Hauptpersonen der zahlreichen Geschichten, die sich hier zugetragen haben.

Geschichte Die Ursprünge der **Rocca** reichen zurück bis in keltische Zeiten, als sich auf dem flachen Berg über dem See ein *Heiligtum* erhob. Zu Füßen des Berges fand man Reste eines *Pfahlbautendorfes*. Die spätere Burg wurde vermutlich von den Ostgoten erbaut. Im 5. Jh. herrschte auf der Rocca *Hildebrand*, der Heerführer Theoderichs d. Gr., der in Verona residierte. Der Legende nach ehelichte die bayerische Prinzessin *Theodolinde* Ende des 6. Jh. den Langobardenkönig Authari auf der Burg von Garda. Nachdem die Franken die Langobarden besiegt hatten und *Karl d. Gr.* seinen Sohn *Pippin* in Verona als König eingesetzt hatte, entstand die **Grafschaft Garda**, die über das ganze Seegebiet herrschte und ihm fortan den Namen gab. Schon in den alten Sagen war die Burg ›Garden‹ genannt worden, abgeleitet vom germanischen ›warden‹ (Ausguck, Warte, Wächter). Die Rocca wachte über den Benacus.

Die tragische Geschichte der **Adelheid** spielte sich im 10. Jh. ab, als auf der Burg von Garda *Berengar II.* von Ivrea herrschte. Nach dem Tod des jungen Königs Lothar von der Provence verschleppte er dessen Witwe Adelheid auf die Rocca, um sie mit seinem Sohn Adelbert zu verheiraten und so seinen Anspruch auf die italienische Krone zu legitimieren. Adelheid widersetzte sich jedoch. Mithilfe eines Mönches und eines Fischers gelang es ihr, aus der Burg zu entkommen und über den See und weiter bis nach Canossa zu entfliehen. 951 heiratete sie *Otto d. Gr.*, der Berengar besiegte und die Herrschaft der deutschen Kaiser über Italien wiederherstellte. 1158 versuchte *Kaiser Friedrich Barbarossa* vergeblich, die Burg von Gar-

In den hübschen Restaurants in Gardas Altstadt lässt sich das Dolce far niente genießen

da zu stürmen. Später kam sie in den Besitz der Scaliger von Verona, verlor jedoch mehr und mehr an Bedeutung und wurde im 16. Jh. so vollständig zerstört, dass heute nur noch eine Ruine erhalten ist.

Besichtigung Zu Füßen der finsteren Rocca, die sich 309 m über den See erhebt, öffnet sich die weite **Bucht**, an deren Rand sich das Städtchen Garda entwickelt hat. Im Norden schützt der *Monte Lúppia* die Bucht vor den rauen Nordwinden, sodass sich am Ufer des Sees eine üppige, vielfältige Vegetation entfalten konnte. Rasch können hier die Winde wechseln und mit ihnen ändert sich auch die Farbe des Wassers von leuchtendem Blau zu tiefem Grün, von schimmerndem Silber zu bedrohlichem Schwarz.

Über Jahrhunderte war Garda ein malerisches Fischerstädtchen, bis der Tourismus Einzug hielt. Heute beleben zahlreiche Geschäfte, Restaurants und Sportanbieter das Ambiente. Die Altstadt von Garda weist noch zwei mittelalterliche Stadttore auf und ist ganz dem *venezianischen Baustil* verpflichtet; bestes Beispiel ist der **Palazzo dei Capitani** am Hafen mit einer feierlichen venezianisch-gotischen Fassade des 15. Jh. Früher reichte das Hafenbecken bis an den Palast heran, sodass der Capitano seine Barke direkt vor der Haustür ankern konnte. Leider wurde die für die Orte am Gardasee typische, tief einschneidende Hafenanlage später zugeschüttet und durch eine in den See ragende Mole ersetzt. An der Stelle des alten Hafens befindet sich heute die Piazza Catullo.

In Hafennähe steht auch der **Palazzo Carlotti**, dessen seeseitige Fassade – die ›Losa‹ – fünf Arkaden im Untergeschoss und fünf Loggien im Obergeschoss gliedern. Diesen Palast, der stadtseitig stark verändert wurde, soll der Veroneser Architekt *Sanmicheli* entworfen haben.

Eine imposante Glaskuppel überspannt den großzügig angelegten Bade- und Wellnesstempel **Gardacqua**. Ein riesiger Park umschließt die gesamte Anlage (Via Cirillo Salaorni 10, Tel. 04 57 25 55 94, www.gardacqua.it, tgl. 9–21 Uhr).

Nördlich der Altstadt an der Straße zur Punta di San Vigilio liegt in einem üppigen Park die **Villa Albertini**. Türme und Zinnen schmücken einen der schönsten Adelssitze am See. Am 10. Juni 1848 empfing hier König Carlo Alberto von Piemont das Ergebnis der Volksabstimmung, mit der die Lombardei Anschluss an das Piemont verlangte.

Vor dem südlichen Stadttor erhebt sich die große Pfarrkirche **Santa Maria Maggiore**. Der im 15. Jh. entstandene Bau wurde 1774 und 1830 barockisiert; von Interesse ist ein hölzernes Kreuz des 16. Jh. Rechts neben dem Portal erreicht man durch ein Tor den *Kreuzgang* aus dem 14. Jh. Bemerkenswert sind die im Turm eingelassenen langobardischen Skulpturen aus dem 8. Jh.: ein Lebensbaum, eine Taube und der Engel, Symbolfigur des Evangelisten Matthäus. Die ungewöhnliche Lage der Pfarrkirche außerhalb der Altstadt lässt die Vermutung zu, dass sie auf dem Areal der früheren Burgkapelle errichtet worden ist.

Im 17. Jh. bauten auf dem der Rocca benachbarten Hügel Kamaldulenser ein Kloster, die **Eremo di San Giorgio.** Ein alter Weg führt von Garda hinauf zur Klause, die heute noch Mönche bewohnen. Es besteht die Möglichkeit, einige Tage am spirituellen Leben der Mönche teilzunehmen, dafür gibt es ein Gästehaus (Tel. 04 57 21 13 90, www.eremosangiorgio.it).

Ausflüge

Die Umgebung von Garda bietet schöne Ausflugsziele. Der **Cimitero Tedesco** (tgl. 9–17 Uhr), der deutsche Soldatenfriedhof im Ortsteil **Costermano**, wurde 1967 eingeweiht. Über 20 000 Gefallene aus dem Zweiten Weltkrieg fanden hier ihre letzte Ruhestätte. Die terrassenförmig angelegten Gräberfelder sind mit Schneeheide bepflanzt. Beeindruckend ist die schöne, friedliche Lage des Friedhofs mit einem weiten Blick über das von Zypressen und Weinbergen bewachsene Hügelland bis zum See hin und über die Alpenkette im Norden.

An die südöstlichen Ausläufer des Monte Baldo schmiegt sich zwischen Obstplantagen und grünen Hügeln das Städtchen **Caprino**. Von hier aus kann man hinauffahren in den Ort **Spiazzi**, der um die 1000 m hoch liegt. Der östliche Teil des Monte-Baldo-Massivs öffnet sich als reizvolle alpine Landschaft, die ausgezeichnete Wandermöglichkeiten bietet. Zum Etschtal fallen steile Felswände ab.

Die blauhaarige Engardina

Ein Ausflug auf die **Rocca** von Garda lohnt wegen der wunderbaren Aussicht über den See, dessen Ufer hier weit auseinander liegen, und über die Bucht von Garda. Sie gleicht einem schönen Garten mit ihren hellen Kiesstränden inmitten des üppigen Grüns der vielfältigen Vegetation, der verschwenderischen Blütenpracht und den herrlichen Farbnuancen des Wasserspiegels. Hier oben mag man an die Legende von der Bergnymphe **Engardina** denken, deren Haupt leuchtend blaues Haar schmückte. Sie lebte als Herrin der Almen und eines kleinen Sees im Monte-Baldo-Massiv und ihre Untertanen waren Zwerge.

Eines Tages betrat der junge Wassergott **Benacus** ihr Reich und verlockte sie, mit ihm zu gehen. Doch Engardina trauerte um ihr kleines Reich mit dem See in der Mitte. Da versprach der Gott ihr einen viel schöneren, größeren See. Mit seinem Dreizack schlug er an einen Felsen; donnernd brach das Gestein auf, Wassermassen rauschten in die Tiefe und füllten das Tal zum See. Engardina und Benacus vermählten sich in den klaren Fluten und das Haar der Nymphe färbte das Wasser mit jenem tiefen, leuchtenden Blau, das seither die Besucher des Gardasees entzückt.

Die Villa Albertini ist einer der nobelsten Adelssitze am See

Die breiten Straßen in Bardolino laden zum gemütlichen Flanieren ein

Ein schmaler, gewundener Weg führt von Spiazzi 1,5 km hinab zu einer schroffen Wand, an die sich das Heiligtum **Madonna della Corona** (Tel. 04 57 22 00 14, www.madonnadellacorona.it, tgl. April–Okt. 7–19.30, Nov.–März 8–18 Uhr) wie ein Schwalbennest klammert. Die neogotische Kirche, die teilweise direkt in den Fels gebaut wurde, ist ein beliebter, romantisch gelegener Wallfahrtsort. Im Inneren fallen einige moderne Skulpturen auf. Verehrt wird jedoch eine wundertätige Pietà von 1432 aus bemaltem Stein. Votivtafeln und alte Handschriften erzählen von den Wundern, die das Gnadenbild vollbracht hat.

i Praktische Hinweise

Information

IAT, Piazzetta Donatori di Sangue 1, Garda, Tel. 04 56 27 03 84

Hotels

******Hotel Garden**, Via della Madrina 2, Garda, Tel. 04 57 25 51 38, www.gardengarda.it. Das freundliche Hotel befindet sich nur wenige Schritte vom Stadtzentrum entfernt. Ein großer Park mit Swimmingpool garantiert Ruhe und Entspannung (Nov.–März geschl.).

******Hotel Regina Adelaide**, Via San Francesco d'Assisi 23, Garda, Tel. 04 57 25 59 77, www.regina-adelaide.it. Gepflegtes Hotel in einer Jugendstilvilla an der Seepromenade mit großem Schwimmbad und Wellness-Angebot.

******Villa Madrina**, Via Paolo Veronese 1, Garda, Tel. 04 56 27 01 44, www.villamadrina.it. Hotel in ruhiger Lage mit Restaurant, Weinkeller, Swimmingpool, Spa und Beautycenter. Jedes Zimmer ist individuell eingerichtet (Nov.–März geschl.).

Restaurant

Trattoria Al Graspo, Piazzetta Calderini 12, Tel. 04 57 25 60 46, www.graspo.it. Keine Speisekarte: Padrone Luca empfiehlt, was er frisch vom Markt geholt hat, vor allem Fisch, Reservierung nötig.

Die traditionelle Art des Traubenkelterns bei einem Weinfest in Bardolino

7 Bardolino

Beliebter Wein- und Urlaubsort am südlichen Teil des Sees.

Bekannt ist Bardolino (6600 Einw.) als eines der beliebtesten Ferienziele am Gardasee und wegen seines hellroten, leichten Rotweins. Zwei von der Höhe des Monte Baldo herabstürzende Bäche schufen durch weit in den See reichende Ablagerungen die natürlichen Begrenzungen für die Altstadt und den Hafen, der zwischen *Punta Cornicello* und *Punta Mirabello* einen geschützten Platz fand.

Treffpunkt von Einheimischen und Gästen ist die große **Piazza Matteotti** vor dem neoklassizistischen Portal der Kirche **Santi Nicolo e Severo** mit Cafés und Trattorien, Boutiquen und Souvenirläden.

Das **Stadtbild** Bardolinos ist dem Veroneser Stil verpflichtet. Parkanlagen und Gärten umgeben herrschaftliche Residenzen wie die *Villa Pellegrini* oder die Villa *Guerrieri Gianfilippi*. Im Mittelalter hatte auch Bardolino ein Scaligerkastell, von dem nur die Turmruine geblieben ist.

Ein kunsthistorisches Kleinod ist die Kirche **San Severo** am nördlichen Stadteingang, die mit ihrem hohen Campanile schon von Weitem zu sehen ist. Den aus Naturstein errichteten Turm bekrönt eine Haube aus rotem Ton. Den Chor mit seinen drei Apsiden verzieren außen reizvolle Gesimse und Rundbogenfriese.

Der heutige Bau stammt aus dem 11. Jh. Die hinter dem Hochaltar ausgegrabene Krypta zeugt von einem langobardischen Vorgängerbau: Zwei gedrungene Säulchen und mehrere Pfeiler tragen die charakteristische langobardische Flechtbandornamentik. Das *Innere* der dreischiffigen, mit rustikalem Holzdach gedeckten Kirche weist lebhaft erzählende *Fresken* aus dem 12. Jh. auf. An den Bögen des Mittelschiffs erkennt man Szenen aus dem Leben Jesu, darüber Bilder von Ritterkämpfen. Gegenüber sind die Apostel abgebildet und darüber Motive aus der Apokalypse des Johannes.

Im südlichen gelegenen Ortsteil **Cisano** hat der Olivenölproduzent Oleificio Cisano auf seinem Firmensitz direkt an der Gardesana das **Museo dell'Olio di Oliva** (Via Peschiera 54, Tel. 0456229047, www.museum.it, Mo–Sa 9–12.30 und 14.30–19, März–Dez. auch So 9–12.30 Uhr) eingerichtet, das die lange Geschichte der Ölgewinnung dokumentiert. Von der historischen Hebelpresse bis zur modernen Zentrifuge, die das Öl von Pflanzenwasser scheidet, ist alles geboten. Ein Verkaufsladen bietet neben Öl aus eigener Produktion auch Kosmetik, eingelegte Pilze, Honig und Liköre an.

Ebenfalls im Ortsteil Cisano informiert das **Museo Sisàn** (Via Federico Marzan 24, Tel. 0452377935, www.sisan.it, Mi–So 9.30–12.30, Mai–Okt. auch 15–18 Uhr) über Vogelwelt, Fischerei und Jagd am Gardasee. Ausgestopft oder auf dem Monitor sind die Tiere der Umgebung präsent.

Oberhalb von Bardolino, im Ortsteil Costabella hat die Kellerei Fratelli Zeni das **Museo del Vino** (Via Costabella 9, Tel. 04 56 22 83 31, www.museodelvino.com, Mitte März–Okt. tgl. 9–13 und 14.30–19 Uhr) eingerichtet. Dort sind altertümliche Anlagen zum Abfüllen und Verkorken der Flaschen sowie Keltergeräte aus dem 13. und 14. Jh. zu besichtigen. Dann kann man den Wein probieren und kaufen.

i Praktische Hinweise

Information

IAT, Piazzale Aldo Moro 5, Bardolino, Tel. 04 57 21 00 78

Hotel

*****4 Stagioni**, Via Dante Alighieri 10, Bardolino, Tel. 04 57 21 00 36, www.hotel 4stagioni.it. Stilvolles Hotel im Zentrum mit schönem Park, Swimmingpool und Spa (Nov.–Mitte März geschl.).

Restaurant

Ristorante Biri, Via Solferino 13, Bardolino, Tel. 04 57 21 08 73. Verschiedene Pilzgerichte, Gardaseefische sowie Pferdesteaks sind die Spezialitäten des Lokals.

8 Lazise

Das wichtigste Handelszentrum der venezianischen Zeit ist von mittelalterlichen Mauern und Türmen eingefasst.

Gen Süden, an Rebhügeln entlangfahrend, erreicht man Lazise (6900 Einw.), einen der ältesten Orte am See, der sich sein mittelalterliches Aussehen erhalten hat. Ein starker **Mauerring** aus der Zeit um 1370 umschließt die Altstadt vollständig. Der Verkehr bleibt aus den reizvollen verwinkelten Gässchen, von den Plätzen und der Uferpromenade ausgeschlossen. Sechs Türme und Wehrgänge mit ghibellinischem Zinnenkranz umgeben die Stadt und schließen das **Kastell** mit ein: eine typische Festungsstadt der Scaliger. Die Burg selbst liegt im Park des Grafen Bernini und ist nicht zu besichtigen.

Geschichte Lazise war im Laufe der Jahrhunderte Ziel zahlreicher Belagerungen und Eroberungen. Während der Kriege zwischen Mailand und Venedig baute die Serenissima den Fischerhafen zu einem *Kriegshafen* aus. Als Venedig 1509 im Krieg gegen die *Liga von Cambrai* unterlag, ließ der venezianische Capitano Zaccaria Loredan die Flotte von Lazise verbrennen. Die Wracks liegen noch heute auf dem Seegrund vor der Stadt.

Besichtigung Den **Hafen**, der wie in vielen Gardaseeorten tief ins Land einschneidet, säumen auf der einen Seite die Dogana und die Kirche San Nicolò aus dem 12. Jh., auf der anderen Seite hübsche, alte Häuser. An seinem oberen Ende öffnet er sich zur großen **Piazza Vittorio Emanuele**, die ebenfalls charakteristische Hausfassaden vergangener Zeiten umrahmen. Wer in Lazise weilt, wenn es ruhig zugeht, wird die Harmonie des Ensembles und der angrenzenden Gassen besonders genießen.

Die **Dogana Veneta** (www.dogana veneta.it), ein Gebäude von beachtlichen Ausmaßen mit zwei wuchtigen Arkaden und einem Zinnenkranz, gehörte einst zur Werft, die für Bau und Wartung der Seeflotte zuständig war. Im Jahre 1607 wurde das Bauwerk, das zwischenzeitlich als Salpeterfabrik genutzt worden war, zum Zollhaus für die Transitwaren von Venetien über den See in die Lombardei umfunktioniert. Heute wird die Dogana für Kulturveranstaltungen genutzt.

Mit über 40 Attraktionen ist Gardaland der größte Vergnügungspark Italiens

In der Abenddämmerung zeigt sich der Hafen von Lazise von seiner romantischsten Seite

Ausflüge

Zwischen Lazise und Peschiera entstanden gleich mehrere große Freizeitparks, die vor allem am Wochenende Tausende von Besuchern anziehen. Der **Movieland Park** (früher: Canevaworld, Loc. Fossalta 58, Lazise, Tel. 04 56 96 99 00, www.movieland.it) besteht aus dem Spaßbad *Aquastudios* (Mitte Mai–Mitte Sept. tgl. 10–18 Uhr, Juli/Aug. tgl. 10–19 Uhr) und den *Movieland Studios* (Mai/Juni, 1. Septemberhälfte Mi–Mo 10–18, Juli/Aug. tgl. 10–19 Uhr) mit Fahrgeschäften sowie Shows mit Themen aus der Filmwelt.

In Castelnuovo del Garda erreicht man dann den größten Freizeitpark Italiens, das im Stil von Disneyland gestaltete **Gardaland** (Loc. Ronchi, Castelnuovo, Tel. 04 56 44 97 77, www.gardaland.it, April–Mitte Juni, 2. Septemberhälfte tgl. 10–18, Mitte Juni–Mitte Sept. tgl. 10–23 Uhr). Der Park bietet themenbezogene Dörfer, ein großes Delphinarium, zahlreiche Shows und Fahrattraktionen. Originell ist die Fuga da Atlantide, die die mysteriöse Welt von Atlantis nachstellt:

Das große Aquarium **Sea Life** (April–Okt. tgl. 10–18 Uhr, Nov.–März an einigen Tagen geschl., sonst meist 10–16 Uhr) liegt gleich neben Gardaland. Hier taucht man in die spannende Unterwasserwelt ein.

Der **Parco Natura Viva** (Loc. Figara 40, Bussolengo, Tel. 04 57 17 01 13, www.parconaturaviva.it, März–Nov. tgl. 9–18 Uhr) ist ein Safari- und Tierpark mit beeindruckenden Freigehegen und einem *tropischen Vogelhaus* sowie Nachbildungen von Sauriern in einer der Vorzeit nachempfundenen Landschaft.

Dem Wohlbefinden dient ein Abstecher zur *Villa dei Cedri* in Colà di Lazise mit dem **Parco Termale del Garda** (Piazza di Sopra 4, Tel. 04 57 59 09 88, www.villadeicedri.com, Mo–Do 10–1, Fr/Sa 10–2, So/Fei 10–1 Uhr), einem großen Park mit einem 37 °C warmen Thermalsee. Dazu gibt es ein Thermalschwimmbad mit Massageduschen und Whirlpools.

i Praktische Hinweise

Information

IAT, Via Francesco Fontana 14, Lazise, Tel. 04 57 58 01 14

Hotels

****__Principe di Lazise__, Loc. Le Greghe, Lazise, Tel. 04 56 49 01 77, www.hotelprincipedilazise.com. Elegantes, ruhiges Wellnesshotel mit großem Spa.

La Tinassara, Via Vallesana 18, Lazise, Tel. 04 56 47 00 88, www.latinassara.it. Stilvoll eingerichtetes Bed & Breakfast in einem Haus von 1895 mit Pool.

Restaurant

La Taverna da Oreste, Via F. Fontana 32, Lazise, Tel. 04 57 58 00 19, www.tavernaoreste.it. Fischspezialitäten direkt am Hafen in altem Gewölbe (Mi geschl.).

9 Peschiera del Garda

Eine alte Festungsstadt von großer historischer Bedeutung.

Dort, wo der Mincio aus dem Gardasee abfließt, entstand an strategisch wichtiger Stelle Peschiera del Garda (9800 Einw.), eine stark befestigte Stadt, die im Laufe der Jahrhunderte immer wieder erneuert und ausgebaut wurde. Schon die **Römer** sicherten den Ort, den sie Arilica nannten, gegen feindliche Übergriffe. Die Menschen lebten hier vor allem vom Fischfang. Aale genossen einen besonderen Ruhm: Das Wappen Peschieras zeigt zwei silberne Aale, über denen ein goldener Stern schwebt.

Ein entscheidendes Jahr für die Geschichte Peschieras, ja ganz Italiens, war 422. Damals gelang es **Papst Leo d. Gr.**, der nach Peschiera geeilt war, die unter ihrem Führer Attila eingefallenen **Hunnen** von einem geplanten Marsch auf Rom abzuhalten. In Peschiera sammelte auch **Friedrich** Barbarossa Mitte des 12. Jh. sein Heer, um gegen die Lombardische Liga vorzugehen. Als die **Scaliger** an die Macht gekommen waren, bauten sie – wie vielerorts am Veroneser Ufer des Gardasees – auch in Peschiera eine mächtige **Burg** mit einem 35 m hohen Bergfried. Peschiera – als Durchgangsort der **Via Gallica**, die die wichtigsten Städte der Poebene verband – lag immer im Brennpunkt kriegerischer Auseinandersetzungen in Oberitalien und nahm strategisch eine Schlüsselstellung ein. Dazu kam, dass der Mincio im Mittelalter bis zum Po schiffbar war und als wichtige Verbindung zwischen Adria und Gardasee diente.

1387 bemächtigte sich **Gian Galeazzo Visconti** Peschieras auf seinem Feldzug gegen Verona. Er baute jenen legendären Damm über den Mincio, der die Stadt Mantua trockenlegen sollte [s. S. 37]. Bis 1404 blieb Peschiera im Besitz der Mailänder Signorie. Nachdem 1516 nach vielem kriegerischen Hin und Her **Venedig** die Herrschaft über Peschiera erlangt hatte, begann die Serenissima, neue Wehranlagen zu bauen. Die Pläne für diese Arbeiten stammten von dem Veroneser Festungsbauer *Michele Sanmicheli*. Mit der Besetzung des südlichen Sees durch Napoleon und die Österreicher erhielt die Stadt Kasernen, Kasematten und von Wasser umgebene Wälle, die heute noch ihr Gesicht prägen. Die **Habsburger** errichteten in Oberitalien das anfangs sehr wirksame *›Strategische Viereck‹*, starke Befestigungen in Verona und Legnano gegen Venetien und in Mantua und Peschiera gegen die Lombardei.

Das 19. Jh. prägten zahllose Kämpfe und Auseinandersetzungen zwischen Österreich und Piemont sowie Österreich und dem **Risorgimento**, der italienischen Einigungsbewegung gegen die Fremdherrschaft der Habsburger. Eine Entscheidung brachte die blutige Schlacht von Solferino am 24. Juni 1859, in der die Italiener – inzwischen mit Napoleon III. verbündet – die Österreicher entscheidend schlugen. Dieser Sieg trug wesentlich zur Vertreibung der Habsburger und der Errichtung des *Königreichs Italien* unter Vittorio Emanuele II. bei.

Die von Wasser umgebenen **Festungsanlagen** von Peschiera sind vor einigen Jahren restauriert worden. In der Artilleriekaserne *Porta Verona*, die Feld-

Die Schiffe, die auch im Hafen von Lazise anlegen, verbinden viele Orte des Sees miteinander

Der idyllisch am Mincio gelegene Ort Borghetto versprüht einen altertümlichen Charme

marschall Radetzky 1854–57 errichten ließ, befinden sich mittlerweile die Stadtbibliothek, Ausstellungs- und Kongressräume und im Innenhof finden Theateraufführungen und Konzerte statt. Lohnend ist auch ein Bummel durch die kleine Altstadt und den **Hafen**, der Ausgangspunkt vieler Bootsausflüge ist. Neben der Kirche San Martino befindet sich ein Ausgrabungsgelände, auf dem man Reste der römischen Siedlung Arilica sehen kann.

i Praktische Hinweise

Information

IAT, Piazzale Betteloni 15, Peschiera, Tel. 04 57 55 16 73

Restaurant

Ristorante Il Cantinone, Via Galileo Galilei 14, Peschiera, Tel. 04 57 55 11 62, www.ilcantinone.info. Auch bei den Einheimischen beliebter Familienbetrieb mit ambitionierter Küche und leckeren hausgemachten Dolci (Di geschl.).

10 Valeggio sul Mincio

Der tiefblaue Mincio teilt Oberitalien in eine lombardische und eine venetische Hälfte.

Sehr reizvoll ist es, in die Hügellandschaft des **Mincio** zu fahren. Auf den Hügeln und in den Tälern lassen sich noch zahlreiche kleine, unberührte Dörfer mit Burgen und Kirchen entdecken. Beliebt sind diese **Moränischen Hügel** an den Ufern des Mincio auch als gastronomische Ausflugsziele, da sich in diesem Gebiet noch die originale Küche erhalten hat. *Fisch* spielt natürlich eine große Rolle, aber auch *Eselsbraten* gehört zu den regionalen Delikatessen. Landschaft und Siedlungen erinnern an die Toskana und verzaubern durch ihr altertümliches Ambiente und ihre ländliche Natürlichkeit.

Etwa 12 km südlich von Peschiera erreicht man am Ufer des Mincio **Borghetto di Valeggio sul Mincio**. Der eigentliche Ort Valeggio (14 200 Einw.) liegt auf einem Hügel über dem Flusstal und grüßt mit den markanten Ruinen einer Scaligerburg weit ins Land.

Nähert man sich Borghetto di Valeggio sul Mincio, erkennt man schon von Weitem den mächtigen Damm **Ponte Visconteo**, den Reste einer mittelalterlichen Brückenbefestigung krönen. Dieses Bauwerk nimmt sich bizarr im lieblichen Flusstal aus. 1393 ließ *Gian Galeazzo Visconti* diesen Damm errichten, mit dem Ziel, der Stadt Mantua das Wasser abzugraben. Planung und Ausführung der 600 m langen Sperre übertrug der Visconti dem Festungsbaumeister *Domenico da Firenze*. Das 26 m breite und 10 m hohe Bauwerk kostete seinerzeit 300 000 Goldgulden. Unklar bleibt bis heute, warum der Damm nicht in Gebrauch genommen wurde. Immerhin zwang dieser mächtige Riegel im Minciotal die Venezianer 1437 aber dazu, ihre Flotte gegen die Mailänder über das Gebirge zum Gardasee zu schaffen [s. S. 21]. Es bleibt die Verwunderung über ein unbegreifliches Vorhaben, das zwar wenig Wirkung zeigte, sich aber recht fantastisch ausnimmt über dem Fluss, der in kleinen Kaskaden hinter der Brücke in den Borghetto strömt.

Der Ort mit seinem im Zentrum altertümlichen Charme, mit schmalen Gassen, einer Kirche und der Antica Locanda Mincio (s. u.) nahe dem Fluss ist ein beliebter und lohnender Ausflug.

Unweit der *Scaligerburg* von Valeggio sul Mincio, von der nur noch drei Ecktürme, der Bergfried und ein Teil der Ringmauer erhalten sind, erreicht man die Villa Sigurtà, berühmt wegen des **Parco Giardino Sigurtà** (Tel. 04 56 37 10 33, www.sigurta.it, Anfang März–Anfang Nov. tgl. 9–19 Uhr, Einlass bis eine Stunde vorher). In dem ehemals landwirtschaftlich genutzten Areal der Villa aus dem 17. Jh. wurde auf 50 ha ein großer Park mit malerischen Teichen und romantischen Seerosenbecken, prächtigen Blumen und Bäumen angelegt. Seine Vielfalt und die wunderschönen Ausblicke auf das Minciotal machen ihn zu einem der schönsten und außergewöhnlichsten Gärten der Welt. Anlegen ließ diese beeindruckende Anlage Graf *Carlo Sigurtà*.

Diesen ›Tempel der Natur‹ mit einer über 100 Jahre alten Mittelmeerflora kann man zu Fuss ebenso erkunden wie mit dem Fahrrad oder einem Golfwagen. Außerdem befährt ein kleiner Bummelzug eine 7 km lange Strecke. Mietmöglichkeiten für Räder und Wagen sowie Zusteigemöglichkeiten für den Zug gibt es am Parkplatz.

Der Parco Giardino Sigurtà verzaubert mit seiner farbenprächtigen Pflanzenvielfalt

Praktische Hinweise

Restaurant

Antica Locanda Mincio, Via Buonarrotti 12, Borghetto, Valeggio sul Mincio, Tel. 04 57 95 00 59, www.anticalocandamincio.it. Hausgemachte Teigwaren und vorzügliche Fischgerichte direkt am Ufer des Mincio (Mi und Do geschl.).

11 Sirmione

Seit Catull hat dieses Kleinod am See die Dichter und Denker beflügelt.

Dass das Gebiet um Peschiera im Altertum von einem dichten, unheimlichen Wald bewachsen war, kann man sich heute, folgt man der Straße Richtung Sirmione (7900 Einw.), nicht mehr vorstellen. Umso schöner, lieblicher muss dem Reisenden der Antike die Siedlung erschienen sein, die ihn am Ende der 4 km in den See ragenden Halbinsel willkommen hieß. Römische Familien aus Verona und Brescia bauten ihre Villen an der Landspitze, von der aus sich einer der bezauberndsten Ausblicke auf den Gardasee öffnet. Unter ihnen war auch die Familie der Valerier aus Verona, deren Sohn Gaius Valerius Catullus in die Literaturgeschichte des Abendlandes eingehen sollte.

Catull war nicht der einzige, der die »Perle der Inseln und Halbinseln« pries. Die Liste der Staatsmänner und Künstler, die Sirmione besuchten und von seinem Charme bezaubert waren, ist lang. Sie reicht von Catull über Caesar, Dante, Carducci bis zu Ezra Pound. Kaum ein Ort am Gardasee erfreute sich vom Altertum bis in unsere Zeit einer so großen Beliebtheit wie diese südlichste Ansiedlung am Benacus. Freilich führt diese Popularität auch dazu, dass das Städtchen – vor allem an Festtagen, wenn auch Ausflügler aus Verona, Brescia und Mantua auf die Halbinsel drängen – hoffnungslos überfüllt ist. Doch zu Zeiten, wenn die Urlauberströme abgeflaut sind, vermag man die landschaftliche und architektonische Schönheit des Ortes, die Stille seiner Gärten und die Farbenpracht der Sonnenuntergänge über dem See ungestört zu genießen.

Sirmiones Castello Scaligero besitzt noch die alte, von Mauern umschlossene Hafenanlage

Die sehr schmale Landzunge ist heute mit Häusern bebaut und führt zu der eigentlichen Stadt Sirmione, aus der der Autoverkehr ausgeschlossen ist (Parkmöglichkeiten vor den Stadttoren), und zu den schönen **Stränden** Lido delle Grotte und Lido delle Bionde.

Den Eingang in die engen, gewundenen Sträßchen Sirmiones bewacht das majestätische **Castello Scaligero** mit seinem zinnenbewehrten Mauerkranz, hoch aufragenden Türmen und tiefen Wassergräben, die nur durch eine Zugbrücke Einlass in die Festung ermöglichten. Keine der Burgen der della Scala am Seeufer ist besser erhalten als die von Sirmione, keine erscheint auch architektonisch so harmonisch und geschlossen wie diese. Das beeindruckende Bild täuscht jedoch nicht darüber hinweg, dass wir es mit einem militärischen Bauwerk zu tun haben, mit dessen Hilfe zeitweise auch auf die Bürger Sirmiones beträchtlicher Druck ausgeübt wurde.

Geschichte Das Kastell erhebt sich vor dem ersten der drei felsigen Hügel, die Sirmione Profil geben. Es entstand an der Stelle, wo schon die **Römer** ein *Castrum* gebaut hatten; die damalige Siedlung bestand aus zwei Häfen und der riesigen Villenanlage auf dem dritten und letzten Hügel über dem Seeufer (den heutigen Grotten des Catull). Nach dem Ende des Weströmischen Reiches geriet Sirmione unter die Herrschaft einfallender barbarischer Völker und versank in Bedeutungslosigkeit. Unter den **Langobarden** entstanden dann verschiedene Klöster und Kirchen, von denen aber so gut wie nichts übrig blieb. Während der Herrschaft der **Scaliger** und später der **Venezianer** wurden die erhaltenen antiken Anlagen um- und ausgebaut. Den Osthafen integrierten die Scaliger in ihre Fes-

Ein Platz an der Sonne: der in den See ragende Steg des Lido delle Bionde in Sirmione

tung, das Hafenbecken am Westufer hingegen wurde zugeschüttet und zur Piazza umgestaltet.

Erst als im 13. Jh. die **Scaliger** die Herrschaft über das Gebiet übernahmen, entwickelte sich Sirmione zu dem Ort, der den Besucher mit seinen engen Gassen, den Torbögen und vielen überraschenden Durchblicken zum See so fasziniert. Haupteinnahmequelle der Bewohner war der Fischfang, dessen freie Ausübung Kaiser Friedrich II. der Gemeinde 1220 durch ein Dekret garantiert hatte. Dieses Privileg blieb bis 1806 gültig.

Im Jahre 1276 – unter der Herrschaft *Mastinos I. della Scala* – entbrannte der Kampf gegen die **Patarener**, eines der blutigsten Kapitel in der Geschichte Sirmiones. Die Patarener waren – wie die Katharer – eine Sekte, die sich gegen den übermäßigen Reichtum der Kirche und gegen die Tyrannei der Klöster und ihrer Verwalter wendete. Die Kirche empfand diese Häretiker als eine Gefahr für den katholischen Glauben und das Papsttum. Mastino ließ auf Veranlassung des Papstes Milizen in Sirmione, wo der Großteil der Bevölkerung der Sekte angehörte, zusammenziehen und richtete ein Massaker unter den wehrlosen Patarenern an. Etwa 200 gerieten in Gefangenschaft und unter *Alberto I.* – dem Bruder Mastinos – wurden sie 1278 in der Arena von Verona öffentlich verbrannt.

Eingedenk dieser Geschichte betrachtet man die Scaligerburg, von der aus der Kampf gegen die friedlichen Bewohner Sirmiones geführt wurde, vielleicht mit anderen Augen. Die Türme und Wehrgänge erscheinen nicht mehr romantisch, sondern finster und bedrohlich. Das Innere der Burg macht deutlich, dass diese Anlage allein der Verteidigung und Machtdemonstration der Scaliger diente und in keiner Weise wohnlich war.

Zufluchtsort – Catull in Sirmione

Der Dichter Gaius Valerius Catullus wurde um 84 v. Chr. in Verona geboren und starb um 54 v. Chr. in Rom. Er stammte aus einer wohlhabenden Familie, die in Sirmione ein Landhaus besaß, das er ab und zu besuchte. Den größten Teil seines kurzen Lebens verbrachte Catull jedoch in Rom im Kreis von Poeten, die sich die griechische Dichtung hellenistischer Zeit zum Vorbild genommen hatten.

Das prägendste Ereignis im Leben des jungen Provinzlers war die Liebe zu einer reifen, erfahrenen Römerin, die er als ›Lesbia‹ in seinen Gedichten verehrte.

Catulls lyrisches Werk – die ›Carmina‹ – besteht aus nahezu 3000 Versen. Es umfasst 60 kleine Lieder, deren Alltags- und Liebesthemen mit großer Frische, mit Unverblümtheit, auch Grobheit gestaltet sind, acht umfangreiche Theaterstücke, darunter die ›Hochzeit des Peleus und der Thetis‹ sowie 48 Epigramme. In Catulls Lyrik beeindruckt vor allem die unverhohlene Leidenschaft, mit der er von seiner Liebe zu Lesbia spricht. Am Gardasee suchte der Dichter oftmals Ruhe vor dieser verzehrenden Liebe. Sirmione widmete er die viel zitierten Verse: »Salve o venusta Sirmione« … »Sei gegrüßt du herrliches Sirmione, freu dich der Heimkehr deines Herrn, und ihr, freut euch mit, zärtliche Wellen des Sees.«

Besichtigung Nachdem sich Sirmione 1404 freiwillig Venedig unterworfen hatte, verlangten die *Venezianer* von den Scaligern, als Gegenleistung für die Erhaltung des Feudalrechtes die Burg zu restaurieren. Über die Zugbrücke und durch ein Portal, über dem das Wappen der Republik Venedig (geflügelter Löwe) und das der Scaliger (Leiter) zu sehen ist, betritt man das **Castello Scaligero** (Rocca Scaligera, Tel. 030 91 64 68, Di–So 8.30–19 Uhr, häufig kurzfristige Änderungen) Im ersten Hof hielten sich die Wachen auf. Sie konnten von hier aus durch die Schießscharten den Zugang zum Ort beobachten. 47 m hoch ragt der Turm (Mastio) über das Geviert der Wehrgänge und Zinnen hinaus.

TOP TIPP

Im Säulengang des einzigen bewohnbaren Gebäudes sind Reliefs und Mosaike aus römischer Zeit, auch ein Meilenstein von etwa 305–307 n. Chr., ausgestellt sowie eine Sammlung mittelalterlicher Exponate. Diese besteht aus Funden, die in den Ruinen des langobardischen Klosters *San Salvatore*, das auf dem zweiten Hügel Sirmiones gestanden hatte, entdeckt wurden. Bemerkenswert ist eine langobardische Schmuckplatte mit charakteristischen Flechtbandornamenten.

Bei einem Rundgang über Wehrgänge und Bastionen vermag man die Ausmaße der Burg, ihr ausgeklügeltes Verteidi-

In einer der zahlreichen Bars in Sirmione kann man wunderbar den Tag ausklingen lassen

gungssystem mit Zugbrücken, Treppen und Wehrtürmen zu erkunden. Besonders schön ist der Blick von oben auf den rundum von hohen, zinnenbewehrten Mauern geschützten Hafen. Es ist eine der wenigen erhaltenen Hafenanlagen der Scaliger. Sie bot zusätzlichen Schutz und gewährleistete zugleich die Versorgung des Kastells vom Wasser aus.

Die nahe **Piazza Carducci** – gesäumt von alten Häuserfassaden, mit einem schönen Blick auf den südwestlichen Teil des Sees, mit Cafés und Trattorien – ist heute eine der reizvollsten Platzanlagen von Sirmione. Hier befindet sich auch die Anlegestelle der Dampfer.

Abseits der belebten, von Geschäften und Restaurants gesäumten *Via Vittorio Emanuele* gelangt man durch enge mittelalterliche Gassen zur Kirche **Santa Maria Maggiore**. Sie stammt aus dem späten 15. Jh. und wurde an der Stelle eines langobardischen Vorgängerbaues errichtet. Der Westfassade des sonst schmucklosen Baus ist eine Säulenhalle vorgesetzt. Eine der Säulen stammt aus römischer Zeit. Das einschiffige Innere wird von großen Bögen unterteilt und hat fünf Altäre. Der *Hauptaltar* ist eine aufwendige Marmorarbeit des 18. Jh., darüber erscheint das Bild der Muttergottes in einem geschnitzten Holzrahmen aus dem 16. Jh. Eine Reihe von Fresken aus dem 15. Jh., von verschiedenen Meistern ausgeführt, verdienen die Aufmerksamkeit des Besuchers. Besonders interessant ist die dramatische Darstellung der ›Kreuzigung‹ an der Südwand.

Weiter in Richtung der Spitze der Halbinsel gelangt man zum zweiten Hügel Sirmiones, auf dem sich die kunsthistorisch bedeutendere Kirche **San Pietro in Mavino** (z. Zt. wegen Restaurierung geschl.) befindet. Ihre Ursprünge gehen auf das 8. Jh. zurück. Man vermutet jedoch, dass schon die Römer hier ein Heiligtum errichtet hatten. Einsam steht die Kirche inmitten eines stillen Olivenhaines, abseits des belebten Ortes. Im 11./12. Jh. wurde die Anlage erweitert. Es entstanden der *Campanile* sowie der Chor mit seinen drei Apsiden.

Das Innere birgt einen beeindruckenden Zyklus von Wandmalereien aus dem 12.–16. Jh. Überwältigend, beinahe magisch wirkt das große *Fresko* in der Hauptapsis, das Christus in der Mandorla als Weltenrichter am Ende der Zeiten darstellt. Umgeben von zwei Posaune blasenden Engeln, flankiert von Maria und Johannes, richtet er die Toten, die zu seinen Füßen aus den Gräbern steigen. Die Komposition schuf 1321 ein Veroneser Maler, der noch stark unter dem Einfluss der byzantinischen Kunst arbeitete. Die Wandmalereien in den Seitenapsiden zeigen eine thronende Madonna und eine Kreuzigungsgruppe. Das Langhaus schmücken qualitätvolle Darstellungen von Heiligen (hl. Michael, hl. Rochus, hl. Josef) und eine Schutzmantelmadonna.

Unweit von San Pietro in Mavino, auf dem dritten Hügel der Halbinsel, zeugt die ausgedehnte Ruinenanlage der **Grotte di Catullo** (Tel. 030 91 61 57, März–Okt. Di–Sa 8.30–19, So 8.30–17 Uhr, Nov.–Febr. Ausgrabungsgelände Di–So 8.30–17, Museum Di–Sa 8.30–19, So 8.30–13.30 Uhr, häufige Änderungen) von der Blütezeit Sirmiones in der Antike. 1483 beschrieb der Chronist Marino Sanudo im Auftrag des Dogen von Venedig eine Reise durch die Terra Ferma (Festland). Sirmione bezeichnete er als das Land des Catull und so nannte man die römischen Ruinen Grotte di Catullo.

Tatsächlich handelt es sich um eine erst nach Catulls Tod erbaute **römische Villa** des 1.–2. Jh. n. Chr. 1939 begannen systematische Ausgrabungen. Die bisher gefundenen Reste haben Ausmaße von 230 x 105 m. Man geht jedoch davon aus, dass dies nur ein Teil der wirklich existierenden Anlage ist. Vermutlich handelte es sich um ein ›Mansio‹, ein vornehmes Gästehaus des römischen Imperiums mit Thermalbad, denn vor der Landzunge im See entspringt die 70°C heiße Boiola-Quelle, die schon die Römer nutzten. Die Funde, die im kleinen **Museo Archeologico** am Eingang der Anlage ausgestellt sind, deuten darauf hin, dass das Gebäude mit großer Pracht ausgestattet war. Fragmente von Fresken, Mosaiken, Schmuckstücke und diverse Gebrauchsgegenstände sind zu sehen. Hier wird auch ein Grundriss der Villa gezeigt, der die Besichtigung erleichtert.

Die Fresken in der Kirche San Pietro in Mavino stehen in byzantinischer Tradition

Am Eingang des ausgedehnten Bezirks, dessen unvergleichliche Lage über dem See fasziniert, betritt man den **Kryptoportikus**, einen 158 m langen überdachten Gang mit doppelter Säulenreihe, der Schutz vor Regen und Sonne bot und zum Lustwandeln einlud. An den Außenseiten waren wohl kleine Läden eingerichtet; tatsächlich verfügte die Villa sogar über eine eigene Handelsstraße.

Am südlichen Rand sind noch Teile der **Piscina**, des Thermalbades, erhalten, das durch Bleirohre aus der Boiola-Quelle gespeist wurde. Von der Kuppe des Hügels lässt sich die labyrinthisch anmutende Anordnung der Gebäudeteile einigermaßen überschauen. Am Nordende stößt man auf den **Lungo Corridoio**, einen Korridor, der mit Stuck und Malereien dekoriert war und von dem aus die 15 angrenzenden Räume, wahrscheinlich Schlafzimmer, zugänglich waren.

Am äußersten östlichen Ende, etwas unterhalb des Corridoio, öffnete sich ein großer Saal mit dreibogigen Fensteröffnungen über den See, die **Trifora del Paradiso**. Von hier bietet sich ein unvergleichlich schöner Blick über den See bis zum Monte Baldo. Zurück im langen Gang steigt man von dort hinab in die **Aula dei Giganti**, den größten Saal der Villa. Der Name bezieht sich auf die gigantischen Steine, die aus dem Dachgewölbe gestürzt sind. Sie dienten als Stützen einer *Aussichtsterrasse*, die die Mitte des vorderen Gebäudekomplexes einnahm. Erst wenn man den alten, stimmungsvollen Olivengarten erreicht hat, vermag man die gewaltigen **Gewölbe** zu erkennen, die den Unterbau der Villenanlage bilden. Sie erheben sich exponiert auf den steilen Kalksteinfelsen am See und sind der Grund, weshalb man das Bauwerk als Grotten bezeichnete.

Die riesigen Räume im Innern der 17 m hohen Mauern dienten vermutlich als *Vorratslager* und Ställe, worauf der Name **Grotta del Cavallo** hinweist. Von der Terrasse des Olivengartens erkennt man auch die breite, bis 100 m in den See ragende *Brandungsterrasse* aus von der Eiszeit glatt geschliffenen Felsen, die im Sommer ein beliebter Badeplatz sind.

Die Ruinen der Grotte di Catullo erstrecken sich über die Spitze der Halbinsel von Sirmione

Terme di Sirmione

Schon die Römer nutzten in Sirmione die 70 °C heiße **Thermalquelle**. Ihr schwefeliges Wasser sprudelt rund 300 m vom Ufer entfernt blubbernd aus dem Seeboden. Die drei Hotels Grand Hotel Terme, Sirmione und Fonte Boiola bieten ihren Gästen eigene Pools mit dem heilsamen Nass. Die medizinischen *Thermalbäder* Catullo und Virgilio behandeln mit dem Wasser Patienten mit Haut- und Gefäßkrankheiten sowie Atemwegsbeschwerden. Das moderne *Wellnesszentrum* Aquaria steht allen offen. Die Becken mit dem Heilwasser liegen direkt am See. Dazu gibt es Aromaduschen, Schönheitsbehandlungen und Massagen.

i Praktische Hinweise

Information

IAT, Viale Marconi 8, Sirmione, Tel. 030 91 61 14, www.vivisirmione.com

Wellness

Terme di Catullo, Via Punta Staffalo 1, Tel. 03 09 90 49 23, www.termedisirmione.com, April–Okt. tgl. 7–13 Uhr

Terme di Virgilio, Piazza Virgilio 2, Colombare di Sirmione, Tel. 03 09 90 49 23, www.termedisirmione.com, April–Okt. tgl. 7–19, Nov.–März Mo–Sa 7–19 Uhr

Wellnesszentrum Aquaria, Piazza Don Piatti 1, Tel. 030 91 60 44, www.termedisirmione.com, Mo 14–22, Mi/Fr–So 10–22, Do 16–24 Uhr

Hotels

TOP TIPP *****Palace Hotel Villa Cortine**, Via Grotte 6, Sirmione, Tel. 03 09 90 58 90, www.palacehotelvillacortine.it. Alte, prachtvolle Villa mit Anbau, Pool und privatem Strand in einem schönen Park gelegen.

****Hotel Sirmione**, Piazza Castello 19, Sirmione, Tel. 03 09 90 49 22, www.termedisirmione.com. Stilvolles Hotel mit eigenem Thermalzentrum; in der Altstadt direkt am See gelegen.

****Ideal**, Via Catullo 31, Sirmione, Tel. 03 09 90 42 45, www.hotelidealsirmione.it. Sehr angenehmes Haus mit Seeblick rundum, wunderbare Lage in der Nähe der Grotte di Catullo.

Restaurants

Ristorante Risorgimento, Piazza Carducci 5, Sirmione, Tel. 030 91 63 25, www.ristorante-risorgimento.com. Das elegante Lokal bietet köstlich zubereiteten frischen Fisch aus dem See und schmackhafte Fleischgerichte, außerdem eine umfangreiche Weinkarte (Di geschl.).

Trattoria Al Porticciolo, Via XXV Aprile 83, Sirmione, Tel. 03 09 19 61 61. Schöne Lage nahe dem Porto Galeazzi. Die Küche besticht durch raffinierte Fleischgerichte und Fischspezialitäten sowie eine große Auswahl an regionalen Weinen.

Gardesana Occidentale – dramatische Bergpanoramen, sanfte Hügelwelt

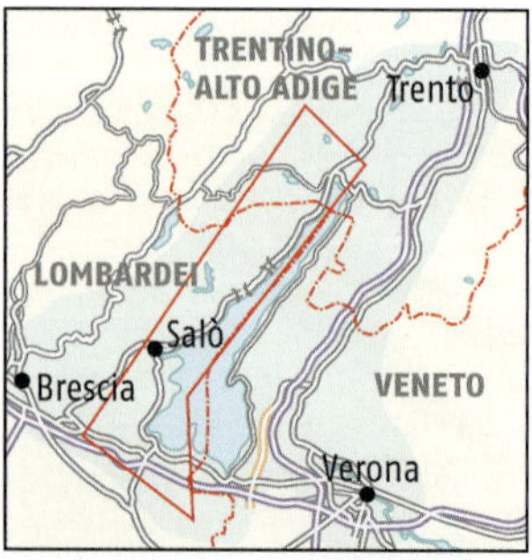

In Riva del Garda beginnt die Gardesana Occidentale, eine der schönsten Panoramastraßen der Tridentiner Alpen, die sich bis Gargnano entlang der senkrecht in den See abfallenden Felswände über 50 Brücken und durch 74 Tunnels windet. 1931 wurde sie in den Fels gebaut bzw. aus ihm herausgesprengt, ein Meisterwerk der Straßenbaukunst. Zwischen den dunklen Strecken im Tunnel blitzen immer wieder – wie Filmstreifen – atemberaubende Bilder vom See und dem gegenüber liegenden Ufer mit dem Massiv des Monte Baldo auf. Doch Vorsicht, der Kontrast von Hell und Dunkel ist tückisch! Die Straße wurde nicht für den Massenverkehr unserer Tage konzipiert. An manchen Stellen geht es gefährlich eng zu. Ab Salò weichen die schroffen Felswände dann zurück und die Landschaft wird sanfter und lieblicher.

12 Riva del Garda

TOP TIPP *Venedig und Habsburg prägten die Stadt am Nordende des Sees.*

Ein Schiff mit geblähten Segeln zeigt Rivas (16 000 Einw.) Stadtwappen und weist so auf die Bedeutung der Stadt als Hafen hin. In römischer Zeit hieß sie Ripa (Ufer). Von Anfang an war die **Bucht von Riva** (TOP TIPP) ein wichtiger Anlegeplatz am Nordende des Gardasees, der hier einen strengen, fjordartigen Charakter hat. Glatte Felswände fallen steil in den See ab und lassen nur wenig Platz für Besiedlung. Riva kam die fruchtbare Ebene der **Sarca** im Norden zugute, sodass sich schon früh ein reger Handelsort entwickelte. Zwischen Riva und Torbole, den einzigen Siedlungen am Nordende des Sees, erhebt sich als mächtiger Sperrriegel der **Monte Brione**.

Geschichte Rivas Geschichte war außerordentlich bewegt, denn Veroneser, Mailänder und Venezianer, Tiroler Grafen und Trienter Bischöfe stritten sich um die Rechte an dem bedeutendsten Hafen am nördlichen Gardasee. Von 1510–1802 herrschten die Trienter Fürstbischöfe über

Die Gardesana Occidentale gilt als eine der Traumstraßen Europas

Riva. Danach kam die Stadt an das Habsburgische Kaiserreich, zu dem sie bis zum Ende des Ersten Weltkrieges gehörte.

Besichtigung Venezianischer und österreichischer Baustil prägen das Bild der autofreien **Altstadt**, die sich mit bunten Fassaden und kantigen Türmen malerisch um den Hafen gruppiert. Stadt und See gehören unlösbar zusammen. Nicht weit ist es von der alten **Stadtmauer** bis zum Ufer des Sees, an dem sich die majestätischen Reste der Rocca, der Scaligerburg, erheben. Verwinkelte Gassen führen auf die belebten, ineinander übergehenden Plätze. Hohe Türme, wehrhafte Stadttore sowie mit Wappen und barocken Ornamenten verzierte Häuser fügen sich zu einem streng und geordnet erscheinenden Ensemble, das trotzdem viel heiteren Charme ausstrahlt.

Zentrum ist die **Piazza 3 Novembre** gleich am Hafen, beherrscht von der hohen **Torre Apponale** (Ende März–Juni, Okt. Di–So 10–12.30 und 13.30–18, Juli–Sept. tgl. 10–12.30 und 13.30–18 Uhr), dem aussichtsreichen Wahrzeichen von Riva. Dieser bereits 1220 erwähnte, über Eck gestellte Uhrturm überragt majestätisch die mittelalterlichen Gebäude. Friedrich Nietzsche äußerte 1880 bei einem Besuch in Riva den Wunsch, sein Leben in diesem zum Schutz des Hafens erbauten Wehrturm zu verbringen.

Im Norden begrenzen Arkadenhäuser aus dem 14. Jh. den Platz. Sein westliches Ende bildet der **Palazzo Pretorio**, den Cansignorio della Scala 1370 erbauen ließ. Er ruht auf schweren Bogengängen. Zusammen mit dem sich anschließenden **Palazzo Municipale** aus dem 15. Jh. bildet er heute das Rathaus, die Fassaden der beiden Stadtpaläste sind über dem Arkadengang mit den Wappen der Fürstbischöfe von Trento und der Seerepublik Venedig geschmückt. Über Eck schließt sich noch der aus dem 14. Jh. stammende **Palazzo del Proveditore** an.

Durch ein von Zinnen bekröntes Tor erreicht man die kleine **Piazza San Rocco** mit einer dem Pestheiligen geweihten *Kapelle*. Das Tor war 1406 von den Mailän-

dern in Brand gesteckt worden und heißt seither **Porta Bruciata** (Verbranntes Tor).

Entlang der lebhaften, von Hotels und Cafés gesäumten Uferpromenade gelangt man zur **Rocca di Riva**. Im 12. Jh. erbauten die Scaliger diese wehrhafte Wasserburg auf den Ruinen einer römischen Festung. Heute befindet sich in ihren Mauern das **Museo Alto Garda** (auch Museo di Riva, Piazza C. Battisti 3, Tel. 0464573869, www.comune.rivadelgarda.tn.it/museo, Ende März–Juni, Okt. Di–So 10–12.30 und 13.30–18, Juli–Sept. tgl. 10–12.30 und 13.30–18 Uhr), das in drei Bereiche unterteilt ist. Die Pinakothek zeigt Gemälde, Fresken und Skulpturen des 14.–20. Jh., darunter Werke von Vincenzo Vela und Pietro Ricchi. Die Archäologische Sammlung präsentiert Fundstücke aus Pfahlbausiedlungen sowie Exponate aus der römischen Zeit. Der dritte Bereich beschäftigt sich mit der Geschichte und der Bevölkerung des Gardasees. Zudem finden Wechselausstellungen statt. Ein schöner Blick auf Stadt und See belohnt den Aufstieg auf den Mastio, den Turm der Rocca.

Das Innere der Chiesa dell'Inviolata überrascht mit reichem Freskenschmuck

Von den blühenden Parkanlagen, die die Rocca umgeben, gelangt man stadteinwärts zur Pfarrkirche **Santa Maria Assunta**, einem hohen, tonnengewölbten Bau im Barockstil mit acht Seitenkapellen. Beachtenswert ist die *Cappella del Suffragio* mit prächtigem Stuck und einem Gemälde der Himmelfahrt Mariens im Kuppelgewölbe. Hinter der Kirche erhebt sich die **Porta San Michele**, eines der alten Stadttore Rivas, dessen Turm zugleich als Campanile für das Gotteshaus dient.

Außerhalb der Stadtmauer gelangt man, der *Via Roma* folgend, zur **Chiesa dell'Inviolata**, dem kunsthistorisch inte-

Bei der Anreise mit dem Schiff wirkt die Silhouette von Riva besonders elegant

ressantesten Bauwerk Rivas, das 1603 ein portugiesischer Architekt erbaut hat. Ein hoher Turm überragt die schlichte Hausfassade. Im *Inneren* überrascht der detailfreudige und elegante Stuck, der die Wände, die Kuppel und die Seitenkapellen überzieht. Als Stuckateur arbeitete hier *Davide Reti* aus Rom, während die Fresken von *Martino Teofilo Polacco* aus Arezzo und von *Palma il Giovane* aus Verona stammen. Besonders schön ist das reiche Schnitzwerk der Möbel in der Sakristei und des Chorgestühls hinter dem Hauptaltar, das Szenen aus dem Alten Testament zieren.

Über der Stadt, an den Hängen des im Westen steil aufragenden Monte Rocchetta, liegt wie ein Adlerhorst auf 150 m Höhe die **Bastione di Riva**, die die Venezianer 1508 erbaut hatten und die 1703 von Vendôme gesprengt wurde, sodass heute nur noch Reste eines trutzigen Rundturmes erhalten sind. Ein etwa halbstündiger Spaziergang führt auf diese empfehlenswerte Aussichtskanzel. Erfahrene Bergwanderer können von der Bastion aus auf steilem Pfad auch weiter zu der auf 625 m gelegenen **Cappella di Santa Barbara** aufsteigen.

i Praktische Hinweise

Information

Ingarda Trentino, Largo Medaglie d'Oro al Valor Militare 5, Riva del Garda, Tel. 04 64 55 44 44, www.gardatrentino.it

Hotels

******Du Lac et du Parc Grand Resort**, Viale Rovereto 44, Riva del Garda, Tel. 04 64 56 66 00, www.dulacetduparc.com. Elegantes Hotel in weitläufigem Garten, moderne sowie mit Antiquitäten eingerichtete Zimmer oder komfortable Bungalows, Beauty- und Fitnesscenter.

Auch am Abend spielt sich ein großer Teil des Lebens in Riva del Garda im Freien ab

****Kristal Palace, Via Confalonieri 8, Riva del Garda, Tel. 04 64 54 00 33, www.hotelkristalpalace-lagodigarda.it. Exklusives, modernes Haus, Restaurant und auf dem Dach ein Pool mit Aussicht.

****Grand Hotel Liberty, Viale Carducci 3/5, Riva del Garda, Tel. 04 64 55 35 81, www.grandhotelliberty.it. Alte, teilweise im Jugendstil eingerichtet Villa mit einem traumhaft schönen Garten.

Restaurant

Ristorante Al Volt, Via Fiume 73, Riva del Garda, Tel. 04 64 55 25 70, www.ristorante alvolt.com. Romantisches Restaurant mit sehr guter, regionaler Küche (Mo geschl.).

13 Val di Tenno

Ein romantisches Tal mit herrlichem See und alten Gemäuern.

Lohnend ist ein Abstecher ins Tennotal, in dem noch viel vom ursprünglichen Charakter der alten Dörfer erhalten geblieben ist. Auf dem Weg dorthin liegt unweit der Straße der **Parco Grotta Cascata Varone** (Via Cascata 12, Tel. 04 64 52 14 21, www.cascata-varone.com, Mai–Aug. tgl. 9–19, März, Okt. tgl. 9–17, April, Sept. tgl. 9–18, Nov.–Febr. So/Fei 10–17 Uhr), der zu den eindrucksvollsten Naturschauspielen am Gardasee gehört. Aus einer Höhe von fast 100 m stürzt das Wasser eine enge Klamm hinab, die sich in 20 000 Jahren gebildet hat. Von zwei übereinander liegenden Brücken blickt man in den tosenden Schlund. 1901 besichtigte Thomas Mann den 1874 zugänglich gemachten Wasserfall von Varone. Seine Eindrücke nutzte er für eine theatralische Szene im ›Zauberberg‹ (1924): »Vor dem Hintergrund der engen, tiefen Schlucht, die von dicken, nackten, glitschigen Felsbrocken gebildet wird, die wie enorme Fischbäuche anmuten, stürzt die Wassermasse mit ohrenbetäubendem Getöse herunter. Die wahnsinnige, mächtige Dusche betäubte, machte Angst und verursachte Halluzinationen des Gehörs.«

Beinahe 100 m tief stürzt die Cascata del Varone in eine enge Klamm hinab

Das Dorf **Tenno** (2000 Einw.) selbst konnte zahlreiche alte Steinhäuser, Gewölbe und Terrassen bewahren. Sehenswert ist die *Chiesa di San Lorenzo* (Mo–Fr auf Anfrage bei der Gemeinde, sonst beim Pfarrer), ein romanischer Bau, in dem Fresken des 11.–14. Jh. erhalten blieben, die Szenen aus dem Leben der hll. Georg und Laurentius zeigen. Das *Castello di Tenno* aus dem späten 12. Jh. wurde von den Franzosen stark zerstört, sodass von der mittelalterlichen Anlage nur noch wenig zu sehen ist. Es wurde teilweise wiederhergestellt und, um neue Gebäude ergänzt, bewohnbar gemacht. Heute befindet es sich in Privatbesitz.

Im benachbarten **Canale** hat sich eine Künstlerkolonie etabliert, die den mittelalterlichen Ort durch ihr vielfältiges kreatives Schaffen belebt. Der Amateurmaler Giacomo Vittone hat hier in den 1960er Jahren das Zentrum *Casa degli Artisti Giacomo Vittone* (Tel. 04 64 50 20 22, www.casartisti.it, April–Okt. Di–So 10–12 und 14.30–18.30 Uhr) gegründet, in dem Künstler jeglicher Couleur vorübergehend wohnen können. Einzige Bedingung ist, dass sie nach ihrem Aufenthalt dem Haus eines ihrer Werke vermachen. Dadurch ist bis heute eine beachtliche Kunstsammlung entstanden, die im Sommer durch wechselnde Ausstellungen sowie Kurse für Malerei oder Fotografie ergänzt wird.

Die Berge rund um den Gardasee sind auch für Mountainbiker ein ideales Revier

Der kleine Badesee **Lago di Tenno** weiter oben im Tal bezaubert durch die mit dem Lichteinfall wechselnden Farben seines Wassers. Tief eingegraben zwischen grün bewachsenen Bergen, ist er wie ein blaues Auge, in dem sich Wolken, Bäume und Himmel spiegeln.

Kulinarische Spezialität aus dem Val di Tenno

Im Tennotal gibt es eine typische Spezialität, die man sich nicht entgehen lassen sollte, die meisten ländlichen Trattorien haben sie auf ihrem Speiseplan. **Carne Salada** ist ein altes Hausrezept, das aus den Zeiten stammt, da es noch keine Kühlgeräte gab: In dünne Scheiben geschnittenes Rindfleisch wird mit grobem Salz eingerieben, mit Knoblauch, Lorbeerblättern, Wacholderbeeren, Pfeffer und Rosmarin zehn Tage lang in einem geschlossenen Gefäß und mit einem Stein oder einem anderen Gewicht zusammengepresst aufbewahrt. Gegrillt oder gedünstet wird es dann mit dicken Bohnen serviert. Das Aroma der Gewürze, die während der Lagerung in das Fleisch eingezogen sind, verleiht ihm den köstlichen und intensiven Geschmack.

i Praktische Hinweise

Restaurant

Piè di Castello, Via al Cingol Ros 38, Tel. 04 64 52 10 65, www.piedicastello.it. Hübsches Landrestaurant mit guter Küche, in dem man auch die Spezialität Carne Salada probieren kann (Di geschl.).

14 Val di Ledro

Ein türkisblauer Bergsee mit prähistorischer Pfahlbausiedlung.

Früher erreichte man den beinahe 400 m hoch gelegenen **Lago di Ledro** über die *Vecchia Strada del Ponale*, die wegen ihrer atemberaubenden Ausblicke, aber auch wegen der engen, gefährlichen Kurven berühmt war. Autofahrer müssen heute einen langen Tunnel durchqueren, der anstelle der schwierigen Panoramastraße gebaut wurde. Man erreicht sein Ziel nun schneller, muss aber auf die Aussicht über den Gardasee verzichten. Die alte Ponale-Straße bleibt ausdauernden Mountainbikern und Wanderern vorbehalten. Bei Molina di Ledro gelangt man an den Ledrosee. Wie sein größerer Bruder ist dieses lieblich zwischen den Bergen eingebettete Gewässer ein Relikt der Eiszeit. Sein Abfluss ist der *Ponale*, der ehemals als ein riesiger Wasserfall in den Gardasee stürzte. Heute ist er in Röhren verschwunden und treibt die Turbinen eines Elektrizitätswerks an.

Wie aus dem Bilderbuch: der Ort Limone mit dem Turm der Kirche San Rocco im Vordergrund

In **Molina** wurden 1929 Reste eines Pfahlbautendorfes entdeckt. Damals hatte man den Wasserstand des Sees für die Stromgewinnung gesenkt und stieß auf etwa 10 000 Pfähle, die anhand von Waffen, Schmuck und Gebrauchsgegenständen auf die Zeit um 1700 v. Chr. datiert werden konnten. In dem kleinen **Museo delle Palafitte del Lago di Ledro** am See (Via Lungolago 1, Molina, Tel. 04 64 50 81 82, www.palafitteledro.it, März–Juni, Sept.–Nov. Di–So 9–17, Juli/Aug. tgl. 10–18 Uhr) wird mittels der Funde die Lebenswelt des Pfahlbaudorfes dokumentiert.

15 Limone sul Garda

Ein beliebtes Ausflugsziel in reizvoller Lage.

Wo sich der See fjordartig verengt, an der Grenze der Provinzen Trento und Brescia, liegt Limone sul Garda (1100 Einw.), dessen Häuser sich zwischen den See und den steilen Berghang drängen. Die nackten Kalkfelsen über dem Ort – hier und da von Buschwald unterbrochen – bilden einen lebhaften Kontrast zum intensiven Blau des Wassers. In seiner

In den Cafés am Hafen von Limone lässt sich in Ruhe das Panorama genießen

ganzen Schönheit offenbart sich das Bergpanorama bei einer Schifffahrt (März–Okt. Fähre von Malcesine sowie Linienschiffe von allen großen Orten am See, s. S. 136). Hauptanziehungspunkt ist das stimmungsvolle Hafenbecken, das heute Souvenirläden, Restaurants und Cafés säumen. Etwas ruhiger geht es in der **autofreien** Altstadt mit ihren alten Fischerhäusern, ihren verwinkelten, blumengeschmückten Gassen und den Resten der Zitronengärten zu.

Gen Süden gelangt man zur barocken Pfarrkirche **San Benedetto** in beherrschender Lage über dem Ort. Sie entstand 1691. Das Innere wartet auf mit schönen Marmoraltären und mit interessanten Gemälden des Venezianers *Andrea Celesti* (1637–1711).

Auch wenn der Ursprung des Ortsnamens nicht endgültig geklärt ist, wirbt das Dorf Limone intensiv mit der Zitrusfrucht, die hier über lange Jahre angebaut wurde (s. u.). So kann man Zitronen heute an jeder Ecke kaufen, wenn auch meist als Abbildungen auf Schmuckkacheln, T-Shirts, Handtüchern oder Postkarten. Zudem werden in Limone einige kleinere Zitronengärten rekultiviert, z. B. die **Limonaia del Castèl** (Via Orti, Tel. 0365954008, April–Okt. tgl. 10-18, Nov.–März Sa, So 13-16 Uhr), das Zitronengewächshaus der Burg. Es zeigt, wie die Früchte angebaut und bewässert werden, und erinnert an die Geschichte der Zitruspflanzen am Gardasee.

i Praktische Hinweise

Information

Ufficio Informazioni, Via IV Novembre 29/L, Limone, Tel. 0365954720, www.visitlimonesulgarda.com

Hotel

******Caravel**, Via Tamas 2, Limone sul Garda, Tel. 0365591011, www.caravelnet.it. Aussichtsreich über Limone gelegenes, modernes Hotel in einem schönen Park mit Restaurant und zwei großen Pools.

Limonenanbau am Gardasee

Der schon für die Römerzeit bezeugte Anbau von Zitrusfrüchten am Westufer des Gardasees wurde Ende des 18. Jh. durch agrartechnische Neuerungen intensiviert und kommerzialisiert. Die neue Methode bestand darin, dass große, galerieartige Bauten errichtet wurden, die die Bäume im Winter vor Frost schützen sollten. Man musste für die Zitronenbäume, die eine ganzjährige Reifezeit haben, ein künstliches Klima schaffen. Seiten- und Rückwände eines Zitronengartens bestanden aus Mauern, während die Vorderseite zum See offen blieb. Hier und auch zwischen den Bäumen waren Pfeiler platziert. Sie trugen zusammen mit den Umfassungsmauern ein Holzgitter. Dieses wiederum diente als Unterbau für das Holzdach, das im Winter installiert wurde, um die Bäume vor Kälte zu schützen. Selbst die Front konnte mittels Glasfenstern geschlossen werden. So wurden die Zitronenhaine im Winter in **Gewächshäuser** verwandelt.

Das Baumaterial wurde aus den Steinbrüchen um Malcesine über den See herangeschafft; das Holz kam aus den Alpengebieten. Auch die Erde musste vom Ostufer geholt werden. In

den 1770er-Jahren begann der große **Aufschwung** im Zitronenanbau. Die Ernteerträge beliefen sich bis 1840 auf etwa 6 Mio. Früchte pro Jahr. Die Hauptexportfrucht war die ›Citrus limonium‹. Durch lange Haltbarkeit, größeren Saftanteil und höheren Vitamin-C-Gehalt unterschied sie sich von der sizilianischen Zitrone, die der Produktion am Gardasee dennoch den Garaus machte. Bereits 1870 konnte Sizilien billigere Produkte auf den Markt bringen.

Der rückläufige Trend setzte sich langsam aber stetig fort. Den **Zusammenbruch** brachte der ›Schwarze Winter‹ 1928/29, als am gesamten See so gut wie alle Zitronenbäume erfroren. Viele Bauern verloren damals ihre Existenzgrundlage und nur wenige Zitronenhaine blieben erhalten.

16 Tremosine

TOP TIPP *Die Hochebene ist ein Naturparadies mit Almen, Wäldern und Ausblicken.*

Zwei Straßen klettern hinauf auf die Hochfläche von Tremosine (2100 Einw.). Die erste, sanftere beginnt gleich hinter Limone, während die andere in dem langen Tunnel bei Campione abzweigt und sich durch die wilde **Brasaschlucht** in zahlreichen Kehren, durch Felsgalerien zur Hochebene von Tremosine hinaufwindet, eine von Hügeln und sanften Abhängen, von Almen und Wäldern charakterisierte, herrliche Landschaft. Diese Naturterrasse über dem Westufer des Gardasees ist wegen ihres angenehmen, kühleren Klimas und ihrer vielfältigen Flora ein beliebtes Ausflugsziel. Olivengärten wechseln mit Steineichenwäldern und Kastanienhainen ab. Auf den Almen, die sich zum Hochgebirge im Westen hinziehen, gedeiht eine artenreiche **Alpenflora**. Grandios sind die Ausblicke über den See und auf die Alpen.

Der Hauptort **Pieve di Tremosine** liegt in 416 m Höhe, an Schwindel erregender Position an der Kante eines Felsabbruchs über dem Gardasee, im Angesicht des Monte-Baldo-Massivs. Auf einem gleichfalls kühnen Felsvorsprung erhebt sich die Pfarrkirche **San Giovanni Battista**. Sie entstand im 16. Jh. auf den Resten eines romanischen Vorgängerbaus, von dem noch der Campanile stammt. Herausragend sind die Schnitzarbeiten des Chorgestühls sowie die Intarsienarbeiten in der Sakristei von *Giacomo Lucchini da Condino*. Beachtenswert sind ferner die schönen Schnitzereien am Orgelgehäuse. Anmutig heiter wirkt der Hochaltar mit seinen gedrehten Säulen, Putten und Marmorintarsien.

Inmitten der Almen und Wiesen der Hochebene von Tremosine liegen 17 kleine Dörfer, in denen noch viele malerische Natursteinhäuser erhalten geblieben sind. Die frühesten Siedler des Gebietes sollen Etrusker gewesen sein, ihnen folgten Cenomanen und Römer. Auf die Anwesenheit der Etrusker weist der **Lapide di Voltino** hin, ein Stein der eingemauert im Kirchturm der Gemeinde Voltino entdeckt wurde und mit lateinischen und etruskischen Inschriften versehen ist. Die etruskischen Schriftzeichen konnten bis dato noch nicht vollständig entziffert werden. Der Stein befindet sich heute im Museo Santa Giulia in Brescia [s. S. 80].

Tremosine ist ein besonders schönes und abwechslungsreiches **Wandergebiet**. Man kann z. B. bis zu dem 1694 m hohen *Passo Tremalzo* aufsteigen, von dem aus sich grandiose Ausblicke in die Alpen öffnen.

i Praktische Hinweise

Information

Pro Loco, Piazza Marconi 1, Tremosine, Tel. 03 65 95 31 85, www.infotremosine.it

Hotel

******Piccola Italia Resort**, Via Mezzema 1, Pieve di Tremosine, Tel. 03 65 91 81 41, www.piccola-italia.it. Wunderschön gelegenes Hotel mit gehobener Ausstattung und vielfältigen Freizeitangeboten.

17 Tignale

Wallfahrtsort mit atemberaubender Aussicht über den Gardasee.

Das Tal von San Michele mit dem *Torrente Campione* trennt die Hochebene von Tremosine von der südlicher gelegenen **Hochebene von Tignale** (1300 Einw.). Die Straße windet sich durch eine wilde, unberührte Gebirgslandschaft. Sechs Dörfer liegen auf der 500 m hohen Felsterrasse entlang einer Panoramastraße, die sich zuletzt in vielen Kehren mit spektakulären Ausblicken hinabwindet und bei Gargnano wieder das Seeufer erreicht. Der Hauptort von Tignale ist **Gardola**, die

Vom Gipfel des Monte Cas blickt man auf die Wallfahrtskirche Montecastello

Sermerio ist eine vom Tourismus kaum berührte Ortschaft der Hochebene Tremosine

Hauptsehenswürdigkeit ist jedoch die unweit des Ortes auf einem Fels, 700 m hoch über dem See thronende Wallfahrtskirche **Santuario di Montecastello** (Tel. 0365 73019, www.santuariomontecastello.it, Ostern–Okt. tgl. 9–19 Uhr). Das Gotteshaus mit Kloster und Einsiedelei wurde im 13. Jh. auf den Ruinen einer Scaligerburg errichtet. Im 15. Jh. erfolgten Umbauten und im 17. Jh. wurde die Kirche barockisiert. Noch faszinierender als die Bauten ist der atemberaubende Ausblick von dem senkrecht abstürzenden Fels auf den tiefblauen See. An klaren Tagen erkennt man am gegenüberliegenden Ufer die Burg von Malcesine, darüber die beiden höchsten Gipfel des Monte-Baldo-Massivs: die Punta Telegrafo und die Cima Valdritta.

Praktische Hinweise

Information

Ufficio Informazione, Via Europa 5, Tignale, Tel. 0365 73354, www.tignale.org

18 Gargnano

Eine einzigartige Villen- und Gartenanlage am See.

Vor Gargnano (3100 Einw.) enden die alpine Landschaft des nördlichen Gardasees und die tunnelreiche Strecke der *Gardesana Occidentale*. Hier beginnt die **Brescianer Riviera** und damit ein anderes, sanfteres Landschaftsbild: Die Ufer werden flacher und den Reisenden empfängt ein deutlich südländischeres Ambiente. Die *Cima Comèr* schützt bei Gargnano das Ufer vor dem Einfall kalter Nordwinde und so konnte sich in dem milden Klima eine üppige, vielfältige **Vegetation** entfalten. Neben Zitrusbäumen, Oleander und der farbenprächtigen Bougainvillea wachsen hier auch Palmen, Araukarien und mächtige Zedern, die es am Ostufer kaum gibt. Im Jahre 1872 wurde die erste von Süden kommende Straße nach Gargnano gebaut.

»Keine Worte drücken die Anmut dieser so reich bewohnten Gegend aus«, begeisterte sich Goethe, als er 1786 auf dem See am Westufer vorbeifuhr. Der Anblick der Uferpromenaden und Villen beeindruckt vom Wasser aus besonders. Lange war Gargnano ein einfaches Fischerdorf mit einem kleinen, verträumten Hafen, ehe es der Tourismus entdeckte. Trotzdem hat es sich seinen Charme und seine Ursprünglichkeit weitgehend bewahren können. Dreizehn Ortschaften, größtenteils am Berghang verteilt, bilden die Kommune mit den Ortsteilen **Villa** und **Bogliaco** direkt am See.

Das von schmalen Sträßchen durchzogene Zentrum gruppiert sich um das Hafenbecken. Hier steht der **Palazzo Comunale** aus dem späten 16. Jh. mit schattigen Kolonnaden und einem Brunnen, gesäumt von der kurzen Uferpromenade, wo Oleanderbüsche und Zitrusbäumchen südliches Flair verbreiten.

Natürlich fehlen nicht die obligaten Cafés und Trattorien, doch hat alles hier einen beschaulicheren Charakter als etwa in Limone oder Malcesine. Am Rathaus erinnern Einschüsse im Mauerwerk an das einzig spektakuläre Ereignis in der Geschichte des Ortes, als 1866 österreichische Kanonenboote die italienischen und französischen Schiffe angriffen, die sich hierher zurückgezogen hatten. An einigen Häusern hat man Kanonenkugeln als Zeugnisse dieser kriegerischen Begebenheit eingemauert.

Die Pfarrkirche **San Martino** von 1837 liegt über der Altstadt, ein für den kleinen Ort erstaunlich monumentaler Bau des italienischen Historismus. Ihr Architekt *Rodolfo Vantini* aus Brescia hat sich augenscheinlich das Pantheon in Rom als Vorbild genommen. Eine Säulenhalle ist dem ellipsenförmigen Bau vorgesetzt. Der Renaissance-Turm geht auf die Vorgängerkirche zurück. In dem ovalen Innenraum mit beachtlichen Ausmaßen sieht man Gemälde von *Andrea Bertanza* und über dem Hauptaltar eine Madonna, die *Moretto* zugeschrieben wird.

Die luxuriös eingerichteten Zimmer der Villa Feltrinelli garantieren höchsten Komfort

Im Ort besticht der pompöse **Palazzo Feltrinelli**, der Ende des 19. Jh. von dem Architekten *Francesco Solmi* gebaut wurde. Der Palast mit seinen reich dekorierten Sälen dient heute der Mailänder Universität als Sommersitz der Kultur- und Sprachkurse für ausländische Studenten. Während der Endphase des Zweiten Weltkriegs in Italien war das Gebäude einer der Standorte der faschistischen Regierung [s. S. 62].

Mussolini bevorzugte als Residenz jedoch die am Ortsrand von Gargnano Richtung Campione gelegene **Villa Feltrinelli** mit einem herrlichen, weitläufigen Park. Die Villa, die einst der Verlegerfamilie Feltrinelli gehörte, dient heute als Luxushotel (www.villafeltrinelli.com).

Am südlichen Ende des Ortes findet man die Kirche und das ehemalige Kloster **San Francesco**. Laut Chronik gründete der hl. Franziskus 1289 hier eine Einsiedelei. Die Kirche wurde im 17./18. Jh. verändert, nur die Fassade mit dem harmonischen Rundbogenportal stammt noch aus romanischer Zeit. Erhalten blieb auch der stimmungsvolle *Kreuzgang*. Die spätgotischen Arkaden ruhen auf grazilen Säulen, deren fantasievolle *Kapitelle* leider nur durch einen Torbogen zu sehen sind. Die Ornamente nehmen ausdrücklich Bezug auf die Besonderheiten der Region, sie zeigen Blätter und Früchte von Zitronen- und Orangenbäumen. Sogar die Gardaseeforelle, die ausschließlich im See beheimatet ist, wurde abgebildet.

Bogliaco

Südlich von Gargnano schließt sich Bogliaco an. Auch dieser Ort mit seinem hübschen Hafen ist noch relativ wenig vom Tourismus berührt. Glanzpunkt dieses Teiles von Gargnano ist die **Villa Bettoni**, die direkt am Seeufer liegt und vom Wasser aus am eindrucksvollsten wirkt. Es handelt sich um eine dreiflügelige Anlage aus dem 18. Jh., die nach einem Entwurf des Veroneser Architekten *Adriano Cristofori* gebaut wurde. Den Mitteltrakt, der beide Seitenflügel überragt, krönt ein dekorativer Figurenfries. Mehrere Lisenen unterteilen die 24-fenstrige Front und betonen die gelungene Noblesse der Schauseite des Palastes. Das Innere enthält eine kostbare *Kunstsammlung*, die jedoch nicht öffentlich zugänglich ist. Einmalig in der Region

Glanzlicht von Bogliaco ist der Palazzo Bettoni, ein eleganter Komplex aus dem 18. Jh.

ist die *Gartenanlage*, die sich in Terrassen dem Berghang anpasst. Sie entstand 1764–67 nach Entwürfen des toskanischen Architekten *Amerigo Vincenzo Pierallini*. Die elegante Anlage mit prunkvollen, sich raffiniert kreuzenden Treppen, einem Nymphäum und Marmorskulpturen von *Omero Cignaroli* ist leider durch die moderne Straße von der Villenanlage abgetrennt worden.

Von Gargnano führt eine kurvenreiche Straße hinauf zum **Lago di Valvestino**. Die liebliche, von Olivenbäumen und Kastanien geprägte Landschaft geht bald in eine raue, dramatische Gebirgswelt über, die linker Hand der Monte Pizzòcolo (1582 m) dominiert. Vom Stausee von Valvestino kann man über Capovalle zum Lago d'Idro hinabfahren.

i Praktische Hinweise

Information

Associazione Turistica, Piazzale Boldoni 2, Gargnano, Tel. 03 65 79 12 43, www.gargnanosulgarda.it

Hotel

TOP TIPP ****Villa Giulia**, Viale Rimembranza 20, Gargnano, Tel. 036 57 10 22, www.villagiulia.it. Romantische Villa aus der Zeit um 1900 mit stilvollen Zimmern. Herrliche Lage am See, mit Garten und eigenem Strand, Pool und Sauna (Mitte Okt.–Ende April geschl.).

Restaurant

Ristorante La Tortuga, Via XXIV Maggio 5, Gargnano, Tel. 036 57 12 51, www.ristorantelatortuga.it. Ein Michelin-Stern zeichnet das Feinschmeckerlokal im Zentrum aus. Sehr klein, daher Reservierung erforderlich (mittags, Di und Nov.–Anfang März geschl.).

19 Toscolano-Maderno

Lebhafter Ferienort zwischen Gärten und Olivenhainen.

Der Doppelort Toscolano-Maderno (7800 Einw.) liegt im Mündungsdelta des Toscolano, der aus dem Camerate-Tal kommt. Zwei Brücken führen über den Fluss und verbinden die beiden Stadtteile miteinander.

Toscolano

Der Name Toscolano ist etruskischen Ursprungs und weist auf eine vorrömische Besiedlung hin. Römische Funde nähren die Vermutung, dass sich im See Reste einer römischen Stadt befinden könnten, die die Römer Benacum nannten. Belegt ist, dass an der Stelle, wo sich heute die Kirche Santi Pietro e Paolo befindet, ein Bacchus-Tempel stand und dass in der Wallfahrtskirche **Madonna del Benaco** bis zum 16. Jh. ein Altar mit vier Säulen und einem Bild des Zeus Ammon aufbewahrt wurde. Erst der hl. Carlo Borromeo ordnete 1580 dessen Beseitigung an, ebenso wie er heidnische Figuren in der Krypta von *Sant'Andrea* in Maderno zerstören ließ. 1463 schrieb ein Reisender: »Im Mittelpunkt der Kirche steht der Altar auf 4 Säulen, auf ihm ein Kapitell mit einem Idol, d. h. mit Zeus Ammon in Form eines Widders. In der Kuppel ist ein Loch, aus dem der Rauch der dargebrachten Opfer stieg.«

Bedeutend ist die am Nordeingang des Ortes gelegene Apostelkirche **Santi Pietro e Paolo** (jeweils ca. eine Stunde vor der Messe geöffnet). Der mächtige Bau wurde 1584 nach Entwürfen von *Bertoldo* aus Toscolano errichtet. Er weist ein prunkvolles Portal auf; den dreischiffigen Innenraum tragen starke Säulen. Die Prunkstücke dieser Kirche sind jedoch die zahlreichen Gemälde des Venezianers *Andrea Celesti* (1637–1712), die zu den besten Kunstwerken am Gardasee gehören. 22 Arbeiten fügen sich zu einer Art Pinakothek, die der Maler schuf, nachdem er aus Venedig verbannt worden war, weil er den Dogen mit Eselsohren dargestellt hatte.

Hervorragend sind die drei überdimensionalen Gemälde, die die Wände hinter dem Chor ausfüllen. Sie zeichnen sich durch intensive Farbgebung und perfekte Bildgestaltung aus. »Verglichen zu den früheren Werken ist es nicht schwierig, in ihnen überragende kraftvolle Lichteffekte zusammen mit chromatischer Intensität zu erkennen. Diese ist dem Licht des Gardasees zuzuschreiben, das den Maler umgab und seine Farben tränkte«, schreibt der Kunsthistoriker *Antonio Morassi* (1893–1976). Beispielhaft in diesem Sinn sind auch Celestis ›Geburt Christi‹ gegenüber der Orgel und seine ›Anbetung der Heiligen Drei Könige‹ auf den Orgelflügeln.

Maderno

Bis 1377 war der Ort wichtigstes wirtschaftliches Zentrum der Riviera Bresciana. Otto I. und Friedrich Barbarossa hatten ihm weitreichende Unabhängigkeitsrechte eingeräumt. Im 14. Jh. verlor Maderno seine privilegierte Stellung, als die Scaliger Salò zur Hauptstadt der *Comunità della Riviera* erhoben.

Heute ist Maderno ein beliebter Ferienort mit einem großen, lebhaften Hafen, mit schönen Villen und Ferienhäusern am Hang und im fruchtbaren Schwemmgebiet des *Toscolano*-Flusses. Im Zentrum lockt der **Lungolago**, eine lebhafte Flaniermeile mit Läden, Cafés und Restaurants. Hier befinden sich auch die beiden Kirchen namens **Sant'Andrea**, von denen die neue Pfarrkirche den Platz beherrscht.

Nur wenige Schritte weiter sticht zwischen den modernen Häusern die Fassade der alten Kirche **Sant'Andrea** als ein Beispiel der lombardischen Romanik hervor. In der 2. Hälfte des 12. Jh. auf den Resten eines antiken Tempels erbaut, fasziniert der Bau von außen vor allem durch seine aus weißem, grauem und rotem Stein komponierte Fassade und ihre fein gearbeiteten Dekorationen. Das *Portal* mit seinem Säulengewände zeigt eine Vielzahl von Blattmotiven, Arabesken sowie das typische verschlungene Flechtwerk. Man erkennt Greifvögel, ein Lamm und eine doppelschwänzige Sirene, Motive, die in der frühchristlichen Kunst immer wieder auftreten. Basreliefs mit Amoretten und Girlanden aus Blumen und Früchten stammen aus antiken Bauwerken. An der linken Seitenwand erkennt man sogar eine Biga (römischer Kampfwagen), die auf den Kopf gestellt eingebaut wurde. Der Giebelfries, der die Fassade mit einem kunstvoll gestalteten Rundbogenfenster nach oben abschließt, ruht auf Konsolen, die als menschliche Köpfe gestaltet sind.

Im *Inneren* fällt der Hochchor auf, der sich bühnenartig über der hoch aufragenden Krypta erhebt. Das dreischiffige Langhaus gliedern mächtige Pfeiler, deren Kapitelle prachtvolle lombardische Reliefs mit Blattwerk, Tieren und Flechtbändern aufweisen. An Wänden und Pfeilern erkennt man spätgotische Reliefs. Das letzte Joch des rechten Seitenschiffs wurde 1538 im Stil der Renaissance gestaltet. Es fällt sichtlich aus dem Rahmen des romanisch-gotischen Bauwerks.

Valle Toscolano

Im Mittelalter nutzte man den reißenden *Toscolano-Fluss* im Camerate-Tal zum Antreiben von Papiermühlen. Toscolano errang im 14. Jh. europäischen Ruhm für sein Büttenpapier. Drucker aus Treviso, Venedig und Brescia siedelten sich an und vertrieben ihre Produkte bis in den Orient. Lamm, Schere, Waage und Ochs mit Kreuz standen für hervorragende Papierqualität. Die Blätter mit den charakteristischen Wasserzeichen helfen heute oft bei der Datierung alter Dokumente.

Durch die Industrialisierung ging das alte Handwerk der Papierherstellung für diese Region verloren.

Heute ist das **Valle delle Cartiere** ein reizvolles Ziel für Wanderer, die sich auch für die Relikte der alten Tradition interessieren. In einer alten Fabrik dokumentiert das **Centro di Eccellenza Polo cartario di Maina Inferiore** (Via Valle delle Cartiere, Tel. 03 65 64 10 50, www.valledellecartiere.org, Ende April–Mitte Juni Sa/So 10.30–18, Mitte Juni–Sept. tgl. 10.30–18, Anfang Okt. Sa/So 10.30–18 Uhr) Technik und künstlerische Aspekte der Papierherstellung.

i Praktische Hinweise

Information

IAT, Via Sacerdoti 1, Toscolano-Maderno, Tel. 03 65 64 13 30

Hotel

****Villa Maria au Lac**, Via Roma 45, Toscolano-Maderno, Tel. 03 65 54 62 01, www.hotel-villamaria.org. Hotel Garni direkt an der Gardesana und direkt am See mit eigenem Privatstrand. Schöne Lage in einem Olivengarten. Familienzimmer und im Sommer Kinderbetreuung.

Restaurant

Ristorante La Tana, Via Aquilani 14, Toscolano-Maderno, Tel. 03 65 64 42 86. Die Küche des rustikal gestalteten Lokals im Zentrum verwöhnt den Gast mit traditionellen Speisen der Region.

Der Hafen von Toscolano-Maderno liegt im Schutz der steil aufragenden Berge

20 Gardone Riviera

Einst ›Nizza des Gardasees‹ und Wohnort Gabriele d'Annunzios.

Das Städtchen Gardone Riviera (2700 Einw.) am Westufer des Sees war einst der schönste, reichste und mondänste Badeort, gesegnet mit dem wärmsten, angenehmsten Klima von Oberitalien. TOP TIPP Die **Küste von Gardone**, die die Ortschaften *Fasano* und *Morgnaga* einschließt, wird von den Bergen *Larino*, *Pizzòcolo* und *Monte Spino* vor den kalten Tramontanawinden geschützt, sodass hier bis in 300 m Höhe eine herrliche, farbenprächtige Mittelmeerflora gedeiht.

Das von Fischern besiedelte Ufer war 1521 der Republik Venedig zugesprochen worden, blieb aber bis ins 19. Jh. eher unbedeutend. Gardones große Stunde schlug 1880, als das deutsche Ehepaar Louis und Emilia Wimmer nach Gardone kam und sich in die schöne Landschaft mit der üppigen, blumenreichen Vegetation verliebte. Wimmer erkannte, dass ein reiches, verwöhntes Publikum diesen Ort – nicht allzu fern der Industriezentren Mailand und Brescia – als Sommer- und Winterresidenz schätzen würde. Daher baute er das pompöse **Grand Hotel Gardone Riviera** (www.grangardone.it), das bis heute existiert. Um 1885 setzte dann

An der Seepromenade von Gardone reihen sich elegante Palazzi aneinander

langsam der Tourismus ein. Villen im luxuriösen Stil der Gründerjahre entstanden entlang des Seeufers inmitten prächtiger Gärten und zogen sich den Hang hinauf. Bald pilgerte die Haute-Volée Europas nach Gardone. Neben den Reichen und Mächtigen kamen auch Maler, Schriftsteller und andere Intellektuelle. Man genoss die paradiesische Landschaft und flanierte entlang der Seepromenade unter Oleander- und Magnolienbäumen.

Diese kurze, aber noch immer elegante Flaniermeile unterhalb der den Ort durchquerenden Gardesana wird von Geschäften und Cafés gesäumt. Im Sommer ist sie meist überlaufen, doch in ruhigeren Zeiten vermittelt sie noch immer den Charme und den Glanz der Vergangenheit. Die verblichene Pracht der Residenzen in **Gardone Sotto** weckt nostalgische Gefühle und bezaubert mit dem Flair der Belle Epoque.

Auf der dem Berg zugewandten Seite der *Gardesana Occidentale* erhebt sich die prachtvolle, mit Säulen, Karyatiden (Säulen in Frauengestalt) und einer schwungvollen Freitreppe ausgestattete **Villa Alba**. Österreichs Kaiser Franz Joseph ließ sie 1904/05 inmitten eines von hohen Bäumen beschatteten Parks errichten, »zur geistigen und körperlichen Erholung«. Doch der Kaiser weilte niemals in dieser Residenz. Heute ist sie Kongresszentrum.

Im Jahre 1943 quartierte *Mussolini* seine Gefolgschaft in den schönen Villen von Gardone Riviera ein. Seine Mätresse, *Claretta Petacci*, logierte in der **Villa Fiordaliso**, einem eleganten Jugendstilbau direkt am Ufer des Gardasees. Das Haus ist heute ein exklusives kleines Hotel mit Gourmet-Restaurant [s. S. 62].

Ein empfehlenswerter Spaziergang (Autofahrer nehmen den Viale del Vittoriale) führt entlang schöner Parkanlagen und Gärten hinauf nach **Gardone Sopra**, dem ursprünglichen Ortskern. Auf halbem Weg lohnt der Besuch des

TOP TIPP

Heller Garden (Via Roma 2, Mobil-Tel. 03364108 77, www.hellergarden.com, März–Okt. tgl. 9–19 Uhr), des Botanischen Gartens, den der deutsche Professor *Arthur Hruska* zwischen 1910 und 1971 angelegt hat. Auf kunstvoll gestaltetem Terrain gelang es dem Forscher, alpine, mediterrane, afrikanische und asiatische Pflanzen in einem Weltgarten zu vereinen. Seit 1988 gehört das Anwesen dem Multimediakünstler *André Heller*, der im Garten auch Skulpturen berühmter Künstler aufstellen ließ, z. B. von Keith Haring und Roy Lichtenstein.

Gardone Sopra erweist sich als stimmungsvoller, noch relativ ursprünglich gebliebener kleiner Ort, den die barocke Kirche **San Nicolò** überragt. Sie liegt auf einer Terrasse mit wunderbarer Aussicht über die Bucht von Gardone, die vorgelagerte Isola del Garda bis zum Monte Baldo und nach Sirmione. Das Innere der Kirche, die 1740 anstelle eines älteren Baus entstand, ist mit üppigem Stuck und großflächigen Fresken ausgestattet.

Von San Nicolò geht es über eine Treppe hinab zu einem intimen Platz mit Geschäften und Cafés. Tritt man durch den zur Straße führenden Torbogen, gelangt man in einen Vorhof. Er gehört zu Gardones Hauptattraktion, einem Anziehungspunkt für Tausende von Besuchern: TOP TIPP **Il Vittoriale degli Italiani** (Via Vittoriale 12, Tel. 03 65 29 65 11, www.vittoriale.it, Park und Museo d'Annunzio Segreto: April–Sept. tgl. 8.30–20, Okt.–März tgl. 9–17 Uhr; Museo d'Annunzio Eroe und Führung durch die Casa di d'Annunzio: April–Sept. Di–So 9.30–19, Okt.–März Di–So 9–13 und 14–17 Uhr). Der Dichter **Gabriele d'Annunzio** (1863–1938) hat sein Anwesen dem italienischen Staat vermacht. Manchem Betrachter wird es schwerfallen, dieses ›Heiligtum‹ in seinem patriotischen Sinn und Anspruch zu verstehen. Doch es vermittelt Einsichten in die Lebens- und Gedankenwelt eines der bekanntesten Poeten Italiens.

Gabriele d'Annunzios bombastischer Vittoriale mit Mausoleum, Villa und Theater

D'Annunzio zog 1921 in die *Villa Cargnacco* ein, die bis 1918 dem Dresdner Kunsthistoriker Henry Thode gehört hatte. D'Annunzio ließ die im Stil oberitalienischer Landhäuser erbaute Villa erweitern und umbauen. Die pompöse, mit Kunstwerken, patriotischen Symbolen und Reliquien aus seiner Militärzeit angefüllte ›Prioria‹ wurde zu einer Stätte effektvoller Selbstprofilierung, zum Weiheort eines heroischen Patriotismus, in dem der Dichter als selbsternannter Hohepriester wirkte.

Der Heller Garden ist eine mit zahlreichen Kunstwerken geschmückte Naturidylle

In der 9 ha großen **Gartenanlage** rings um das Wohnhaus ließ d'Annunzio von seinem Architekten *Gian Carlo Maroni* verschiedene Bauten errichten, um seinen Plan, ein nationales Denkmal für die Italiener zu schaffen, zu verwirklichen. Im Zentrum des Programms stand dabei immer seine eigene Person, selbst im Tod.

D'Annunzio war zum einen Dichter und Schriftsteller, zum anderen aber auch Krieger, Kämpfer, ein glühender Verehrer von Militär und Heldentum. Der alte Fiat, mit dem er in Fiume einfuhr [s. S. 61], fand seinen Platz im Museum der Anlage ebenso wie das klapprige Flugzeug, mit dem er 1918 über Wien kreiste und antiösterreichische Flugblätter abwarf. Das Vorschiff des Kreuzers *Puglia*, das ihm die Marine geschenkt hatte, liegt heute wie ein gestrandetes Wrack inmitten von

Vom gewaltigen Mausoleum Gabriele d'Annunzios bietet sich ein fantastischer Ausblick

Olivenbäumen und Zypressen. D'Annunzio hatte es mühevoll herbeischaffen und in seinem Park für alle Zeiten vor Anker gehen lassen.

Der Garten ist gespickt mit militärischen Erinnerungen. Über allem aber thront das **Mausoleum** als Totenkultstätte, in der der Held im Kreise gefallener Kriegskameraden die letzte Ruhe fand: ein riesiges, mit marmornen Tomben bestücktes Rund, dessen kalte, überdimensionierte Architektur an faschistische Bauten erinnert. Unvergleichlich ist jedoch der Blick über den See und die ihn umgebende Landschaft.

Den geistigen Mittelpunkt des Vittoriale bildet die ›Prioria‹ getaufte **Villa**, in der d'Annunzio lebte und seine großen Auftritte vor Freunden und Politikern zelebrierte. Die Einrichtung war schon zu Lebzeiten eine museale Sammlung der Erinnerungsstücke aus seinem Leben, seinem literarischen Schaffen und seinen Begegnungen mit Frauen. Hervorragende Kunstwerke finden sich hier neben Kitsch, sentimentalen oder geschmacklosen Erinnerungsstücken. In der **Stanza delle Reliquie** etwa liegt zwischen christlichen Kultgegenständen und fernöstlichen Götteridolen das zerbrochene Lenkrad des Bootes, mit dem Sir Henry Segrave 1930 tödlich verunglückte, als er den Geschwindigkeitsrekord für Motorboote brechen wollte. Der Wettkampf auf

Kopien berühmter Werke Michelangelos rahmen d'Annunzios Totenmaske im Schifamondo

dem englischen Windermere-See war d'Annunzios Idee gewesen.

Im Zentrum des Hauses liegt die **Stanza della Musica**. Das Musikzimmer ist voller Dekorationsstoffe (wegen der Akustik). Dazu enthält es verschiedene Musikinstrumente und die Totenmasken von Liszt und Beethoven. Die unglaubliche Anhäufung von Gegenständen (allein im Badezimmer sind es einige hundert) sowie die penetrante Symbolik von Bildern und Arrangements echter und nachgemachter Kunstwerke wirken bedrückend und verwirrend. Dies alles sagt viel über die Psyche des »Interpreten des menschlichen Wahnsinns«, wie sich d'Annunzio selbst bezeichnete.

Höhepunkt dieser geistigen Haltung ist die **Stanza del Lebbroso**, die ihren Namen einem Bild des hl. Franziskus verdankt, der einen Leprakranken umarmt. Mittelpunkt des bedrückenden Raumes, der als Sterbezimmer gedacht war und auch »Gemach der reinen Träume« heißt, ist der Alkoven mit dem Bett ›der zwei Lebensalter‹ in Form von Wiege und Sarg. Daneben steht eine Figur des *hl. Sebastian als Märtyrer*.

Kostbar und beeindruckend ist die *Sammlung von Büchern*, die d'Annunzio teilweise von Henry Thode übernommen hatte. Die Sinnsprüche, die der Dichter an Wänden und über Türstürzen anbringen ließ, bilden verworrene Leitfäden durch ein narzisstisches Leben und offenbaren eine übertriebene Selbstdarstellung. Der einzige helle Raum ist die **Officina**, der Arbeitsraum, dessen niedrige Tür zum Eintritt in gebückter Haltung zwingt: eine Verbeugung vor der Kunst, die hier hervorgebracht werden sollte.

Auffallend ist die mit einem Tuch bedeckte Büste *Eleonora Duses*, der langjährigen Freundin des Schriftstellers. »Verschleiertes Zeugnis« nannte d'Annunzio den Kopf, den er während seiner Arbeitsstunden verhüllte. Für die große Schauspielerin schrieb er mehrere Dramen und ließ das **Theater** erbauen, in dem seine Stücke mit der Gardaseelandschaft als Kulisse aufgeführt werden sollten. D'Annunzio hat die Fertigstellung des Theaters nicht mehr erlebt. Heute finden hier Freilichtaufführungen statt.

Beim Theater zeigt das **Museo d'Annunzio Segreto** persönliche Gegenstände des Dichters: fein gearbeitete Anzüge und Schuhe, Kleider und Negligés, die er selbst für seine Geliebten entworfen hat, Tafelgeschirr und Juwelen.

Esprit und Größenwahn – Gabriele d'Annunzio

Unter dem Namen Antonio Rapagnetta wurde er 1863 in Pescara geboren. Schon mit seinem ersten Gedichtband ›Primo Vere‹ von 1879 erregte der Sohn einer bürgerlichen Familie Aufsehen. Von 1881 bis 1891 lebte er in Rom, wo er Gedichte, Erzählungen und 1889 seinen ersten Roman ›Il Piacere‹ (Lust) schrieb. Zahlreiche dramatische Werke entstanden unter dem Einfluss seiner Verbindung zu **Eleonora Duse**, die von 1897 bis 1902 dauerte. Die Zeit zwischen 1898 und 1910 verbrachte er in Settignano bei Florenz, bevor finanzielle Schwierigkeiten den Lebemann und Frauenhelden zwangen, nach Frankreich überzusiedeln. Hier schrieb er in französischer Sprache das von Claude Débussy vertonte Drama ›Le martyre de St. Sébastien‹ (Das Martyrium des hl. Sebastian).

Mit Ausbruch des Ersten Weltkriegs begann d'Annunzios heroische Zeit. Obwohl schon 52 Jahre alt, nahm er aktiv am Kriegsgeschehen teil, um sich heldenhaft zu gebärden. Berühmt wurde er, als er 1919 als Kommandant einer Gruppe italienischer Soldaten im Handstreich **Fiume** (Rijeka) einnahm und dort einen Freistaat errichtete, der jedoch kaum länger als ein Jahr existierte. Nach Italien zurückgekehrt, erhielt der ›Held von Fiume‹ aber nicht die erhoffte politische Anerkennung. **Mussolini** lehnte eine politische Zusammenarbeit mit d'Annunzio ab. Schmollend zog sich der Dichter bis zu seinem Tod 1938 in seine Villa am Gardasee zurück und widmete sich vorwiegend seiner Liebe zu Frauen und seiner übertriebenen Selbstdarstellung. Neue Dichtungen entstanden nicht mehr.

Vor allem in Gabriele d'Annunzios Romanen fand das Lebensgefühl des **Fin de siècle** seinen Ausdruck. Der Dichter bekannte sich zu exzessiver Sexualität, zu Unmoral und Antidemokratie. Im Pathos seiner Werke klangen bereits faschistische Töne an. Thomas Mann verurteilte die »Schönheitsgroßmäuligkeit des d'Annunzio«. Reizvoller als die Prosa erscheint dagegen – bis heute – seine Lyrik.

Links von der Prioria mit der auffallenden, mit Wappen geschmückten Fassade ließ d'Annunzio das *Schifamondo* (›ekelhafte Welt‹) bauen, ein einfaches Haus, in das er sich »angeekelt von der Welt« zurückziehen wollte. Dies vereitelte sein Tod. Das von ihm geplante Kriegsmuseum wurde posthum eingerichtet. Das **Museo d'Annunzio Eroe** zeigt Waffen, Uniformen, Orden und Dokumente aus d'Annunzios Zeit als Soldat. Der heroische, verherrlichende Charakter des Museums wird noch überhöht durch den als Sterbezimmer geplanten Raum mit der Totenmaske des Dichters. Er starb zwar in der Villa, wurde aber plangemäß im Schifamondo aufgebahrt, um es den vielen Trauernden zu ermöglichen, von ihm Abschied zu nehmen.

i Praktische Hinweise

Information

IAT, Corso della Repubblica 8, Gardone Riviera, Tel. 036 52 03 47

Hotels

*******Hotel Villa del Sogno**, Loc. Fasano, Corso Zanardelli 107, Gardone Riviera, Tel. 03 65 29 01 81, www.villadelsogno.it. Traum-Villa aus der Zeit um 1900: herrliche Lage über dem See, stilvolle Einrichtung, gepflegter Park mit Pool und Tennisplätzen, romantisches Restaurant.

TOP TIPP ****Villa Fiordaliso**, Corso Zanardelli 132, Gardone Riviera, Tel. 036 52 01 58, www.villafiordaliso.it. Hotel mit romantischem Garten am See. Die fünf Zimmer sind von erlesener Eleganz und das Restaurant wird als eines der besten der Region gerühmt.

******Hotel Villa Capri**, Corso Zanardelli 172, Gardone Riviera, Tel. 036 52 15 37, www.hotelvillacapri.com. Angenehmes, freundliches Hotel in einem schönen Garten direkt am See.

*****Hotel Bellevue**, Corso Zanardelli 81, Gardone Riviera, Tel. 03 65 29 00 88, www.hotelbellevuegardone.com. Hübsche Villa mit Seeblick, Garten, Schwimmbad und Terrasse.

Restaurant

Osteria Antico Brolo, Via Carere 10, Gardone Riviera, Tel. 036 52 14 21. Das Lokal liegt etwas versteckt in der Altstadt von Gardone Alta. Ambitionierte regionale Küche in einem Haus aus dem 18. Jh. mit sehr schönem Innenhof (Mo geschl.).

21 Salò

Die einzige größere Stadt direkt am Westufer verlockt zum Shoppen.

Salò (10 500 Einw.), am Ende eines schmalen, reizvollen Golfes gelegen, wird vom *Monte Bartolomeo* geschützt, dessen Abhänge im unteren Drittel von Oliven, Lorbeerbäumen und Weinreben bewachsen sind. Am gegenüber liegenden Ufer beginnen die Hügel von *Portese* und *San Felice*. Vorgelagert ist die romantische **Isola del Garda** mit einem Palast aus dem 19. Jh.

Geschichte In römischer Zeit war Salò ein wichtiger Verwaltungsort mit Tempeln, Türmen, Brücken und einem Hafen. Zahlreiche Funde belegen die Besiedlung durch die **Römer**, doch Bauten haben sich nicht erhalten. Im **Mittelalter** band sich die Gemeinde an Brescia. Als Beatrice Regina della Scala einen Visconti aus Mailand heiratete, verfügte sie 1377, dass Salò Hauptort der Riviera wurde und Maderno seine Vorrangstellung verlor. Weil sich Salò später freiwillig der Herrschaft Venedigs unterwarf, blieb es Mittelpunkt der *Comunità della Riviera*. Bis 1797 sorgte die Serenissima dafür, dass die Stadt unabhängig blieb, sodass sie sich ungestört entfalten und einen städtischen Charakter entwickeln konnte.

In der jüngeren Geschichte ist Salò als ›Gespensterrepublik‹ Mussolinis berühmt geworden. Mithilfe der deutschen Nationalsozialisten errichtete der Duce – aus Rom vertrieben – im September 1943 am Westufer des Gardasees seine ›Faschistische Sozialrepublik‹ und residierte in requirierten Villen und Hotels, gesichert durch Truppen der deutschen SS. Die trotz allen Imponiergehabes politisch bedeutungslose Repulik überdauerte keine 20 Monate. Der Zusammenbruch der deutschen Front in Norditalien brachte ihr Ende. Die Verhandlungen mit den Alliierten beschleunigten den Fall von Mussolinis Geisterstaat. Die italienische Partisanenbewegung weitete sich zum offenen Aufstand aus. Am 28. April 1945 wurde der ›Duce‹ von kommunistischen Partisanen am Comer See getötet.

Besichtigung Salò ist ein angenehmes Städtchen mit engen Straßen, einem relativ breiten Angebot an Geschäften, mit guten Hotels und Restaurants. Zur Altstadt gehören noch zwei Stadttore, im Osten die **Porta del Carmine**, im Westen

Stimmungsvolle Restaurants säumen den Lungolago Zanardelli von Salò

die **Porta dell'Orologio**. Die Uhren erinnern daran, dass Salò auf die Konstruktion großer Uhrwerke spezialisiert war.

Nahe der Porta dell'Orologio stößt man inmitten des Gewirrs belebter Straßen auf die Kirche **San Giovanni Decollato**. Das Tafelbild über dem Hochaltar ist ein sehenswertes Werk des *Zenon Veronese* (1484–1554), der in Salò lebte und fast ausschließlich am Gardasee arbeitete. Es hat die *Enthauptung Johannes des Täufers* zum Thema. Das Haupt des Heiligen wird Salome auf einer Schüssel präsentiert. Die Szene spielt in einer herrlichen Renaissancearchitektur vor schöner Gebirgslandschaft.

Geht man von hier aus zum See hinunter, erreicht man den **Lungolago Zanardelli**, an dem sich eindrucksvolle Bauwerke aus verschiedenen Epochen aneinanderreihen. Viele von ihnen bezaubern mit stimmungsvollen Kolonnaden. Der **Palazzo del Podestà** stammt aus dem 14. Jh. Beim Erdbeben von 1901 wurde er zusammen mit dem Rest der Altstadt zerstört, der Wiederaufbau im alten Stil war aber bereits 1905 abgeschlossen. Der Arkadengang und die Fassade stammen von dem berühmten venezianischen Architekten *Sansovino* (1486–1570). Die Räume wurden mit Skulpturen und Gemälden ausgestattet. Eine Büste zeigt *Gaspare Bertolotti*, der zwischen 1540 und 1609 in Salò lebte und als Geigenbauer Ruhm erlangte. Gaspare war es, der dem Instrument seine heutige Form gab. Gleich neben dem Rathaus steht der ebenfalls mit Kolonnaden versehene **Palazzo della Magnifica Patria** von 1524, ehemals Sitz des venezianischen Statthalters. Hier befindet sich heute unter anderem die Touristeninformation.

TOP TIPP Am östlichen Ende des Lungolago steht der **Duomo Santa Maria Annunziata** (tgl. 8.30–12 und 15.30–18.30 Uhr), das größte und zugleich bedeutendste Gotteshaus am Gardasee. Der Dom wurde 1453 im Stil der Spätgotik begonnen. Eine Anzahl von Seitenkapellen ist erst im 16. Jh. eingefügt worden. Das Presbyterium überwölbt eine große Kuppel mit acht Fenstern. Die recht schmucklose Backsteinfassade lässt kaum ahnen, dass die Kirche hervorragende Kunstwerke birgt. Aufgelockert wird die Strenge der Fassade nur durch ein schönes Marmorportal. Typisch für die Renaissance ist der **Triumphbogen** gestaltet, der hier von Doppelsäulen getragen und von einem reich verzierten Giebel bekrönt wird. Oben im Tympanon erscheint Gottvater als Schirmherr der Verkündigungsszene, die sich zu beiden Seiten des Torbogens abspielt: dem von links herbeieilenden Engel Gabriel schaut von rechts Maria entgegen. Im Schatten des Bogens werden die Apostel Petrus und Paulus Zeugen des Ereignisses.

Blick durch das Hauptschiff des Domes von Salò auf den großen, spätgotischen Altaraufsatz

Der riesige, dreischiffige **Innenraum** wirkt düster. Die hohen Fenster gotischer Kathedralen in Deutschland, England oder Frankreich fanden hier keine Nachahmung. Acht Säulen und vier Halbsäulen, die in mit Blattwerk verzierten Kapitellen enden, tragen die schweren, auseinander gezogenen Bögen. Aus diesen entspringt das Kreuzrippengewölbe, das 1591 von *Tommaso Sandrino* mit floralen Dekorationen in manieristischem Stil verziert wurde.

Beginnt man den Rundgang links vom Portal, sieht man in der ersten Kapelle des **linken Seitenschiffs** ein großes, spätgotisches *Kruzifix* (1449) des Meisters *Hans von Ulm*. Zwischen der ersten und zweiten Kapelle verdient ein kleines *Holzretabel* Beachtung. Die Madonna, von Heiligen umgeben, thront zwischen auf Halbsäulen ruhenden gotischen Spitzbögen. Es ist ein sehr schönes Werk der frühen venezianischen Gotik, das *Paolo Veneziano* (1300–1362) geschaffen hat. Darüber hängt ein Bild von Girolamo di Romano, gen. *Romanino* (1486–1560), auf dem die *Muttergottes mit Kind* zwischen dem hl. Sebastian und dem hl. Bonaventura vor einem Bau dargestellt ist.

An der nächsten Zwischenwand ist ein weiteres Werk des Brescianer Meisters *Romanino* zu sehen: ein Bildnis des *hl. Antonius von Padua* vor einer Landschaft mit Burgruine. Erstaunlich ist das Verhalten der Engel, die sich verächtlich von dem *Stifter des Bildes*, einem dicken, mürrischen Mann, abwenden. Romanino hat ihn offenbar nicht sehr geschätzt. Der Maler, der zeitlebens in Konkurrenz mit dem anderen Brescianer Künstler *Moretto* (1498–1554) stand, war ein Meister des Porträts und der Charakterdarstellung. Offensichtlich scheute er auch Ironie und Satire nicht. An der nächsten Zwischenwand verdient ein Bild *Andrea Celestis* – die Himmelfahrt Mariens – Aufmerksamkeit. Einen Vergleich zwischen Romanino und Moretto ermöglicht der Besuch der vierten Kapelle. Hier befindet sich ein großes Gemälde *Morettos* mit den Heiligen Antonius, Sebastian und Rocco. Die lieblichere und gefälligere Malweise Morettos fand zu Lebzeiten der beiden Künstler mehr Anklang als die des kritischen Romanino.

Links und rechts des **Chores** sieht man zwei weitere bedeutende Werke: links eine Anbetung der Könige von *Andrea Celesti*, rechts eine Geburt Christi von *Zenon Veronese*. Dahinter öffnet sich der große Chor, in dessen Mittelpunkt ein hoher, in Goldglanz erstrahlender *Altaraufsatz* der Spätgotik steht. Zwischen fein gearbeiteten Architekturelementen – Bögen, Fialen, Säulen – stehen über zwei Geschosse zehn Holzskulpturen von Heiligen – im

Mittelpunkt die Madonna. Der Altar, der sich früher an der Rückwand der Apsis befand, wurde vorgerückt und erhöht aufgestellt, als man die Wände des Presbyteriums, das Gewölbe des Chores sowie die Flügel der Orgel durch den Barockmaler *Palma il Giovane* (1544–1628) mit **Fresken** ausmalen ließ. Der venezianische Meister – ein Großneffe des bekannten Palma il Vecchio – schuf zusammen mit seinen Gehilfen das große Mittelfresko *›Mariä Himmelfahrt‹*, eine Serie von Gemälden, die Szenen aus dem Leben Mariens darstellen, und die vier Evangelisten in den Gewölbenischen. Auf die Flügel der Orgel sind Episoden aus dem Alten Testament gemalt.

Unter dem **Triumphbogen** hängt ein riesiges spätgotisches *Kreuz* (1449), eine Arbeit des Hans von Ulm. Rechts vom Chor schließt sich die **Sakramentskapelle**, die größte der Seitenkapellen, an. Für ihre Ausschmückung ließ man *Giovanni Battista Trotti*, gen. Malosso, aus Cremona kommen. Er malte das großartige Deckenfresko, welches das Paradies zum Thema hat, mit Scheinarchitekturen und schwungvollen, gewagten Perspektiven.

Die Kapellen des **rechten Seitenschiffes** sind gleichermaßen reich ausgestattet mit Gemälden und Fresken. Sehr schön sind drei weitere Werke *Zenon Veroneses*: in der Kapelle gleich neben der Sakramentskapelle eine meisterhaft komponierte *›Grablegung‹*, an der Wand zwischen dieser und der nächsten Kapelle Darstellungen der hll. Petrus, Johannes und Paulus und in der letzten Kapelle ein Bild des hl. Hieronymus. In dieser Kapelle sieht man noch eine Grablegung. Lebensgroße, sehr ausdrucksstarke Figuren, Arbeiten einer unbekannten Südtiroler Schule aus dem 16. Jh., gruppieren sich zu der von Trauer erfüllten Szene.

Über dem Portal sollte man die *Fresken* beachten, die gleichfalls Hans von Ulm zugeschrieben werden, der über einen längeren Zeitraum in Salò arbeitete.

Auf der vom See abgewandten Seite des Domes führt eine kleine Straße hinauf zur Via Fantoni, an der sich im Palazzo Coen das **Civico Museo Archeologico A.M. Mucchi** (Tel. 03 65 29 07 36, Mo–Fr 10–12 Uhr) befindet. Hier werden vor allem die Fundstücke der römischen Nekropole im nahen Lugone ausgestellt.

i Praktische Hinweise

Information

IAT, Piazza Sant'Antonio 4, Salò, Tel. 03 03 74 87 45

Hotels

TOP TIPP ****Romantik Hotel Laurin**, Viale Landi 9, Salò, Tel. 036 52 20 22, www.laurinsalo.com. Eines der schönsten Hotels am See. Jugendstilvilla mit luxuriösem, stilvollem Ambiente und anspruchsvollem Restaurant.

****Villa Arcadio & Resort**, Via Palazzina 2, Salò, Tel 036 54 22 81, www.hotelvilla arcadio.it. Idyllisch über der Stadt gelegenes Hotel in einem ehemaligen Kloster. Elegante, moderne Einrichtung.

Restaurants

TOP TIPP **Antica Trattoria alle Rose**, Via Gasparo da Salò 33, Salò, Tel. 036 54 32 20, www.trattoriaallerose.it. Ein schönes Restaurant in rustikal-modernem Stil mit hervorragender regionaler Küche und einer ausgezeichneten Weinauswahl. Reservierung ist empfehlenswert (Mi geschl.).

Ristorante Q.B. Quanto Basta, Via del Panorama 5/7, Salò, Tel. 036 52 04 21, www.qbquantobasta.com. Gehobene Küche mit originellen Spezialitäten, bis ins Detail ausgearbeitet. Unbedingt reservieren (So abends und Mo geschl.)!

Luxuriöses Jugendstilambiente kann man im Romantik Hotel Laurin genießen

Die romantische Isola del Garda mit ihren herrlichen Gärten und der Villa Scipione-Borghese

22 La Valténesi

Malerische Dörfer, Weingärten und alte Wehrburgen.

In Salò verlässt die Straße das Seeufer und führt im Landesinnern weiter in Richtung Desenzano. Es empfiehlt sich jedoch, die Bucht von Salò ganz zu umfahren, um später auf die Hauptstraße zurückzukehren. Auf dieser Strecke hat man sehr schöne Ausblicke auf die Stadt, den Golf und die dahinter aufragenden Berge. Die Landschaft wird nun, je weiter man nach Süden fährt, immer lieblicher. Durch die Ablagerung der Endmoränen der Eiszeitgletscher entstand das sanfte **Hügelland** des Valténesi, das außerordentlich fruchtbar ist. Ölbäume und Zypressen wachsen zwischen ausgedehnten Weinhängen und schaffen eine heitere, mediterrane Atmosphäre. Der Wein, der hier gedeiht, ist weniger bekannt als der Bardolino oder Valpolicella am anderen Ufer des Gardasees. Der leichte, schlanke *DOC Riviera Bresciana* ist gleichwohl ein vorzüglicher roter Wein. Beliebt ist auch der *Chiaretto del Garda*, ein süffiger Rosé, der zwischen Desenzano und Portese große Verbreitung gefunden hat.

Bei einer Schifffahrt entlang der Küste fällt die schroff ins Wasser abfallende *Rocca di Manerba* auf, letzter Ausläufer des felsigen Gebirges in der nun sanft konturierten Hügelwelt. Von der *Punta di Manerba*, der weit in den See herausragenden Landzunge, zieht sich eine Riffkette bis zu den beiden Inseln *San Biagio* und *Isola del Garda* hin. Sie ist Teil eines abgesunkenen Gebirgsrückens. Zu gewissen Jahreszeiten erlaubt der Wasserstand, die Insel San Biagio, auf der sich unter Zypressen ein schöner Campingplatz (www.campingsanbiagio.net) befindet, watend zu erreichen.

Die kleine **Isola del Garda** (Mobil-Tel. 03283849226, www.isoladelgarda.com, Buchung obligatorisch, Ende April–Anfang Okt. Führungen mit Bootsfahrt ab Barbarano, Gardone Riviera, Salò, Portese, Sirmione, Garda, Bardolino) wirkt wie eine verträumte Märcheninsel. Inmitten herrlicher Gärten im englischen und italienischen Stil erhebt sich die *Villa Scipione-Borghese*. Der romantische Palazzo wurde 1890–1903 errichtet und ist heute Residenz der Grafenfamilie Cavazza.

23 San Felice del Benaco

Eine sehenswerte Wallfahrtskirche und ein romantischer Hafen.

Den nördlichen Teil des Valténesi umfasst die weit gestreute Gemeinde San Felice del Benaco (3400 Einw.). Unten am Seeufer liegt der kleine malerische Hafen

Portese, einst ein bedeutendes Fischereizentrum. Ein Spaziergang entlang der Küste führt zu der kleinen Kirche **San Fermo** (nur während der Messe geöffnet) aus dem 15. Jh. Im Innern sieht man Fresken, die dem Künstler *Hans von Ulm* zugeschrieben werden. San Felice del Benaco, das noch den alten Namen des Sees trägt, liegt weiter oben auf dem Hügel. Aus dem Gewirr schmaler, alter Gassen erhebt sich der stattliche Bau der Pfarrkirche **Santi Felice, Adauto e Flavia**. Den weiten, barock geprägten Innenraum überwölbt eine ovale Kuppel. Das *Altarbild*, in dessen Zentrum die Muttergottes und der Patron *San Felice* stehen, ist eine weniger bedeutende Arbeit des Brescianer Malers *Romanino*. Die Deckenfresken im Schiff malte *Carlo Carloni* 1759–61 in üppigem Barock. Außen, an der Ostwand der Kirche, ist ein römischer Stein eingelassen, der Neptun geweiht ist.

Etwas außerhalb der Ortschaft (man folge den Schildern) liegt zwischen Weinbergen die sehr sehenswerte Wallfahrtskirche **Santuario del Carmine** (Tel. 0365 62 0 32, www.santuariodelcarmine-sanfelice.it, tgl. 7–12 und 15–18 Uhr). Sie wurde 1452–1482 als Teil eines Karmeliterklosters gebaut. Nach der Auflösung des Konvents im Jahr 1770 schien die Kirche dem Verfall preisgegeben. Doch der Orden kehrte 1952 zurück und restaurierte das wertvolle Gebäude. Außen hat die einschiffige Saalkirche einzig ein kleines, von Säulen getragenes Portal als Fassadenschmuck. Umso stärker ist der Eindruck vom **Innenraum**, der mit interessanten Fresken ausgestattet ist. Die künstlerisch bedeutenden Werke stammen aus dem späten 15. Jh. und zeigen die Charakteristika des Übergangsstils von der Spätgotik zur Renaissance.

Im Mittelpunkt der Verehrung steht die wundertätige, hölzerne Madonnenfigur ›*Patrona della Valténesi*‹. Sie ist von einer aufwendigen, mit Scheinarchitekturen und dekorativen Elementen bereicherten Bildszenerie umgeben. Ganz oben erscheint Gottvater, darunter eine anmutige Verkündigungsszene inmitten einer Fantasiearchitektur. Unten flankieren die Propheten Elias und Eliseus die von einem gemalten Triumphbogen gerahmte Nische mit der Marienstatue.

Der Patron der Karmeliter, *Sankt Albert*, ist auf einem großen Fresko links vom Chor zu sehen, umgeben von Medaillons anderer Heiliger des Ordens. Mit den Füßen zertritt er den Satan.

Auffallend ist, dass sich einige Madonnen- und Heiligenbilder an den Wänden in abgewandelter Form mehrfach wiederholen. Je häufiger Maria und die Heiligen – ihrer jeweiligen Funktion gemäß – dargestellt waren, desto umfassender war auch ihre Fürsorge für die um Hilfe bittenden Pilger. Die Madonna z. B. brachte als Annunziata, Pietà oder del Rosario Hilfe für die verschiedensten Anliegen und Notlagen. Selbst auf den weniger Heilsgläubigen, aber Kunstinteressierten üben die Fresken ob ihrer Qualität eine besondere Faszination aus. Sie erinnern in ihrem Stil an die Schule Mantegnas und an Paolo Uccello.

i Praktische Hinweise

Information

TouristCoop Valténesi, Piazza Municipio, San Felice del Benaco, Tel. 0365 55 81 60, www.gardavaltenesi.com

Hotel

*****San Filis**, Via Marconi 5, San Felice del Benaco, Tel. 0365 62 5 22, www.sanfilis.it. Stimmungsvolle Villa aus dem 17. Jh. im Zentrum. Geschmackvolle Einrichtung, herzliche Atmosphäre und eine ausgezeichnete Küche im Restaurant (Nov.–März geschl.).

24 Manerba, Moniga und Padenghe

In die Hügel gebettete Orte mit schönen Ausblicken.

Südlich von San Felice del Benaco gelangt man in die weit verstreuten Gemeinden Manerba, Moniga und Padenghe. Teile der Ortschaften haben sich auf verschiedenen Hügeln angesiedelt, von denen man schöne Ausblicke auf den See, die Berge und die ländliche Umgebung hat. Am flachen Ufer mit seinen langen **Stränden** liegen viele Campingplätze und Ferienwohnungen.

Die Geschichte dieses südlichen Teils des Valténesi war außerordentlich kriegerisch. Die Bewohner mussten sich jahrhundertelang gegen durchziehende Hunnen, Magyaren, Langobarden und Franken wehren. Auch zwischen Verona, Mailand und Brescia war das Gebiet vielfach umkämpft. Erst unter dem Schutz Venedigs begann – wie überall am Gardasee – eine friedlichere Epoche. Allent-

Die trutzige Burg von Padenghe del Garda wurde bereits im 10. Jh. erbaut

halben auf den Hügeln standen mächtige **Festungen**, von denen aus das Land bewacht und Eindringlinge bekämpft wurden. Die Ruinen, die man heute sieht, gehen zum Teil auf das 8./9. Jh. zurück.

In der Rocca von **Manerba del Garda** (5000 Einw.) wurde der *Parco Archeologico Naturalistico* (Tel. 03 65 55 11 21, www.parcoroccamanerba.net, April–Sept. tgl. 10–20, Okt.–März Do–So 10–18 Uhr) eingerichtet. In aussichtsreicher Lage sind ein archäologischer und ein naturkundlicher Lehrpfad ausgeschildert. Ein Museum zeigt Funde und informiert über Flora und Fauna der Gegend.

In **Moniga del Garda** (2100 Einw.) hat sich ein Wohnviertel in den mächtigen Festungsmauern eingerichtet.

Die *Burg* von **Padenghe sul Garda** (4000 Einw.), die die Umgebung weithin sichtbar dominiert, ist die älteste und war einst die trutzigste. Der Ort Padenghe liegt zu Füßen des Burgbergs. Die barocke Pfarrkirche *Santa Maria Assunta* birgt in der zweiten Seitenkapelle links eine thronende Madonna mit Heiligen von *Zenon Veronese* (1484–1554).

i Praktische Hinweise

Restaurant

Trattoria al Porto, Via Porto 29, Moniga del Garda, Tel. 03 65 50 20 69, www.trattoriaporto.com. Bekanntes Fischlokal am Hafen, Reservierung erforderlich (mittags und Mi geschl.).

25 Desenzano del Garda

Schifffahrt und Handel prägten die Stadt seit den Zeiten der Römer.

Wie ein Amphitheater öffnet sich die von Moränenhügeln umgebene Bucht von Desenzano del Garda (26 900 Einw.). Die Stadt schaut wie von einem Aussichtsbalkon über den See, die Gebirgskulisse und die Halbinsel von Sirmione. Schon im Altertum war sie ein bedeutender Verkehrsknotenpunkt, die Schifffahrt blickt auf eine lange Tradition zurück. Im Ortsteil *Rivoltella*, der an der römischen Via Gallia lag, befand sich im Altertum ein *Mansio ad flexum*, d. h. eine strategisch bedeutende Poststation.

Besichtigung Der **Alte Hafen** von Desenzano war jahrhundertelang ein wichtiger Handelsplatz. Von hier wurden Getreide und andere Güter nach Riva verschifft, um von dort aus über die Alpen transportiert zu werden. Vor allem während der venezianischen Herrschaft blühte Desenzano als Umschlagplatz beträchtlicher Mengen an Gütern auf.

Der Kern der **Altstadt** erinnert noch heute an diese Zeit, da sich Handelsherren rings um das kleine, geschützte Hafenbecken niederließen, das bereits mitten im Marktgeschehen lag. Sie bauten noble Häuser und Palazzi mit schattigen Arkadengängen, unter denen die Marktleute ihren Geschäften nachgingen. Die Frontseite des Alten Hafens begrenzt der

Granarolo (Kornkammer) mit mächtigen Kolonnaden und rustikalem Mauerwerk. Die dreieckige **Piazza Malvezzi** mit schönen alten Häuserfassaden vermittelt noch heute etwas von dem Selbstbewusstsein und dem Wohlstand der einflussreichen Geschäftsleute. Einen Hauch des emsigen Treibens vermag man noch zu verspüren, wenn dienstags hier und in den angrenzenden Straßen der große *Wochenmarkt* stattfindet. Eine Brücke im venezianischen Stil überwölbt den Zugang vom See zum Alten Hafen. Dieser spielt heute nur noch eine untergeordnete Rolle und erscheint eher als malerisches Relikt vergangener Zeiten. Eine Anzahl von Jachtmarinas am Seeufer sowie der große, von einem Leuchtturm geschützte Hafen für die Fähren und Ausflugsschiffe zeigen, dass Desenzano ein nautisches Zentrum geblieben ist, auch wenn sich die Akzente verschoben haben.

Über den schmalen, verwinkelten Gassen der Altstadt thronen noch die Ruinen eines **Castello**, das über Jahrhunderte während der zahllosen Fehden, von denen auch Desenzano del Garda nicht verschont blieb, als Fluchtburg und Wehranlage diente. Das Ende dieser Burg brachte die Besetzung durch die Österreicher, die hier ihre Kaserne einrichteten. Heute ist wenig Sehenswertes übrig geblieben; der Blick von dem erhöhten Punkt auf Stadt und See jedoch lohnt den Aufstieg zur Ruine.

Im Westen der Piazza ragt die Kirche **Santa Maria Maddalena** auf. Der Entwurf stammt von dem namhaften Architekten *Giulio Todeschini* (1524–1603) aus Brescia, der Turm vom Vorgängerbau. In strengem, dorischem Stil gestaltete Todeschini die Fassade der Kirche. Nur das vorgesetzte Barockportal verleiht ihr ein spielerisches Element. Im **Innern** dominieren die Stilformen der Brescianer Spätrenaissance. Der große, vornehme Raum spiegelt den Reichtum der Bürger von Desenzano wider. Im Presbyterium gestaltete *Andrea Celesti* in drei Gemälden Szenen aus dem Leben der hl. Magdalena (Bekehrung, Auferstehung des Lazarus und Verklärung). *Zenon Veronese* schuf das Altarbild mit Maria im Kreis der Heiligen, ferner Darstellungen der Passion und Auferstehung Christi sowie Bilder von Propheten und Heiligen.

Das bedeutendste Werk der Kirche befindet sich in der **Sakramentskapelle**: ›Das Letzte Abendmahl‹ von *Giovanni Battista Tiepolo* (1696–1770). Auffallend an diesem Frühwerk des Künstlers ist die Darstellung des Tisches, an dem Christus und die Jünger speisen. Er ist nicht wie üblich parallel zur vorderen Bildebene angeordnet, sondern verläuft ins Bild hinein. Christus sitzt vorn, an der Schmalseite der Tafel, die Jünger, die dicht hintereinander gestaffelt sind, wenden sich ihm voll Aufmerksamkeit zu. Durch diese Perspektive ergibt sich eine ganz eigentümliche Tiefenwirkung, die zusammen mit der raffinierten Lichtregie die dramatische Lebhaftigkeit der Komposition unterstreicht.

Das geschützte Hafenbecken von Desenzano ist auch heute noch der Mittelpunkt des Ortes

Die engen, verwinkelten Gassen von Desenzano laden zum Bummeln ein

In der *Sakristei* befindet sich eine ausdrucksvolle ›Beweinung Christi‹ von *Palma il Giovane*. Der mit reichen Intarsienarbeiten aus verschiedenenfarbigem Marmor gearbeitete *Hochaltar* wurde zwischen 1702 und 1707 geschaffen.

TOP TIPP Nordwestlich des Alten Hafens liegt die **Villa Romana** (Via Crocefisso 22, Tel. 03 09 14 35 47, März–Mitte Okt. Di–Sa 8.30–19, So/Fei 9–17.30, Mitte Okt.–Febr. Di–Sa 8.30–16.30, So/Fei 9–16.30 Uhr). Die Reste dieses römischen Landsitzes wurden 1921 entdeckt. Bei Aushubarbeiten auf einem Baugrundstück etwas nördlich der alten Via Gallica stieß man auf römische Mauerreste und Mosaiken. Der Bauherr dürfte kaum Freude an dem Fund gehabt haben, denn die Archäologen bemächtigten sich des Grund und Bodens nun mit Eifer und förderten überraschende Entdeckungen zutage.

Desenzano war schriftlichen Quellen zufolge zwischen dem 1. Jh. v. Chr. und dem 4. Jh. n. Chr. dicht mit Villen besiedelt, die reich mit Wandmalereien, Statuen, Mosaiken und Brunnen ausgestattet waren. Die hiesige Villa ist ein hervorragendes Zeugnis eines spätantiken Wohnsitzes. Bisher hat man drei Zonen des Gesamtkomplexes ausgegraben, die verschiedene Funktionen hatten. Man nimmt an, dass die Räume des Sektors A der Repräsentation dienten, während der Sektor B vorwiegend aus Wohnräumen besteht. C ist Teil der Thermenanlage. Die Reste einer Apsis im Sektor B lassen vermuten, dass hier eine frühchristliche Basilika stand. Die Villa wurde mehrfach umgebaut und erweitert, sodass bis heute nicht alle Räume ihrer Bestimmung zugeordnet werden konnten.

Für den Besucher, der nicht archäologisch geschult ist, wird es schwer sein, sich anhand der wenigen Mauerreste eine Prunkvilla vorzustellen, die einst inmitten einer bukolischen Landschaft über dem See lag. Am interessantesten und am leichtesten rekonstruierbar ist der **Sektor A** mit Prunkräumen und Fußbodenmosaiken, die teilweise noch sehr gut erhalten sind.

Man betritt zunächst das kleine **Antiquarium**, das die Funde bewahrt – Fragmente von Statuen, Gefäße, Statuetten und Reste von Wandmalereien. Als *Empfangsraum* der Villa Romana diente ein achteckiger, zum See hin ausgerichteter Saal, dessen Fußboden noch geometrische Mosaiken zeigt. Es schließt sich das quadratische *Peristyl* mit breiten Mosaikstreifen an. Früher dürfte es von auf Säulen ruhenden Arkaden begrenzt gewesen sein. Von hier aus gelangt man in zwei große Prunksäle mit Apsiden. Sie dienten vermutlich als *Fest-* und *Banketträume*. Hier sind auch die schönsten **Mosaiken** erhalten. Die des ersten Saals sind dem Fischfang gewidmet: Zierliche Amoretten rudern auf dem See, stehen mit Angeln auf Felsen, um zu fischen. Im Wasser schwimmen die Fische zwischen in Zickzackform gestalteten Wellen. In der römischen Mythologie waren Amoretten die Gehilfen des Gottes Amor. Hier hat der Künstler sie zu spielerischer Arbeit, wie sie am Gardasee üblich war, verpflichtet.

Der besterhaltene Mosaikfußboden befindet sich in der **Aula Trichora**, dem großen Speisesaal. Farblich und kompositorisch erweist er sich als ein Meisterwerk. Allein über 30 Farben variierte der Künstler. Achteckige, viereckige und kreuzartige Mosaikfelder sind mit Jagdszenen und Darstellungen von Weinlese und Obsternte verziert. Geflügelte Amoretten pflücken die Trauben und sitzen auf den Ästen von Obstbäumen. Vögel und Zweige, die aus Vasen quellen, beleben die Szenerie. Im einzigen noch erhaltenen Achteck sieht man ein von einem Tiger und einem Panther gezogenes Zweigespann, das von einem Amoretto gelenkt wird.

Hinter dem großen Saal öffnete sich der **Garten**, einst prachtvoll mit Statuen gestaltet, deren Fragmente im Museum ausgestellt werden. Er schließt mit einem Monumentalbrunnen ab. Seitlich des Gartens und des Peristyls (Säulengang um den offenen Hof) waren kleinere Wohnräume angeordnet.

Zwei Psychai – geflügelte Mädchengestalten – lassen sich noch in einem Nebenraum erkennen, den man vom Peristyl aus erreicht. Die anmutigen Mädchen flechten Zweige zu Kränzen; daneben zwei weitere Amoretten, die im Begriff sind, Früchte zu sammeln.

Im nördlichen Bereich der Villa kann man noch sehr schöne Mosaikfußböden in Schwarz-Weiß bewundern, die an ein Thermalbad erinnern. Dieser Bereich konnte jedoch noch nicht gänzlich rekonstruiert werden.

i Praktische Hinweise

Information

IAT, Via Porto Vecchio 34, Desenzano, Tel. 03 03 74 87 26

Hotels

******Park Hotel**, Lungolago Cesare Battisti 17, Desenzano, Tel. 03 09 14 34 94, www.parkhotelonline.it. Traditionshaus, das höchsten Ansprüchen genügt, in wunderschöner Lage am Seeufer.

*****Hotel Piroscafo**, Via Porto Vecchio 11, Tel. 03 09 14 11 28, www.hotelpiroscafo.it. Angenehmes, familiengeführtes Hotel Garni am alten Hafen in der Altstadt.

Restaurant

Ristorante Bagatta alla Lepre, Via Bagatta 33, Desenzano, Tel. 03 09 14 23 13, www.lalepre.com. ›Der Hase‹ besticht durch heimische Gerichte, vor allem aber mit seinen Fischspezialitäten.

26 San Martino della Battaglia

Erinnerungen an eine blutige Schlacht.

Von Rivoltella zweigt nach Süden die Straße Richtung San Martino della Battaglia ab. Im Juni 1859 gelang es den franko-piemontesischen Truppen, die auf einer Front von 12 km die Hügelkette zwischen *San Martino* und *Solferino* besetzt hielten, während einer 14 Stunden tobenden Schlacht, das österreichische Heer zu schlagen. Für die Italiener war dies der entscheidende Durchbruch im Unabhängigkeitskrieg gegen die Habsburger doch er kostete 25 000 Tote.

Ein Beobachter des verlustreichen Kampfes war der damals 31-jährige Henry Dunant, den die Leiden der Verwundeten und Sterbenden dazu veranlassten, das *Internationale Rote Kreuz* zu gründen.

Antike Mosaiken in der Anfang des 20. Jh. entdeckten Villa Romana in Desenzano del Garda

Das Museum in Solferino erinnert an die Freiheitskämpfe des Risorgimento

2 km südlich des Ortes sieht man schon von Weitem die 64 m hohe *Torre di San Martino*, deren Bau 13 Jahre erforderte (1880–93). In dem Turm wurden die Geschehnisse der Schlachten des *Risorgimento* auf großen Fresken festgehalten. Auch Fahnen und Gedenksteine dienen der Erinnerung. In der Mitte prangt eine mächtige Statue des Siegers Vittorio Emanuele II. Der Turm gehört zum gegenüberliegenden **Museo della Battaglia di San Martino** (Via Torre 2, Tel. 0309910370, www.solferinoesanmartino.it, März–Sept. Mo–Sa 9–12.30 und 14.30–19, So/Fei 9–19, Okt.–Febr. tgl. 9–12 und 14–17.30 Uhr), das Waffen, Uniformen und weitere Erinnerungsstücke der Schlachten des Risorgimento ausstellt.

Im nahen **Solferino** befindet sich am Fuße der Burg Rocca das *Museo Risorgimentale di Solferino* (Via Ossario di Solferino, Tel. 0376854019, www.solferinoesanmartino.it, März–Sept. Di–So 9–12.30 und 14.30–19 Uhr, im Winter auf Anfrage), das ebenfalls an diese blutige Schlacht erinnert. Im Ossarium der Kirche ruhen die Gebeine von 7000 österreichischen, französischen und italienischen Soldaten.

27 Lonato

Lombardisches Städtchen mit Festung und Dom.

Auf dem Weg von Desenzano in Richtung Brescia (von Padenghe gibt es eine kleinere, reizvollere Straße) liegt das Städtchen Lonato (15600 Einw.). Es lohnt sich, dem Ort einen Besuch abzustatten.

Geschichte Schon von fern erkennt man das große **Castello di Lonato** auf einem Hügel über der Stadt, die an strategisch wichtiger Stelle im Grenzgebiet zwischen Verona und Brescia errichtet worden war. Scaliger und Visconti, Venezianer und Mailänder schlugen sich abwechselnd um Festung und Stadt. Durch den Sieg der *Liga von Cambrai* war Lonato 1509 an Mantua gekommen.

1513 fand der berühmte Besuch der *Isabella d'Este Gonzaga* statt, die damals Mittelpunkt der höfischen Gesellschaft Italiens war. Nachdem sie zur Burg hinaufgestiegen war, von wo sich der Blick weit über die Landschaft öffnet, schrieb sie voller Begeisterung an ihren Gemahl *Francesco Gonzaga*: »Niemals sah ich eine schönere Gegend. ... Ich sah den schönen See, die herrlichen Weinberge und Ländereien, die alle wie Gärten aussehen ...« Auch 400 Jahre später muss man in das Lob der Gräfin einstimmen.

Den Mantuanern ging Lonato schon 1516 wieder verloren, damals fiel es an Venedig. Noch heute erinnert der *geflügelte Löwe* auf der Piazza Centrale an die Herrschaft der Serenissima.

Besichtigung Das historische Stadtbild von Lonato ist typisch lombardisch und hebt sich auffallend von den venezianisch geprägten Orten am Gardasee ab.

Am Fuße des **Torre Maestra** (1555) breitet sich ein kleiner Marktplatz aus, von dem ein Durchgang zu der größeren **Piazza Centrale** führt. Sie wird im Westen vom **Palazzo Municipale** (vormittags meist zugänglich) begrenzt. Im Saal des Rathauses hängt das Monumentalgemälde ›Die Pest‹, mit dem *Andrea Celesti* 1693 an das Ende der Pest von 1630 erinnerte. Das Pathos der Darstellung kulminiert in einer bewegten Straßenszene.

Gegenüber dem Rathaus gewahrt man inmitten eng stehender Gebäude die hoch aufragende Fassade des **Duomo San Giovanni Battista**. Die gewaltige barocke Kirche, die Johannes dem Täufer geweiht ist, beeindruckt vor allem durch die 60 m hohe Kuppel. Diese erscheint wie eine Vorwegnahme des Domes von Brescia. Die Kirche entstand zwischen 1738 und 1780 als eines der Hauptwerke des venezianischen Barock.

Steigt man vom Torre Maestra aus den Hügel hinauf, stößt man auf die mittelalterliche **Casa del Podestà** (Fondazione Ugo da Como, Tel. 0309130060, www.fondazioneugodacomo.it, tgl. 10–12 und 14.30–18.30 Uhr). Das schöne, reich ausgestattete Gebäude in gotisch-lombardischem Stil befand sich im Besitz des Politikers, Historikers und Kunstsammlers *Ugo da Como* (1869–1941). Er restaurierte das Anwesen und bereicherte die Räume mit einer wertvollen Sammlung von Möbeln, Gemälden, Keramiken, Skulpturen und Büchern. Sein Vermögen hinterließ er einer Stiftung zur Erhaltung des mittelalterlichen Hauses und weiterer Gebäude ringsum. Die *Bibliothek*, die von Wissenschaftlern genutzt werden kann, umfasst über 30000 Bände, darunter etwa 500 Inkunabeln und Manuskripe. Im *Roten Saal* befindet sich die Gemäldesammlung mit Werken des 16.–18. Jh., u. a. eine ›Heilige Familie‹ von *Andrea Celesti*.

Auf dem Gipfel des Hügels erheben sich die Mauern des Kastells von Lonato, der **Rocca** (Tel. 0309130060, www.fondazioneugodacomo.it, Juli/Aug. tgl. 10–12 und 14.30–18.30, Sept.–Juni Sa/So 10–12 und 14.30–18.30 Uhr). Vom unteren Burghof, in dem sich die Truppenunterkünfte befanden, geht es über eine Rampe auf den stark befestigten oberen Burghof, von dem aus man einen wunderbaren Blick über die Stadt und die umliegende Landschaft hat. Hier befindet sich die *Casa del Castellano*, einst der Wohnsitz des Verantwortlichen der Festung. Heute beherbergt sie das *Museo Civico Ornitologico* mit seiner großen Sammlung ausgestopfter Vögel.

Ausflüge

Das **Castello di Drùgolo** (14. Jh.) thront auf einem Hügel unweit der Straße Richtung Carzago. Gut erhalten sind neben den Mauern vor allem die Zugbrücke und das System der Laubengänge.

In Richtung Padenghe gelegen ist die **Abbazia di Maguzzano** (Tel. 0309130182, www.abbaziadimaguzzano.it, tgl. 9-18 Uhr). Der mächtige Bau bietet einen schönen Ausblick auf den Gardasee. Die Kirche Santa Maria Assunta ist mit fantasievollen Renaissancemalereien ausgestattet. Die Tafelbilder schildern biblische Szenen in bewegten Architekturkulissen. Neben der Kirche lockt ein stimmungsvoller Renaissancekreuzgang mit eleganten Säulen, die weite Gewölbe tragen – eine Oase der Stille und Kontemplation.

i Praktische Hinweise

Information

Pro Loco, Piazza Martiri della Libertà 12, Lonato, Tel. 0309130043, www.prolocolonato.it

Jeden dritten Sonntag im Monat ist in der Altstadt von Lonato Antiquitätenmarkt

Brescia – Altstadt zwischen Antike und Mittelalter

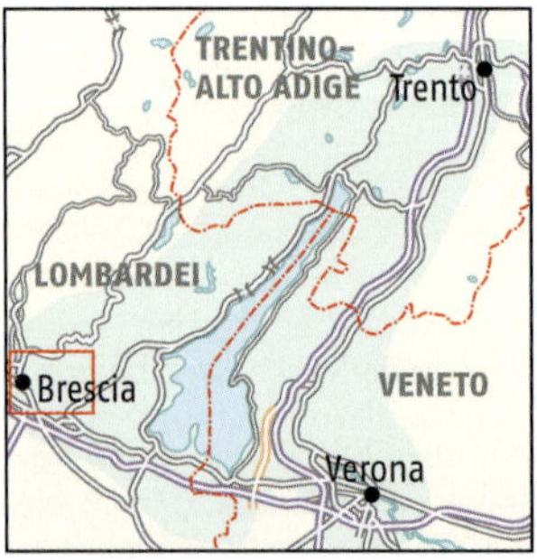

Nur 30 km vom Westufer des Gardasees entfernt und von einem Kranz von Hügeln umgeben liegt die interessante Stadt Brescia. Ihre eindrucksvolle Architektur von der Antike bis zur Renaissance und die erlesenen Kunstschätze begeistern jeden Besucher und machen die Stadt zu einem lohnenden Ausflugsziel. Neben den beiden Domen und vielen anderen Kirchen mit wertvollem Inventar und der liebevoll restaurierten Altstadt ist vor allem das *Santa Giulia Museo della Città* sehenswert, das in einem ehemaligen Klosterkomplex die Kulturgeschichte Brescias von der Frühzeit bis in die Gegenwart anhand qualitätvoller und berühmter Exponate präsentiert.

28 Brescia

Römer, Langobarden, Venezianer prägten die Geschichte der Stadt, die heute ein bedeutendes Industriezentrum ist.

Reizvoll ist die Lage von Brescia (191000 Einw.), das ein Kranz von Hügeln – die *Ronchi* – umgibt, auf dem Villen und kleine Dörfer angesiedelt sind. Die Altstadt gruppiert sich um das *Castello* auf dem Hügel Cidneo, von dem man einen schönen Blick über das Dächermeer mit seinen Türmen und Kuppeln hat. Im Süden dehnt sich die Stadt mit modernen Wohnvierteln und Industrieanlagen weit in die Po-Ebene hinein aus.

Geschichte Die Sage berichtet, dass der Ligurer-König Cycnus, nach dem angeblich der Cidneo-Hügel benannt wurde, Gründer von Brescia gewesen sei. Belegt ist, dass **keltische Cenomanen** eine Siedlung gründeten. Im 4. Jh. v. Chr. wurde Brescia zu ihrer Hauptstadt. Die keltische Stammsilbe ›brik‹ (Berg, Hügel) ist noch im Namen der Stadt enthalten. 225 v. Chr. verbanden sich die Cenomanen mit den **Römern**, die den Ort *Brixia* nannten. Im Jahr 89 v. Chr. erhielt er römische Rechte, 27 v. Chr. ernannte Kaiser Augustus ihn zur ›Colonia civica augusta‹. Während dieser Zeit entstanden bedeutende Bauwerke: Straßen, Paläste, Tempel, Theater.

Im 2. Jh. begann sich die christliche Religion auszubreiten. Nach dem Einfall und den Plünderungen der Barbaren während des ›dunklen‹ Zeitalters (5. Jh.) erholte sich Brescia erst wieder unter der Herrschaft der **Langobarden** im 6. Jh. und wurde Herzogsitz (›Curia ducis‹). Im 8. Jh. gründete Ansa, Gemahlin des Königs Desiderius, das Kloster San Salvatore

Brescia aus der Vogelperspektive: Blick auf den Duomo Nuovo und den Broletto

[s. S. 80], das sich zu einem der bedeutendsten des Mittelalters entwickelte.

Die fränkisch-langobardische Kontrolle währte bis zum Ende des 9. Jh., dann ging die Macht an regionale Herrscher über. Zu Beginn des 12. Jh. wurde Brescia **freier Stadtstaat** und schloss sich im Kampf gegen die Kaiser Friedrich I. und Friedrich II. der Lombardischen Liga an.

1258 besetzte Ezzelino da Romano die Stadt. Es folgten Jahre der Unruhen, Belagerungen und wechselnder Herrscher: Scaliger, Visconti und andere lösten einander ab. Erst die Herrschaft **Venedigs** brachte Brescia Frieden, wirtschaftliches Gedeihen und kulturelle Blüte. Diese Zeit des Aufschwungs wurde nur durch die französische Besetzung von 1509–1516 unterbrochen. 1797 wurde die Republik Brescia ausgerufen und der Cisalpinischen Republik einverleibt. Bis 1814, dem Beginn der österreichischen Herrschaft, gehörte die Stadt zum **Königreich Italien** unter Napoleon. In dieser Zeit entstand der Großteil der klassizistischen Bauten. Die österreichische Regierungszeit war von Unterdrückung, Verschwörungen und Aufständen geprägt. 1859 befreiten französisch-piemontesische Truppen die Stadt. Es folgte der Anschluss an das neu entstandene Königreich Italien. Im Zweiten Weltkrieg erlitt Brescia schwere Zerstörungen. Heute gilt sie als die bedeutendste Industrie- und Handelsstadt der Lombardei nach Mailand.

Besichtigung In der Altstadt herrschen der rege Verkehr und die Hektik des Geschäftslebens. Doch ein Gang über die südwestlich der Piazza Paolo VI gelegene **Piazza del Mercato** mit dem täglich stattfindenden lebhaften Markt oder ein Einkaufsbummel durch die vielen Modegeschäfte (die meisten Mo vormittag geschl.) bereitet großes Vergnügen. Aber Brescia ist nicht nur Geschäftsstadt, sondern auch ein bedeutendes Zentrum der Kunst und Architektur. Als Ausgangspunkte einer Besichtigung bieten sich zwei historische Plätze im Zentrum an: Piazza Paolo VI und Piazza della Loggia.

Die Altstadt

Bis ins 15. Jh. war die **Piazza Paolo VI** Zentrum des kirchlichen und politischen Lebens der Stadt. Heute wird sie von der mächtigen Fassade des Duomo Nuovo, des Neuen Doms, beherrscht. Links von diesem repräsentiert der alte Stadtpalast – der Broletto – die weltliche Macht mit seinem hohen, zinnenbewehrten Turm.

TOP TIPP Rechts duckt sich das Dach des *Duomo Vecchio*, auch **Rotonda** 1 (Di–So 9–12 und 15–18 Uhr) ge-

Die stimmungsvolle Piazza Paolo VI mit Rotonda, Duomo Nuovo und dem Turm des Broletto

nannt, im Schatten des Neuen Domes mit seiner riesigen Kuppel.

Die Rotonda, von außen ein bescheidenes Bauwerk, ist das älteste und interessanteste des Platzes. Ungewöhnlich für das Mittelalter in Italien ist allein schon die Form eines Rundbaus. Die Kirche entstand vermutlich im 11. Jh. auf den Resten einer Basilika des 6. Jh.

Man betritt die Kirche durch ein frühbarockes Portal, dessen Einbau zum Einsturz des Kirchturmes führte. Beeindruckend ist die strenge, schmucklose *Architektur* der Kirche, die an den Dom von Aachen erinnert und dem Raum eine besondere Würde verleiht. Das Gewölbe ruht auf acht Arkaden, die von massiven *Pfeilern* getragen werden. Sie trennen den Mittelraum vom Umgang. Die klare Geometrie wird durch *Querhaus* und *Hochchor* unterbrochen, die im 15. Jh. angebaut wurden und mit interessanten Fresken ausgemalt sind. Anhand schwarzer Grundrisslinien auf dem Fußboden kann man die Umrisse des Vorgängerbaus erkennen.

Die fünfschiffige **Krypta** unter dem Chor mit ihren drei Apsiden birgt die Gebeine des Brescianer Bischofs San Filastrio (4. Jh.). Beachtenswert sind hier die *Kapitelle* der 16 Säulen, die fantasievolle Steinmetzarbeiten des 6.–9. Jh. aufweisen.

In der **Sakramentskapelle** hängen Bilder von *Girolamo di Romano*, genannt *Romanino* (ca. 1484–ca. 1559) und *Alessandro Bonvicino*, genannt *Moretto* (ca. 1498–1554), den beiden rivalisierenden Renaissancemeistern der sog. Schule von Brescia. Romanino schuf die beiden Gemälde der ›Mannalese‹, von Moretto stammen der ›Schlafende Elias‹ und das ›Ostermahl‹. Den Chor schmückt hinter dem Hauptaltar ein frühes Werk Morettos, die ›Himmelfahrt Mariens‹ von 1526. Immer wieder hat man in Brescia Gelegenheit, die Arbeiten dieser beiden Künstler zu vergleichen [s. S. 82f.]. Bemerkenswert im Chor ist auch die wertvolle Orgel des Giangiacomo Antegnati von 1530.

Hervorragend gearbeitete Monumente sind die *Grabmäler* der drei Bischöfe: gleich am Eingang die aus rotem Veroneser Marmor gestaltete *Tomba des Berardo Maggi* (1308). Das dazugehörige Relief zeigt eine politische Tat, durch die der Bischof in die Geschichte einging. Man sieht die sich befehdenden Guelfen und Ghibellinen, die Berardo versprechen, fortan in Frieden miteinander zu leben. Die beiden anderen Grabmäler bergen die Leichname der Bischöfe Balduino Lambertini (gest. 1349) – ein Werk der Meister aus Campione – und Domenico de Dominici (gest. 1478), ein aufwendiges Renaissancegrabmal.

Früher stand neben dem Alten Dom, der sog. Winterkathedrale, die Sommerkathedrale San Pietro. Im 16. Jh. war ein Umbau geplant, doch die Arbeiten führten schließlich zum Abriss der Kirche. Der Architekt des 1604 begonnenen Neubaus war Giovanni Battista Lantana. 200 Jahre lang, bis ins 19. Jh., zog sich der Bau des aus weißem Botticino-Marmor gestalteten **Duomo Nuovo** 2 (Mo–Sa 7.30–12 und 16–19, So 8–12.45 und 16–19 Uhr) hin. Erst 1825 wurde die mächtige Kuppel – die drittgrößte Italiens – beendet. Die kolossale *Fassade* gliedern Säulen und Pilaster. Den giebelförmigen Aufbau krönen große Heiligenfiguren.

Der *Innenraum* über kreuzförmigem Grundriss ist mit Marmor verkleidet. Er wirkt kühl und feierlich. Einige wenige Kunstwerke ziehen die Aufmerksamkeit auf sich. Herausragend sind die *Bilder* ›Mariä Heimsuchung, Vermählung und Geburt‹ im linken Seitenschiff von *Romanino* (um 1540). Besonders gelungen sind die Landschaften im Bildhintergrund. Die Tafeln schmückten ehemals die Orgelflügel im Alten Dom. Beachtenswert ist auch das expressive *Kruzifix* (15. Jh.) im ersten Seitenaltar rechts sowie das *Grabmal* des Bischofs Sant'Apollonius über dem dritten Seitenaltar rechts, das 1510 von Maffeo Oliviero geschaffen wurde.

Gleich gegenüber der Apsis des Domes steht die berühmte **Biblioteca Civica Queriniana** 3 (Via Mazzini 1, Tel. 03 02 97 82 00, Di–Fr 8.45–18, Sa 8.30–12.30

Abendstunde auf der Piazza della Loggia mit ihren Geschäften unter den Arkaden

Uhr). Über dem Portal sieht man eine Büste ihres Gründers, des Kardinals Antonio Maria Querini (1749). Die Queriniana birgt eine überaus reiche Sammlung wertvoller Handschriften, Inkunabeln und Codices, die jedoch nicht öffentlich zugänglich ist. Ein Besuch der Bibliothek lohnt trotzdem, vor allem wegen des Treppenhauses, das mit Szenen aus dem Leben des Kardinals und einer Allegorie der Literatur ausgemalt ist.

Das massive Gebäude mit dem hoch aufragenden Turm links vom Duomo Nuovo, der **Broletto** 4, einer der markantesten Stadtpaläste Oberitaliens, repräsentiert die weltliche Macht des mittelalterlichen Brescia. Die Baugeschichte dieses altehrwürdigen Gebäudes ist lang und wechselhaft. Stilelemente verschiedener Epochen fanden hier ihren Niederschlag. Bereits im 12. Jh. wurde die Errichtung eines Stadtpalastes beschlossen, nachdem der Stadtrat bisher unter freiem Himmel auf dem ›Mercatum broli‹ getagt hatte. 1226 war der Südwestflügel mit der *Loggia delle Grida* vollendet, von der aus zunächst der Podestà und später die fremden Herrscher ihre Beschlüsse verkündeten. Vom Turm Torre del Pégol (11. Jh.) erklingt noch heute die Glocke, wenn der Stadtrat zusammentritt.

Die Loggia ziert ein Bild, das die Justitia zwischen Gefangenen und Richtern darstellt. 1232 war der Ostflügel fertiggestellt, dem später ein Barockportal angefügt wurde. Um 1300 ließ der Bischof Berardo Maggi, der zugleich weltlicher Herrscher war, den Westflügel errichten. Die Mailänder Regierung (1339–1426) nutzte den Broletto als Festung. Venedig nahm dann neuerliche Veränderungen vor. Die Venezianer ließen z. B. in dem hohen Saal des Südwestflügels eine gewölbte Decke einziehen. Noch heute kann man ganz oben unter dem Dach mittelalterliche Fresken sehen, während die Räume darunter mit aufwendigen Fresken der Renaissance verziert sind. Heute sind hier verschiedene Behörden untergebracht. Im *Innenhof* verdienen die schönen drei- bzw. viergeteilten Fenster mit Skulpturenschmuck aus der Werkstatt des Meisters Benedetto Antelami (13. Jh.) Aufmerksamkeit.

Auch zwei Brunnen aus dem 18. Jh. schmücken die weite Piazza Paolo VI, von der aus ein Durchgang zur Via X Giornate führt. Unter malerischen **Laubengängen** locken hier elegante und verführerische Geschäfte. Die Straße, die nach Süden auf den Corso Zanardelli mündet, ist eine beliebte Einkaufsmeile der Brescianer.

Der nördliche Teil der Laubengänge endet an der noblen **Piazza della Loggia**. Der von den Venezianern als neues urbanes Zentrum angelegte Platz hat seinen Rang bis heute bewahrt.

Hier setzt die aristokratische Renaissancefassade der **Loggia** 5 (Mo–Fr 9–12.30 und 14–19, Sa 9–12.30 Uhr), des Stadtpalastes aus dem 15./16. Jh., einen besonderen Akzent. Der Palazzo della Loggia entstand in zwei Bauabschnitten: 1492–1508 wurde das Untergeschoss mit der großen, offenen *Säulenhalle* nach Plänen des Vicenzer Architekten Tommaso Formentone gebaut. Zwei kleine Brunnen und das Portal (1503) stammen von dem Bildhauer Stefano Lamberti.

Das monumentale *Obergeschoß* wurde 1554 in Angriff genommen und erst 1562 fertig gestellt. Es entstand nach Plänen des berühmten venezianischen Architekten *Jacopo Sansovino* (1486–1570). Auch andere namhafte Baumeister der Zeit wurden vor allem wegen der schwierigen *Dachkonstruktion* zu Rate gezogen; so z. B. Andrea Palladio, Galeazzo Alessi und Giacomo Antonio Rusconi, die auch auf die Gestaltung des großen Saales Einfluss nahmen. Tizian schuf eine Anzahl von Gemälden, die aber 1575 einem Brand zum Opfer fielen. Auch die Bleiüber-

dachung schmolz damals in den Flammen. Das heutige Kuppeldach, eine Rekonstruktion des Entwurfs aus dem 15. Jh., wurde erst 1914 vollendet, nachdem sich frühere Lösungen als nicht durchführbar erwiesen hatten.

Das große *Treppenhaus*, das mit Fresken von 1902 im Neorenaissance-Stil ausgestattet ist, erscheint außerordentlich prachtvoll und repräsentativ, ebenso wie die reich dekorierten Säle und Zimmer des heutigen Rathauses.

Gegenüber der Loggia erhebt sich aus den elegant gegliederten Arkadenhäusern die **Torre dell'Orologio** im venezianischen Stil. Sie wurde 1540-50 erbaut und 1546 mit einer mechanischen Uhr von Paolo Gennari aus Rezzato ausgestattet. Ihr kompliziertes Zifferblatt ist ein Werk Gian Giacomo Lambertis aus dem Jahr 1574. Den Turm krönt eine Glocke, die von zwei Männerfiguren zur vollen Stunde geschlagen wird. Als Vorbild für Turm und Glockenschläger diente der Uhrturm am Markusplatz von Venedig.

Die sich an der linken Seite anschließenden Gebäude der **Monti Pietà** 6 bilden einen weiteren, von der Renaissance geprägten Akzent des Platzes. Es handelt sich um eine Sequenz von drei verschiedenen Gebäudeblöcken, die sich jedoch zu einem harmonischen Ganzen vereinen. Zwei lang gestreckte Häuserflügel rahmen eine zierliche, in venezianischem Stil erbaute *Loggia* mit sieben Bögen. Bevor dieser Komplex gebaut wurde, begrenzte lediglich eine Fassadenmauer den Platz, hinter der sich kleine Handwerkerläden eingerichtet hatten. Der Name der Gebäude bezieht sich auf die Einrichtung eines *Pfandhauses*, das 1490 in dem älteren Teil, *Monte Pietà Vecchia*, eröffnet worden war. Der jüngere, östliche Flügel, von Pietro Maria Bagnadore 1597–1600 angefügt, wurde dann *Monte Pietà Nuovo* genannt. Schon während der Bauzeit wurden in dem älteren Gebäude antike römische Inschriftensteine eingelassen.

Zeugnisse der Antike

Das Zentrum der römischen Stadt Brixia befand sich einige hundert Meter östlich der Piazza della Loggia. Durch die *Porta Bruciata*, vorbei an der kleinen Kirche **San Faustino in Riposo** 7, gelangt man in die *Via dei Musei*. Sie war der östliche Abschluss des römischen *Decumanus maximus*, der Hauptstraße, von der man noch ein gepflastertes Stück erkennt. Es liegt tiefer als das heutige Straßenniveau.

Unweit der *Piazza del Foro*, dem einstigen römischen Forum, vereint die **Area archeologica del Capitolium** (Via dei Musei 55, Tel. 03 02 97 78 34, www.bresciamusei.com, wegen Ausgrabungsarbeiten z. Zt. nur von außen anzuschauen) eindrucksvolle Zeugnisse aus der antiken Historie der Stadt. Seit 2011 ist sie *Weltkulturerbe* der UNESCO. Als stolze Ruine ragt die elegante Vorhalle des **Tempietto Capitolino** 8 in den Himmel. Schlanke korinthische Säulen tragen das hohe Gebälk mit Giebelfeld. Der Tempel wurde

73 n. Chr. unter Kaiser Vespasian erbaut. Ausgrabungen und Rekonstruktionen erfolgten ab 1823. Hinter dem Entrée ragen die drei ›Cellae‹ auf, die Kulträume des Heiligtums, in dem die Gottheiten Jupiter, Juno und Minerva verehrt wurden. Zu Füßen der Vorhalle erkennt man noch Mauerstrukturen eines früheren Tempels aus republikanischer Zeit (1. Jh. v. Chr.).

Östlich des Tempelbezirks schließt sich das **Teatro Romano** 9 (1. Jh. n. Chr.) an, das wegen der späteren Überbauung nur teilweise ausgegraben werden konnte. Es bot einst Platz für 15 000 Zuschauer und noch bis ins 12. Jh. fanden hier Volksversammlungen statt.

Kunst und Kirchen rund um die Altstadt

Ein Stück weiter östlich trifft man auf einen weiteren Glanzpunkt Brescias, das in einem berühmten Klosterkomplex ansässige Stadtmuseum **Santa Giulia Museo della Città** 10 (Via dei Musei 81/b, Tel. 03 02 97 78 34, www.bresciamusei.com, Juni–Sept. Di–So 10–18, sonst Di–So 9.30–17.30 Uhr). Zahlreiche qualitätvolle Exponate, die von der frühesten Besiedlung der Region bis zur venezianischen Herrschaft in Brescia reichen, fanden in der historisch und architektonisch äußerst interessanten Klosteranlage einen großartigen Rahmen. Als langobardisches Zeugnis gehört der Komplex aus Kloster und Museum seit 2011 zum *Weltkulturerbe* der UNESCO.

TOP TIPP

Im Mittelalter nahmen die Klöster einen außergewöhnlichen Rang im Leben der Stadt ein. Allein ihre Anzahl weist darauf hin: Auf etwa 15 000 Einwohner kamen 100 Klöster. Das bedeutendste und eines der einflussreichsten in ganz Oberitalien war das **Monastero San Salvatore**. Gegründet wurde es 753 von Ansa, der Gemahlin des Langobardenkönigs Desiderius. Das Königspaar stattete das Benediktinerinnenkloster reich mit Stiftungen und Privilegien aus. Bis zu seiner Auflösung 1797 blieb es ein klerikales Zentrum, dessen Einfluss bis in die Emilia Romagna und in die Toskana, nach Spoleto und Benevent reichte.

Drei Kirchen und drei Kreuzgänge bilden den Kern des weitläufigen, interessanten Bauensembles. Die älteste Kirche ist die **Basilica San Salvatore**, ein Bau der Karolingerzeit, der auf den Grundmauern einer alten langobardischen Kirche im 9. Jh. errichtet und mit Säulen geschmückt wurde, die z.T. aus römischer Zeit stammen. Wunderschön sind auch die langobardischen Säulen der *Krypta* von San Salvatore. Ihre Kapitelle zieren mit außergewöhnlicher Feinheit herausgearbeitete Darstellungen von Menschen, Tieren und Pflanzen.

San Salvatore wurden die drei Kreuzgänge und die romanische Doppelkirche Santa Maria in Solario hinzugefügt. Im 15. Jh. fanden erneut Umbauten statt. Der Westteil der Basilica San Salvatore wurde zum Nonnenchor (Coro delle Monache) umgestaltet, an den man um 1500 die Kirche **Santa Giulia** anbaute. Alle drei Kirchen waren mit üppigen *Freskenzyklen* ausgestattet, die sowohl in Santa Giulia als auch in Santa Maria in Solario noch vollständig erhalten sind. Als Maler wirkten vor allem Floriano Ferramola (ca. 1480–1528) und Paolo da Caylina d. J. (ca. 1485–1554).

Glanzstücke sind die Fresken im **Coro delle Monache** von Santa Giulia. Bemerkenswert sind die gelungenen Scheinarchitekturen und perspektivischen Landschaftskulissen, von Tieren belebt, in die sich ergreifende Szenen aus Leben und Passion Christi einfügen. Beherrschend ist die Kreuzigung, eine dramatisch bewegte Komposition vor idyllischem Landschaftsprospekt. Das Hauptschiff der Kirche dient heute als Raum für Konferenzen und Wechselausstellungen.

Beachtung verdient auch die künstlerische Ausstattung der kleinen, achteckigen Kirche **Santa Maria in Solario**. Im oberen Geschoss wurde sie 1518–20 von Floriano Ferramola mit farbenfrohen *Fresken* geschmückt, die sehr gut erhalten sind. Dazu birgt sie wertvolle Schätze.

Ein künstlicher Sternenhimmel schafft im Obergeschoß der Kirche für das *Desideriuskreuz* und die Lipsanothek einen überwältigend stimmungsvollen Rahmen. Das Kreuz des Langobardenkönigs Desiderius aus dem 7. Jh. zieren über 200 Edelsteine, Kameen und farbige Glaseinsätze sowie ein Porträt auf Glas, das eine Dame in Begleitung zweier Jünglinge zeigt. Vermutlich handelt es sich um die römische Kaiserin Galla Placidia und ihre Söhne. Im Schnittpunkt der vier Balken des Kreuzes sieht man Christus inmitten der vier Evangelisten. Bei der *Lipsanothek* handelt es sich um einen kostbaren Reliquienschrein des 4. Jh. aus Elfenbein mit kunstvollen Porträtmedaillons und Reliefs, die in harmonischer Anordnung die Flächen der Schatulle bedecken.

Die Fresken im Coro delle Monache von Santa Giulia schildern die Passion Christi

Die Sammlungen des **Museums** sind in Klosterräumen und Kreuzgängen rund um die Basilica San Salvatore untergebracht. Neben prähistorischen Funden sieht man äußerst seltene Stucke aus keltischer Zeit – wie die silbernen ›*Falere di Manerbio*‹, Zaumzeug von ca. 250 v. Chr.

Stolz ist man auf die Vielzahl *römischer Exponate*: Gläser, Keramiken, Terrakotten, Sarkophage, Schrifttafeln und gut erhaltene Mosaiken aus römischen Häusern und Palästen. Besonders kostbar sind sechs Bronzebüsten aus der Kaiserzeit (2.–3. Jh.). Sie belegen, dass die Bronzegießer im römischen Brixia ihr Handwerk sehr gut verstanden. Zugleich waren sie ausgezeichnete Bildhauer. Antike Kunstwerke aus *Bronze* sind relativ selten, da die meisten eingeschmolzen wurden.

Glanzstück der Sammlung, zugleich Symbolfigur des alten Brixia, ist die ›*Vittoria Alata*‹, eine geflügelte Frauengestalt aus Bronze. Die elegante, in ein faltenreiches Gewand gehüllte Skulptur war vom Künstler wohl zunächst als Venus konzipiert worden. Später erhob man sie durch Hinzufügen der Flügel in den Rang einer Siegesgöttin, vermutlich anlässlich Vespasians Sieg über Judäa (70 n. Chr.). Weitere Säle zeigen Skulpturen, Glas und Schmuck aus dem Mittelalter sowie aus der venezianischen Epoche Brescias.

An der Piazza Moretto erhebt sich ein Palazzo aus dem 16./17. Jh., den die Familie Martinengo da Barco errichten ließ. Heute birgt er eine der wertvollsten Gemäldesammlungen Oberitaliens. Die **Pinacoteca Tosio Martinengo** 11 (Piazza Moretto 4, Tel. 03 03 77 49 99, www.bresciamusei.com, z. Zt. wegen Restaurierung geschl.) geht auf Schenkungen der Grafen Leopardo Martinengo da Barca und Paolo Tosio von Anfang des 20. Jh. zurück. Schwerpunkt der Schau sind Werke des 15.–18. Jh., darunter Gemälde von Raffael und Lorenzo Lotto. Den Höhepunkt bilden die Produkte der Schule von Brescia, die im 16. Jh. florierte. Besondere Aufmerksamkeit gebührt neben Vincenzo Foppa und Giovanni Girolamo Savoldo vor allem den Werken *Romaninos* und *Morettos*. Besser noch als in den Kirchen lassen sich hier die Arbeiten der beiden konkurrierenden Maler vergleichen, die auch hervorragende Porträtisten waren.

Einige sehenswerte Kirchenbauten findet man im Viertel nordwestlich der Piazza della Loggia. Hier öffnet sich ein Gewirr von schmalen Gassen, das in die Welt von Handwerksbetrieben, kleinen Läden und Märkten führt. Zwischen die dicht aneinandergebauten Häuser zwängen sich die Fassaden der Kirchen.

In der *Via San Faustino* erhebt sich ein großer Bau mit einem schlichten Turm aus dem 12. Jh., der im eigenartigen Gegensatz zu der hohen, das Dach überragenden Fassade von 1664 steht. Die Kirche, 1622–98 erbaut, ist den Schutzpatronen Brescias, den **Santi Faustino e Giovità** 12 (tgl. 7.30–11 und 15–19 Uhr) geweiht. In den Statuennischen zu beiden Seiten des *Portals* erscheinen die beiden Märtyrer des 2. Jh. als römische Soldaten. Im Giebelfeld über dem Eingang hat der Bildhauer *Sante Callegari d. Ä.* (1662–1717) die Enthauptung der beiden Heiligen dargestellt. Die reich gegliederte Fassade – im unteren Teil im dorischen, darüber im ionischen Stil mit Vasen, Obelisken und symbolischen Dekorationselementen geschmückt – ist ein Hauptwerk *Bernardo Fedrighinis* (1646–1733).

Den weiten, eleganten **Innenraum** im Barockstil dominieren 14 mit einem Gebälk verbundene Doppelsäulen, die die hohen Arkaden tragen. Großartig ist die reiche Ausmalung der Kirche, bei der Scheinarchitekturen die Szenerien der *Fresken* umrahmen und akzentuieren. Den Mittelpunkt der aufwendigen Malerei bildet das Fresko im Gewölbe, welches die *Verklärung der Heiligen Faustino und Giovità* zum Thema hat. Über der überbordenden, illusionistischen Architektur öffnet sich gleichsam der Himmel, die beiden Heiligen treten vor den Thron der Heiligen Dreifaltigkeit. Das Fresko wurde von *Antonio Gandino* (1565–1630) und seinem Sohn *Bernardino* (1587–1651) geschaffen, während *Tommaso Sandrino* (1575–1630) der Meister der perspektivischen Malerei war.

Von der Chorausmalung wird das Kuppelbild – Verklärung der beiden Heiligen – *Giovanni Battista Tiepolo* (1696–1770) zugeschrieben, während die seitlichen Fresken, das Martyrium und die Errettung der Stadt Brescia durch die Heiligen, von dessen Sohn *Giovanni Domenico* (1727–1804) stammen. Die Reliquien der beiden Stadtpatrone ruhen in dem aus schwarzem und weißem Marmor gearbeiteten barocken Schrein über dem Hochaltar.

Westlich der Basilika Santi Faustino e Giovità liegt das Herzstück des alten Brescia, die **Contrada del Carmine**, ein dicht bewohntes, volkstümliches Viertel. Die Kirche **Madonna del Carmine** 13 (auch Santa Maria del Carmine, Mai–Sept. Fr–So 10–12 und 15–18 Uhr) aus dem 15. Jh. sticht durch ihr marmornes Doppelportal im Renaissancestil hervor.

In der Via delle Grazie erhebt sich die mit schwerem, barockem Dekor versehene, 1522–1617 gebaute Wallfahrtskirche **Madonna delle Grazie** 14 (auch Santa Maria delle Grazie, www.santuariodellegrazie.brescia.it, Mo-Sa 6.45–11.30 und 15.30–18.30 Uhr, So 7–12.45 und 15.30–18.45 Uhr). In ihrer Umgebung entstanden mehrere barocke und klassizistische Häuser und Paläste, deren Fassaden die Via Marsala, die Via delle Grazie und die Via Elia Capriolo beleben.

Die Kirche **San Giovanni Evangelista** 15 (tgl. 7.30–11 und 15.30–18 Uhr) liegt versteckt in einer schmalen, dunklen Gasse zwischen der Via Elia Capriolo und dem Corso G. Mameli. Erbaut wurde sie in der heutigen Form im 15. Jh. Bemerkenswert ist die **Sakramentskapelle** (letzte Seitenkapelle links vor dem Chor). Hier stehen Fresken von *Moretto* (1498–1554) und *Romanino* (1486–ca. 1560), den bedeutendsten Vertretern der Brescianer Renaissancemalerei, einander direkt gegenüber. Die beiden Künstler begannen 1521 mit der Ausmalung der Kapelle. Der damals 35-jährige Romanino schuf die Bilder auf der linken Seite: Gastmahl und Fußwaschung, Auferweckung des Lazarus, Matthäus und Johannes, Hostienwunder und Propheten. Der 23-jährige Moretto übernahm die rechte Wand: Mannalese, ein Engel weckt Elias, Lukas und Marcus, Abendmahl und Propheten.

Der ältere Romanino besticht durch die charaktervolle, originelle Ausarbeitung seiner Figuren, die naturalistisch, manchmal fast grobschlächtig wirken. Er war der irdischen Realität näher als sein jüngerer Kollege, dessen Bilder eine übernatürliche Schönheit anstreben. Landschaft und Personen verstand Moretto zu einer harmonischen Einheit zu verbinden. Weitere Gemälde in San Giovanni zeugen davon: hinter dem Hochaltar eine Madonna mit Heiligen sowie an den Seiten Szenen aus dem Leben Johannes des Täufers und im dritten Seitenschiff rechts der Bethlehemitische Kindermord. Von Romanino sieht man in der ersten Seitenkapelle links eine Vermählung Marias sowie ein Gemälde Maria mit Kind und Heiligen am vierten Altar.

In der letzten *Kapelle* im linken Seitenschiff verbirgt sich hinter einem Vorhang ein der Muttergottes geweihter Raum, den zu Beginn des 16. Jh. *Paolo da Caylina il Giovane* mit heiter wirkenden Fresken ausgemalt hat. Einen Blick lohnt der doppelgeschossige Renaissancekreuzgang (Zugang von außen, rechts vom Portal).

Im ehemaligen Viertel der Kupferschmiede, unweit des Corso Palestro, steht die Kirche **San Francesco d'Assisi** 16 (Mo–Sa 10.30–11.30 und 15-17 Uhr, So

15.30–17 Uhr), gebaut von 1254–65, deren marmorne Fassade eine große gotische Fensterrosette schmückt. Das Rundbogenportal geht auf die Romanik zurück.

Im *Innern* öffnet sich eine großräumige Hallenkirche mit weit gespannten Arkaden. Im rechten Seitenschiff sind einige der schönen *Fresken* des 13.–15. Jh. erhalten, mit denen die Kirche ursprünglich vollständig ausgemalt war. Das Bild des Hochaltars ›Maria mit dem Kind‹ ist ein Frühwerk Romaninos, während Moretto die ›Hl. Margarete mit dem hl. Hieronymus und Franz von Assisi‹ (1. Altar rechts) malte. Unter den Kapellen, die im 15. Jh. an das linke Seitenschiff angebaut und teilweise später barockisiert wurden, fällt die vierte mit prunkvoller Rokokoausstattung auf: Rankenwerk und Putten der *Cappella dell'Immacolata* schließt eine dekorative Marmorbalustrade ab.

Santa Maria dei Miracoli 17 (Corso Martiri della Libertà, z. Zt. wegen Renovierung geschl.) wurde im 16. Jh. zur Verehrung eines wundertätigen Marienbildes errichtet. Die reich mit Reliefs geschmückte Fassade aus weißem Botticino-Marmor gehört zu den Meisterwerken lombardischer Bildhauerei in der Renaissance.

Die Kirche **Sant'Agata** 18 (Mo–Sa 7.30–9.45 und 17–18.45, So 9–12.30 und 17–18.45 Uhr) an der von faschistischer Architektur geprägten Piazza della Vittoria ist verschwenderisch-barock ausgestattet wie Santi Faustino e Giovità. Auch hier verblüffen die Scheinarchitekturen.

Ein Ausflug auf den Cidneo-Hügel lohnt wegen des schönen Blicks auf die Stadt. Im wehrhaften **Castello di Brescia** 19 (Tel. 030 29 32 92, www.bresciamusei.com) der Visconti aus dem 14. Jh. sind das *Museo del Risorgimento* und das *Museo delle Armi* (beide Di–Fr 9.30–13, Sa–So 14.30–18 Uhr) untergebracht. Letzteres ist vor allem wegen seiner Innenarchitektur interessant. Es wurde von *Carlo Scarpa* gestaltet und beeindruckt durch die Klarheit und intelligente Gliederung der Ausstellungsräume. Das Museum beherbergt alte Rüstungen und Waffen aus allen Jahrhunderten.

Etwas außerhalb der Stadt kann man im **Museo Mille Miglia** 20 (Viale della Bornata 123, Tel. 03 03 36 56 31, www.museomillemiglia.it, tgl. 10–18 Uhr) eine Reise in die Geschichte des legendären Oldtimer-Rennens Mille Miglia unternehmen. In der 1008 gegründeten Abtei Santa Eufemia, die nun das Museum beherbergt,

Das legendäre Oldtimer-Rennen Mille Miglia nach Rom startet immer im Mai in Brescia

werden die Teilnehmer des 1000-Meilen-Rennens von Brescia nach Rom traditionsgemäß verabschiedet.

Praktische Hinweise

Information

Info Point Turistico, Piazza della Loggia 13/B, Brescia, Tel. 03 02 40 03 57, www.bresciatourism.it, www.comune.brescia.it

Parken

Die Einfahrt in die Innenstadt von Brescia ist großflächig durch eine Zona Traffico Limitato (ZTL) eingeschränkt. Günstig gelegen für Touristen ist der große Parkplatz Parcheggio Fossa Bagni am Piazzale Battisti nahe des Castello.

Hotel

*******Hotel Vittoria**, Via X Giornate 20, Brescia, Tel. 030 28 00 61, www.hotelvittoria.com. Modernes Nobelhotel in neoklassischem Stil in zentraler Lage.

Restaurant

Trattoria Al Fontanone, Via dei Musei 47/a, Brescia, Tel. 03 04 05 54. Gemütliches Lokal an der Museumsstraße mit traditioneller Brescianer Küche. Reservierung ratsam (So mittags und Mo geschl.).

Von Trento bis Verona – Trutzburgen entlang der alten Kaiserstraße

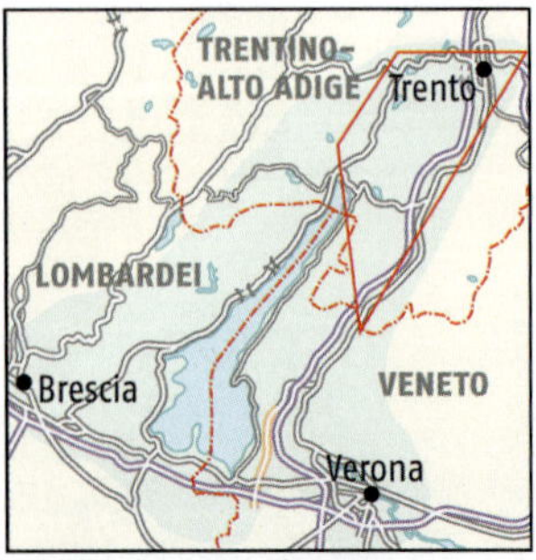

Von Norden kommend verlässt der Reisende beim Pass Salurn das deutschsprachige Südtirol und erreicht das italienisch geprägte **Trentino**. Seit dem frühen Mittelalter ist das **Etschtal** eine der wichtigsten Verkehrsadern zwischen Norden und Süden. Jahrhundertelang war es Gegenstand wechselnder Herrschaftsansprüche und kriegerischer Auseinandersetzungen. Die Neuzeit setzte dann mit Eisenbahn, Straßen und Autobahn ihre Akzente. Um Trento und Rovereto entstand eine ausgedehnte industrielle Bebauung, die dem Etschtal viel von seiner ursprünglichen Schönheit nahm. Die meisten der hier ansässigen Betriebe sind im Textil-, Druckerei- und Holzverarbeitungsgewerbe tätig. Daneben spielt aber auch die Landwirtschaft noch eine wichtige Rolle, insbesondere der Weinanbau und die Produktion von Äpfeln. Die Zuflüsse der Etsch führten dem Tal am Ende der Eiszeit gewaltige Schuttkegel zu, die in dem lieblichen Talboden gewichtige Akzente setzen. Die größte und eindrucksvollste Ansammlung von Felsmassen findet sich in der **Veroneser Klause**, dem dramatischen Schlussakkord des Gebirgstales, bevor sich die Ebene von Verona öffnet. Seit Jahrhunderten ist **Trento** das politische, geistige und wirtschaftliche Zentrum der Region. Von hier aus bieten sich zwei Routen zum Gardasee: die Straße entlang der Etsch bis nach Mori und weiter nach Torbole sowie die romantischere Strecke durch das Sarcatal nach Riva del Garda.

29 Trento

TOP TIPP *Die heutige Provinzhauptstadt des Trentino lockt als Kunstmetropole mit glorreicher Vergangenheit.*

Trento (Trient, 115 000 Einw.) liegt im Etschtal, am Schnittpunkt zwischen dem deutschsprachigen Südtirol und dem italienischsprachigen Trentino und Veronese. Mit seiner hübsch restaurierten Altstadt präsentiert es sich als sympathische italo-alpine Metropole.

Geschichte Trentos Historie reicht weit zurück. Schon vor den Römern, die im 3./2. Jh. v. Chr. ins Etschtal vordrangen, siedelten hier Gallier und Räter.

Eine 1869 in Cles im Val di Non entdeckte Bronzetafel, die **Tavola Clesiana** (heute im Castello del Buonconsiglio), dokumentiert das Edikt des *Kaisers Claudius* von 46 n. Chr., das den Tridentinern das römische Bürgerrecht einräumte. Trento nahm früh das Christentum an. Der dritte Bischof der Stadt war der aus Rom stammende **Vigilius**, der ab 385 sein Amt ausübte. Um 400 erlitt er den Märtyrertod, als er versuchte, die Bevölkerung des Sarcatales zum Christentum zu bekehren. Später erhob man Vigilius zum *Stadtpatron*. Ihm ist auch der Dom geweiht.

569 wurde Trento Sitz eines langobardischen Herzogtums. Nach jahrelangen Kämpfen geriet es unter *Karl d. Gr.* 774 in den Besitz der Franken. 952 erhob es *Otto II.* bei Gründung der Markgrafschaft Verona zum **Fürstbistum**. 1027 belehnte *Kaiser Konrad II.* den Trienter Bischof Ulrich II. mit dem gesamten Trentino. Geistliche Vasallen erschienen dem Kaiser verlässlicher als weltliche Potentaten.

Trentos **Stadtbild** veränderte sich nachhaltig unter *Bischof Friedrich von Wangen* (reg. 1207–18), in dessen Amtszeit der Dom, der Palazzo Pretorio und der älteste Teil des Castello del Buonconsiglio, das *Castelvecchio*, entstanden.

Der bedeutendste Fürstbischof war **Bernhard von Cles** (1485–1539). Der einflussreiche Renaissanceregent ließ den *Magno Palazzo* des Castello del Buonconsiglio errichten. Unter seiner Ägide wurde auch die heutige Altstadt mit ihren hübschen Häusern und noblen Palästen ausgestattet. Er bereitete das berühmte **Konzil von Trient** vor, das sechs Jahre nach seinem Tod 1545 begann und, mit mehrjähriger Unterbrechung, 18 Jahre dauerte. Während des Konzils regierte *Cristoforo Madruzzo*, Spross einer bedeutenden Trentiner Adelsfamilie.

Nach dem Konzil verlor Trient an Bedeutung, doch 1677–89 herrschte noch einmal ein wichtiger Bischof: *Francesco Alberti Poia*, der die *Giunta Albertiana* des Castello del Buonconsiglio erbauen und dem Dom die prachtvolle barocke Cappella del Crocefisso anfügen ließ.

1703 belagerten während des Spanischen Erbfolgekrieges Truppen des Generals Vendôme die Stadt. 1796 kam Napoleon nach Trient, er hob das Fürstbistum auf und veranlasste den Abtransport zahlloser Kunstschätze. Ab 1813 regierten die Österreicher über die Stadt, erst 1919 kam sie an Italien. Seit 1972 ist das Trentino mit der Hauptstadt Trento eine autonome Provinz innerhalb der Region Trentino-Alto Adige (Südtirol).

Besichtigung Die stimmungsvolle **Altstadt** von Trient steht dort, wo die *Römer* im 1. Jh. v. Chr. ein *Castrum* (Militärlager) einrichteten, aus dem bald **Tridentum** erwuchs, eine mit Mauern befestigte Stadt in strategisch wichtiger Lage und bedeutendstes Wirtschaftszentrum der Region. Im Herzen der Altstadt liegt die **Piazza Duomo**, Bühne für eindrucksvolle Bauwerke verschiedener Epochen. Im Süden wird sie vom Dom beherrscht, an dessen Apsis sich der **Castelletto dei Vescovi** (13. Jh.) anschließt. Der frühere Bischofssitz ist ein zinnenbekrönter Wehrbau mit schlankem Turm und eleganten Triforienfenstern. Seine *Sala Alta* birgt die *Schatzkammer* des Doms mit kostbarem liturgischen Gerät.

Der Castelletto ist heute Teil des **Museo Diocesano Tridentino** 1 (Tel. 04 61 23 44 19, www.museodiocesanotridentino.it, Juni– Sept. Mi–Mo 9.30–12.30 und 14.30–18, Okt.–Mai 9.30–12.30 und 14–17.30 Uhr), das im benachbarten **Palazzo Pretorio** den Hauptsitz hat. Die lang gestreckte *Fassade* des 1207–18 im Auftrag Friedrich von Wangens errichteten Stadtpalastes zieren mehrbogige Fenster und Schwalbenschwanzzinnen. An seiner Flanke ragt die mächtige **Torre Civica** (um 1000), ein Uhr- und Glockenturm, in den Himmel. Zu den Glanzlichtern des Diözesanmuseums gehören neben dem Domschatz Flügelaltäre und Holzskulpturen aus Tridentiner Kirchen, kostbare liturgische Gewänder und sieben *flämische Wandteppiche* mit Szenen der Passion Christi, die Bernhard von Cles 1531 in Köln erwarb. Zum Rundgang durch die modern aufbereitete Sammlung gehört auch ein Abstecher in den Untergrund,

Die Piazza Duomo mit der barocken Fontana del Nettuno ist der lebendige Mittelpunkt Trients

zu archäologischen Ausgrabungen mit den Resten der **Porta Veronensis** (1. Jh. n. Chr.), des einst von zwei Rundtürmen flankierten Haupttors des antiken *Tridentum*. Unter dem Motto *Tridentum – Die unterirdische Stadt* (www.dentrotrento.trentinocultura.net) sind weitere Zeugnisse der römischen Stadt zugänglich.

Vis-à-vis des Museums gilt es die beiden **Case Rella** 2 zu bewundern. Ihre Fassaden sind mit farbenfrohen *Fresken* des 16. Jh. geschmückt, vermutlich Arbeiten von *Marcello Fogolino*. Die beschwingten Figuren repräsentieren die antike Mythologie bzw. die christlichen Tugenden und Laster. Unter den *Portici* genannten Kolonnaden hier und rund um die Piazza Duomo sind gemütliche Cafés und hübsche Geschäfte versammelt. Interessante Fassadenmalereien (15. Jh.) zeichnen auch die **Casa Balduini** 3 aus, die heute mit dem Lokal *Scrigno del Duomo* [s. S. 92] Furore macht. Als man vor dessen Eröffnung restaurierte, entdeckte man einen mittelalterlichen Brunnen und Teile der *römischen Stadtmauer*. Vom reich gedeckten Tisch des Restaurants blickt der Gast nun durch gläserne Bodenplatten in die Tiefe, auf die Zeugnisse des antiken Tridentum.

Erquickender Stimmungsmacher der Piazza ist die festliche **Fontana del Nettuno** 4 (1768) von *Francesco Antonio Giongo*. Auf der Spitze des 12 m hohen Barockbrunnens steht der bronzene Meeresgott Neptun in würdig-lässiger Pose, einen Dreizack (lat. Tridentum) im Arm. Das übrige, heftig bewegte Personal auf den unteren Schalen besteht aus Putten, Tritonen (Pferdemenschen mit Delphinschwänzen) und Hippokampen (fischschwänzigen Pferden).

Top Tipp: Am Südende des Platzes erhebt sich die **Cattedrale di San Vigilio** 5 (tgl. 6.30–12 und 14–18 Uhr). Eine erste frühchristliche Basilika [s. S. 88], in der die Gebeine des hl. Vigilius beigesetzt waren, wurde Anfang des 13. Jh. unter Fürstbischof Friedrich von Wangen überbaut. Die schönsten Teile des heutigen Duomo San Vigilio entstanden 1212–50, nämlich die nördliche Schauseite zum Platz hin, die Chorapsis und das Querhaus. Die Bauarbeiten zogen sich bis in

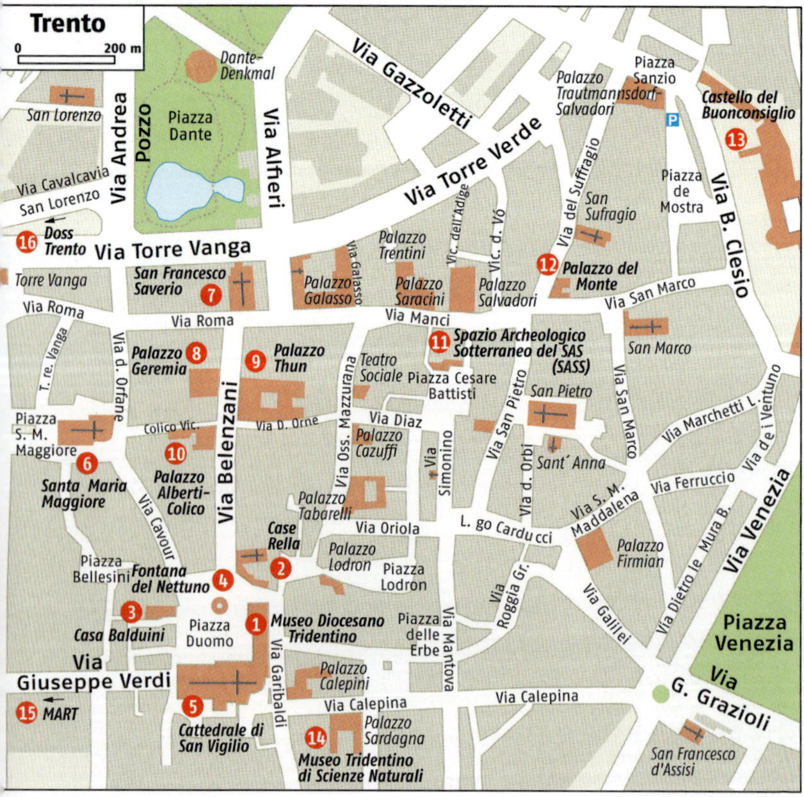

Beim Konzil von Trient berieten zahlreiche Kardinäle über die Zukunft der Kirche

Das Konzil von Trient

Ein Höhepunkt in der Geschichte Trients war das Konzil, das 1545–63, mit mehreren Unterbrechungen, hier tagte. Der Bischof **Bernhard von Cles**, eine der glänzendsten Persönlichkeiten unter den Trienter Fürstbischöfen, gehörte zu den wichtigsten Initiatoren und Wegbereitern dieser Kirchenversammlung. Da er jedoch 1539, sechs Jahre vor Beginn des Konzils, starb, durfte sein Nachfolger **Cristoforo Madruzzo** die Bischofsversammlung im Trienter Dom eröffnen. Das **Tridentinum**, das erst nach zähen Verhandlungen zwischen Papst und Kaiser zustande kam, gehört zu den bedeutendsten Konzilen in der Geschichte der katholischen Kirche. Die Stadt Trient verstand sich während dieser Periode als geistiger Mittelpunkt Europas.

Ziel der Zusammenkunft war ursprünglich, die durch den Protestantismus zerstörte **Einheit** der Kirche wieder herzustellen. Doch kam es während der zweiten Sitzungsperiode 1551/52 nicht zu der erstrebten Einigung. Stattdessen bekräftigten die Bischöfe in ihren Beschlüssen jene Punkte, die die Reformation ausgelöst hatten: den Ablass, die Heiligen- und Reliquienverehrung sowie die absolute Autorität des Papstes. Darüberhinaus wurde auch das Dogma der Erbsünde verkündet, welches den Zwiespalt zwischen Katholiken und Protestanten noch vertiefen sollte. Das Konzil von Trient war einer der Auslöser für die **Gegenreformation** in Europa, die die Ächtung der neuen Religion bewirkte und der Inquisition neuen Auftrieb gab.

die Renaissancezeit hin, erst für das *Konzil von Trient* 1545 wurde die Kathedrale fertiggestellt, gleichwohl blieb das romanische Erscheinungsbild weitgehend erhalten. Bernhard von Cles ließ nur den Vierungsturm und den Aufsatz des nördlichen Fassadenturms (der südliche wurde nie vollendet) abändern und die nördliche Vorhalle in gotischem bzw. Renaissancestil gestalten. Weitere Umbauten erfolgten 1889 durch *Enrico Nordico* aus Triest, der noch einmal den Vierungsturm veränderte und Giebeldächer anstelle der Tonnendächer aufsetzte.

Die **Hauptfassade** im **Norden** besticht durch eine elegante Zwerggalerie mit achteckigen Doppelsäulen. Darunter öffnen sich Rundbogenfenster mit ornamentierten Gewänden (schräg in die Mauer geschnittene Begrenzungen). Die Querschiffwand ziert eine besonders schöne *Fensterrosette*, die das Glücksrad darstellt. In der Mitte dreht Fortuna das Rad, während die zwölf Gestalten am Außenrand aufsteigen bzw. abstürzen. Die Säulen der *Vorhalle* (16. Jh.) werden von zwei romanischen Löwen getragen. Im Tympanon des *Portals* thront ein Christus Pantokrator (frühes 13. Jh.).

West- und Südseite des Domes sind wesentlich schlichter gestaltet. Über dem westlichen Rundbogenportal beeindruckt eine monumentale Fensterrosette mit feinem Maßwerk. Bemerkenswert an der Südfassade ist der würfelförmige Anbau der *Cappella del Crocefisso*.

Prächtiger erscheint die **Ostseite** mit der hohen *Chorapsis*, die mit Zwerggalerie, Blendarkaden und schlanken Fenstern geschmückt ist. Eines von ihnen weist verknotete Säulen auf, welche auf geflügelten Greifen fußen. Am östlichen Querschiffarm verdient das Portal mit Ädikula, putzigen Löwen und verschlungenen Doppelsäulen Beachtung.

Im **Innern** überrascht das dreischiffige Langhaus durch die auf die Gotik verweisenden hoch aufstrebenden *Pfeiler*. Auch die schlanken, beschwingten Arkaden und die Kreuzrippengewölbe sind bereits gotisch geprägt, während sich der Spitzbogen noch nicht durchgesetzt hat. Einzigartig sind die in die starken Seitenschiffmauern eingebauten *Treppen*, die

Vor der eleganten Nordfassade der Kathedrale San Vigilio posiert Neptun mit seinem Dreizack

bis zum Glockenturm hinaufführen und durch eine anmutige Säulengalerie zum Innenraum hin abgeschlossen sind.

Zu den qualitätvollen **Kunstwerken** des Doms gehören vor allem die *Fresken* (um 1370) des linken Querschiffes. Man sieht die Enthauptung Johannes des Täufers, eine ›Milchmadonna‹, Christus im Regenbogen sowie Szenen aus dem Marienleben und der Vita des *hl. Julian*. Die Fresken werden der Bologneser Schule zugeschrieben und bestechen auch durch Landschafts- und Stadtansichten.

In der nördlichen Seitenapsis ist ein romanisches *Relief* eingelassen, das das Martyrium des Evangelisten Johannes schildert. Darüber erscheinen Fresken des 13. Jh. Die südliche Seitenapsis birgt ein zeitgleiches Marmorrelief mit einer Steinigung des hl. Stefan.

Im nördlichen Querschiff hat man die *›Madonna der Ertrunkenen‹* aufgestellt, eine majestätische romanische Figur, die ursprünglich draußen, neben dem nördlichen Seitenportal, stand. Damals legte man ihr zu Füßen die in der Etsch Ertrunkenen nieder, damit sie von den Einwohnern identifiziert werden konnten.

Am Ende des nördlichen Seitenschiffs liegt der Zugang zur frühchristlichen **Basilica Paleocristiana** (Mo–Sa 10–12 und 14.30–17.30 Uhr) unter dem Dom. Sie war eine der ersten Stätten der Gottesverehrung in Trento, lag damals außerhalb der Stadtmauern und war Grablege für Märtyrer wie Bischof Vigilius (gest. um 400).

Unter den *Grabmälern* im Dom verdienen Beachtung: die Tomba des Bernhard von Cles an der Nordwand, das mächtige Grabmal des Ulrich von Liechtenstein (1505) im südlichen Querschiff sowie das von Kaiser Maximilian gestiftete Grabmonument für Roberto da Sanseverino. Der General der Republik Venedig, Verlierer der Schlacht von Calliano 1487 gegen die Trentiner, war in der Etsch ertrunken.

Der barocke *Hochaltar*, eine Nachahmung des Papstaltars Berninis im Petersdom von Rom, wurde aufgrund eines Gelöbnisses während der Belagerung durch die Truppen Vendômes 1703 gestiftet. Wie durch ein Wunder entkam Trento der Zerstörung, weil Vendôme seine Soldaten abziehen musste.

Die von Fürstbischof Francesco Alberti Poia im Süden angefügte **Cappella del Crocifisso** (1682) bildet den Rahmen für eine bewegte Kreuzigungsgruppe des Nürnberger Holzschnitzers *Sixtus Frey*. Vor dem Kruzifix fanden die ersten Konzilssitzungen statt (später verlegte man sie in die Kirche Santa Maria Maggiore). Die Gemälde in der Kapelle, Geburt und Auferstehung Christi darstellend, sind Werke des Münchners *Karl Loth*. Beachtung verdienen auch die aus einem Block gearbeitete Marmorgruppe ›Adam und Eva‹ und das schmiedeeiserne Gitter.

Altstadt

Vom Domplatz der *Via Cavour* folgend erreicht man die Kirche **Santa Maria Maggiore** 6 (www.santamariamaggiore.trento.it, tgl. 8–12 und 14–18 Uhr). Bernhard von Cles ließ sie anstelle einer älteren Kirche im prachtvollen Renaissancestil erbauen. Im weiten Innenraum, in dem einst das Konzil tagte, graben Archäologen. Bisher haben sie Reste des Vorgängerbaus, Gräber und ein römisches Fußbodenmosaik entdeckt.

Neben den Barockaltären der Seitenkapellen sind der *Hochaltar* (17. Jh.) mit einer farbintensiven Himmelfahrt Mariens von *Pietro Ricchi* aus Lucca sowie die vier Gemälde (1506) des Veronesers *Giovanni Maria Falconetto* an der Westwand erwähnenswert. Im Nordteil besticht die wertvolle marmorne *Orgelempore* (1535) von *Vincenzo Grandi*. Sie ruht auf sechs kleinen Pfeilern, die fünf mit ausdrucksstarken Hochreliefs geschmückte Paneele einschließen.

Folgt man von hier aus der Via delle Orfane nach Norden, trifft man ein Stück östlich auf der Via Roma auf die Kirche **San Francesco Saverio** 7 (Via Roma 57, Tel. 0461980132, tgl. 9–18 Uhr). Die einstige Jesuitenkirche ist der bedeutendste Barockbau der Stadt mit prunkvollen Marmorkapellen und üppigen Dekorationen. Die Ausmalung des 19. Jh. passt jedoch nicht zu dem schön gegliederten Raum.

Die repräsentativste Straße Trentos, die **Via Belenzani**, führt von San Francesco Saverio aus südwärts bis zur Piazza Duomo. Eine Reihe schöner Paläste flankieren sie: auf der rechten Seite erhebt sich der attraktive **Palazzo Geremia** 8, ein Kronzeuge der glanzvollen Epoche des Bernhard von Cles. Die Fassade ist mit lebhaften *Fresken* bedeckt. Scheinarchitekturen fügen die dargestellten Ereignisse derart geschickt in die wirkliche Architektur ein, dass sich die Grenzen verwischen. Auf Höhe des zweiten Stocks sieht man in einer gemalten Loggia Kaiser Maximilian I., der Honoratioren eine Audienz gewährt. Im Stockwerk darunter sieht man vier Szenen: eine Versammlung von Würdenträgern, die einem Kampf beiwohnen, ein Ritter auf einem Pferd, Muzio Scevola, der seine Hand ins Kohlebecken legt und eine nur noch schwer zu erkennende Szene, die vermutlich die Schändung der Lucretia zeigt.

Gegenüber steht der **Palazzo Thun** 9, heute das Rathaus Trentos, in dessen Innenhof der Original-Neptun vom Brunnen der Piazza Duomo aufgestellt ist. Im Treppenaufgang kann man einen schönen *Freskenzyklus* (1551) des Veronesers Felice Brusasorci bewundern. Der Palast steht über dem antiken *Cardo Maximus*, der nord-südlich verlaufenden Hauptstraße von Tridentum.

Unweit davon, wiederum auf der von Norden gesehen rechten Seite der Straße, fällt der **Palazzo Alberti-Colico** 10 mit seinen schönen Rundbogenfenstern und dem farbenprächtigen, vorwiegend ornamentalen Freskenschmuck auf.

Ein Stück weiter östlich ist eine Erkundungstour durch den Trentiner Untergrund möglich. Unter dem 1819 eröffneten *Teatro Sociale* (Via Oss Mazzurana 19, Tel. 0461213811, www.centrosantachiara.it) legte man bei Statikarbeiten ein 1700 qm großes Areal des antiken Tridentum frei. Es ist als **Spazio Archeologico Sotteraneo del SAS (SASS)** 11 (Tel. 0461230171, Di–So 9.30–13 und 14–17.30 Uhr) zu besichtigen. Der Eingang zu den Ausgrabungen befindet sich an der Piazza Cesare Battisti. Ein Stück der Stadtmauer, Grundmauern von Wohnhäusern, gepflasterte Straßenabschnitte, Räume mit Mosaikböden und Resten der Fußbodenheizung vermitteln eine Vorstellung vom römischen Städtebau.

Folgt man nun ein paar Schritte weiter nördlich der **Via Manci**, erscheint der Weg mit seinem Defilee nobler Fassaden wie ein Gang durch die Geschichte der Stadt. Einer der schönsten Plätze ist die

Der Palazzo Alberti-Colico wendet die schön freskierte Fassade der Via Belenzani zu

Majestätisch erhebt sich das Castello del Buonconsiglio östlich der Altstadt

Cantone genannte Kreuzung von Via San Marco, Via San Pietro und Via del Suffragio. Hier fällt der **Palazzo del Monte** ⓬ ins Auge, mit übereinanderliegenden Triforienfenstern und Marmorbalkonen.

Die Burg der Fürstbischöfe

Der Via San Marco folgend, stößt man auf die mächtigen Rundbastionen, über denen sich das **Castello del Buonconsiglio** ⓭ (Via Bernardo Clesio 5, Tel. 04 61 23 37 70, www.buonconsiglio.it, Mai–Okt. Di–So 10–18, Nov.–April Di–So 9.30–17 Uhr) erhebt. Die Festung entstand ab Beginn des 13. Jh. in mehreren Bauphasen und ist wie die Altstadt Zeugnis der glänzenden Herrschaft der Fürstbischöfe.

TOP TIPP

Während der napoleonischen Besetzung und später als österreichische Kaserne wurde der Palast stark beschädigt. 1924 konnte er nach umfangreicher Restaurierung als Sitz des *Museo Nazionale* eröffnet werden, außerdem beherbergt er heute eine *Archäologische Sammlung* und das *Museo del Risorgimento*.

Man betritt den Burgkomplex durch die *Porta San Vigilio*. Der älteste Teil der Burg, das **Castelvecchio**, ursprünglich unter Friedrich von Wangen (reg. 1207–18) erbaut, erhielt sein heutiges Aussehen unter Johannes von Hinderbach (reg. 1465–86). Die mächtig über dem Bau aufragende *Torre d'Augusto* (Mastio) stammt aus der Zeit um 1250. Der dreigeschossige *Arkadenhof* kam im 15. Jh. hinzu. Die Kapitelle im Erdgeschoss tragen die Wappen Hinderbachs, des Fürstentums und der Bischofsmacht. Ebenfalls aus der Zeit Hinderbachs stammt die reizende *Loggia Veneziana* in der 3. Etage. Durch die feinziselierten Säulen mit Kleeblattbögen im Stil der venezianischen Gotik bietet sich ein großartiger Ausblick auf die Stadt. Bemerkenswert ist auch die *Sala dei Vescovi*, die man von der Loggia aus betritt. Ihre Wandmalereien präsentieren Porträts der Fürstbischöfe von Ulrich II. (11. Jh.) bis Peter Vigilius Thun (1776–1800). Er war der letzte klerikale Regent der Stadt.

Die **Giunta Albertiana** wurde 1686 unter Francesco Alberti Poia errichtet, um die Lücke zwischen dem Castelvecchio und dem Magno Palazzo zu schließen. Die *Fassade* führt Stil und Gliederung des Magno Palazzo fort, die Ausstattung der Räume spiegelt jedoch den Geschmack des ausgehenden 17. Jh. wider. Sehenswert sind die stuckverzierten Säle im 1. Stock. In den Räumen des 2. Stock sind hölzerne Kassettendecken erhalten.

Der **Magno Palazzo** erscheint als eine großartige Selbstdarstellung des stolzen Bernhard von Cles, dem der alte Bau nicht mehr genügte. Sein Emblem, ein aus sieben Ruten gebildetes Bündel mit der Inschrift ›Unitas‹, schmückt den Palast vielerorts. Dennoch versäumte es der Bischof nicht, den Herrschern seiner Epoche, Maximilian I., Karl V. und Ferdinand I., durch Bildwerke Reverenz zu erweisen.

Im *Treppenhaus* und in der *Loggia del Romanino* im 1. Stock schuf der Brescianer *Girolamo di Romano*, genannt *Il Romanino* (um 1484/87–ca. 1562), farbenprächtige *Freskenzyklen*. Mythologische, biblische und höfische Szenen stehen neben Bildern aus Politik und Arbeitswelt. Bemerkenswert sind vor allem die charaktervollen Personendarstellungen.

Die Loggia öffnet sich zum *Cortile dei Leoni*, einem nach den Brunnenfiguren zweier Löwen (16. Jh.) titulierten Innenhof. Um ihn gruppieren sich zwei Flügel mit prachtvoll ausgestatteten Sälen. Hervorzuheben sind der Audienzsaal *Sala delle Udienze*, in dem Romanino 1532 ein Porträt des Bernhard von Cles über der Tür zum Balkon schuf, und die *Camera del Camin Nero* mit reichen Dekorationen und Fresken zu Themen wie den Vier Kardinaltugenden und den Sieben Freien Künsten.

Signifikant ist auch die *Stua della Famea*, der einstige Speisesaal, mit Fresken (1532) von *Dosso und Battista Dossi*. 1916 verurteilte hier ein österreichisches Kriegsgericht die italienischen Irredentisten (die alle italienischsprachigen Gebiete vereinen wollten) Cesare Battisti und Fabio Filzi zum Tode. Sie wurden im Graben des Kastells hingerichtet. Der auch *Stua del Tribunale* genannte Saal ist noch so wie zur Zeit der Gerichtsverhandlung. Neben dem Durchgang zum Castelvecchio befindet sich die *Cappella* mit interessanten Terrakottafiguren im Stil des Manierismus von *Zaccaria Zacchi*.

Im *2. Stock* liegen die mit Kaminen, Möbeln und Tafelbildern, darunter Exponate des *Museo Nazionale*, ausgestatteten Prunksäle des Fürstbischofs. Die *Sala Grande* begeistert mit einer geschnitzten und vergoldeten Renaissancedecke. Die gemalten Scheinarchitekturen schuf *Dosso Dossi*. An der Südseite schließt sich die runde *Sala degli Specchi* an. Von der Originalausstattung des 15. Jh. ist nur die Kassettendecke erhalten. Die wertvollen flämischen Wandteppiche sind heute im Museo Diocesano Tridentino [s. S. 85] zu sehen. Im Südflügel öffnen sich die clesschen Privatgemächer mit hübschen Deckenmalereien. Die *Biblioteca* weist eine von Dossi bemalte Kassettendecke auf. Dargestellt sind Dichter und Philosophen aus Antike und Mittelalter.

Ein überdachter Gang führt entlang der Stadtmauer zur **Torre del Falco**. Sie birgt *Fresken* aus der Zeit um 1550, welche Jagdszenen der Nobilität inmitten romantisch-nördlicher Landschaft zeigen, komplett mit einer zeitgenössischen Stadtansicht von Salzburg.

Am Ende der Mauer stößt man schließlich auf die **Torre Aquila** (Besichtigung auf Anfrage, Tel. 0461492814), die auf Veranlassung des Fürstbischofs Georg I. von Liechtenstein (1390–1419) Ende des 14. Jh. über einem alten Stadttor erbaut wurde. Das *Innere* schmückte ein böhmischer Maler mit einem Zyklus von Monatsbildern, dem **Ciclo dei Mesi**, den wertvollsten Kunstwerken im gesamten Burgkomplex. Obwohl 1391–1407 noch im gotischen Stil entstanden, haben sie bereits weltliche Themen zum Inhalt. Die ursprünglich zwölf Monatsbilder (der März wurde durch den Einbau einer Treppe zerstört) stellen die Betätigungen von Adligen und Bauern im Verlauf der Jahreszeiten dar. Im Vordergrund sieht man die Freuden und Zerstreuungen der Aristokraten, während im Hintergrund das Landvolk seiner Arbeit nachgeht. Die Poesie und Faszination liegt in der Lebendigkeit der Darstellungen und den liebevoll beobachteten Details. Der Januar präsentiert sich mit einer Schneeballschlacht der Noblen vor der Kulisse der Burg Stenico. Den Mai vergegenwärtigen

Fresko aus dem Ciclo dei Mesi: Der Adel vergnügt sich bei einer Schneeballschlacht

Liebesszenen. Der Dezember zeigt Brennholzsammler vor der frühesten idealisierten Stadtansicht von Trento.

Der Tierwelt, den Pflanzen und der Geologie vor allem des Alpenraums widmet sich das **Museo Tridentino di Scienze Naturali** 14 (Via Calepina 14, Tel. 0461270311, www.mtsn.tn.it, Di–So 10–18 Uhr), das im Süden der Altstadt im Palazzo Sardagna residiert. Große Wechselausstellungen bereiten naturkundliche Themen populär und interaktiv auf.

Am südwestlichen Rand der Altstadt, neben dem Fußballstadion an der Etsch, zeigt das **MART** 15 (Via R. da Sanseverino 45, Tel. 800397760, www.mart.tn.it, voraussichtlich bis 2013 wegen Renovierung geschl.), das Museo d'Arte Moderna e Contemporanea di Trento e Rovereto, im *Palazzo delle Albere* (16. Jh.) Kunst von 1800–1918, darunter Arbeiten von Impressionisten und Symbolisten, sowie Wechselausstellungen. Das Haupthaus des MART ist in Rovereto [s. S. 96] ansässig.

Am gegenüberliegenden Etschufer gelangt man zum 308 m hohen Hügel **Doss Trento** 16. Hier befand sich schon in der Frühzeit ein Kastell, das dann von den Römern ausgebaut wurde. Auch Reste einer frühchristlichen Kirche (4. Jh.) und das Mausoleum des Freiheitskämpfers *Cesare Battisti*, der 1916 im Castello del Buonconsiglio hingerichtet wurde, befinden sich auf dem Gipfel, von dem man eine herrliche Aussicht genießt. Zugleich ist der Doss Trento ein *Biotop* mit interessanter Fauna und Flora, die z. B. seltene Orchideenarten umfasst.

Auch nach Einbruch der Dämmerung lässt sich in Trients Straßen das Leben genießen

Ausflug

Auf Trentos Hausberg **Monte Bondone** führt von der Etschbrücke Ponte San Lorenzo die Seilbahn (Funivia) nach Sardagna. Das aussichtsreiche Dörfchen liegt auf 600 m Höhe inmitten von Weinbergen und Kastanienhainen. Noch höher geht es auf einer engen und sehr kurvenreichen Straße, die auf 1600 m die *Skipisten* von Vason und die *Langlaufloipen* von Viotte erschließt. Im Sommer erfreuen sich hier Wanderer am herrlichen Blick ins Brentamassiv und über die Gletscher des Adamello. Der *Giardino Botanico Alpino* (Juni/Sept. tgl. 9–12 und 14–17, Juli/Aug. tgl. 9–12 und 14–18 Uhr) in Viotte versammelt alpine Flora aus aller Welt.

i Praktische Hinweise

Information

APT Trento, Via Manci 2, Trento, Tel. 0461216000, www.apt.trento.it

Hier erhältlich ist die ›*Trento Card*‹, die Museumseintritte und die Benutzung öffentlicher Verkehrsmittel beinhaltet.

Hotels

******Accademia**, Vicolo Colico 4, Trento, Tel. 0461233600, www.accademiahotel.it. Zentral gelegene, stilvolle Unterkunft in einem alten Palast.

******Grand Hotel Trento**, Via Alfieri 1, Trento, Tel. 0461271000, www.grandhoteltrento.com. Elegantes Hotel in der Nähe der Altstadt.

Restaurants

Osteria Le Due Spade, Via Don A. Rizzi 11, Trento, Tel. 0461234343, www.leduespade.com. Kleines Lokal mit anspruchsvoller Küche (So und Mo mittags geschl.).

Scrigno del Duomo, Piazza Duomo 29, Trento, Tel. 0461220030, www.scrignodelduomo.com. Restaurant mit gehobener Küche und Weinbar in der Casa Balduini mit alten Fresken und antiken Ruinen (Sa mittags und Mo geschl.).

Villa Madruzzo, Via Ponte Alto 26, Trento-Cognola, Tel. 0461986220, www.villamadruzzo.it. Trentiner Spezialitäten in Drei-Sterne-Hotel im Grünen (Restaurant So geschl.).

Idylle pur bieten der Lago di Toblino und das auf einer Halbinsel gelegene Castel Toblino

30 Lago di Toblino

Das schöne Farbspiel gibt dem Toblinosee einen idyllischen Akzent.

Wenn man von Trento statt der Autobahn Richtung Rovereto die Landstraße über den Pass von Vezzano nimmt, erreicht man Riva del Garda auf einer reizvollen Strecke abseits des großen Verkehrsstromes. Durch das Tal des *Lago di Terlago*, während des Konzils von Trient beliebter Erholungsort der geistlichen Teilnehmer, erreicht man den **Lago di Toblino**. Der See, eines der romantischen Gewässer des Trentino, liegt zwischen steil abfallenden Felswänden und ist umgeben von Schilf und Steineichen.

TOP TIPP Auf einer Halbinsel im See erhebt sich das **Castel Toblino** (Via Caffaro 1, Tel. 0461864036, www.casteltoblino.com, Di und Nov.–Mitte März geschl.) aus dem 12. Jh., umgeben von einem Park mit uralten Bäumen, bewacht von einem mächtigen Turm. Seit dem 17. Jh. ist es im Besitz der Familie Wolkenstein, davor war es Sommerresidenz der Trentiner Fürstbischöfe. Die heutige Anlage stammt im Wesentlichen aus dem 16. Jh., als die Familie Madruzzo die Burg zu einem komfortablen Wohnsitz ausbaute.

Durch den Torgang betritt man einen romantischen *Innenhof* mit Laubengängen und Loggien sowie stilvoll bemalten Holzbalustraden im 1. Stock. Die Räume sind mit altem Mobiliar und verblichenen Renaissancefresken geschmückt. Besichtigt werden können sie nur beim Besuch des *Ristorante Castel Toblino*, in dem es sich stilvoll speisen lässt. Der Besucher sollte es nicht versäumen, den *Vin Santo* zu kosten, einen Dessertwein, der in den hiesigen Weinbergen gedeiht.

Im nahen Ort **Sarche** erreicht man den Fluss Sarca, den wasserreichsten Zulauf des Gardasees. Statt der großen Straße nach Riva empfiehlt sich die kleinere Parallelstraße, die am malerischen **Lago di Cavedine** entlangführt. Am Ende des Sees stößt man auf eine Straße, die sich zur Burg Drena hinaufwindet.

31 Drena

Eine der großen Burgen des Trentino, die die Handelswege bewachten.

Das **Castello di Drena** (März–Juni/Sept. Di–So 10–18, Juli/Aug. Di–So 10–19, Okt. Di–So 10–17, Nov.–Dez./Febr. Sa/So 10–17 Uhr) diente als nördlicher Kontrollposten der Ebene von Arco. Im Süden schützte diese das Castel Penede bei Torbole. 1703 verwüsteten Vendômes Truppen die Festung. In den 1980er-Jahren wurde sie teilrekonstruiert, sodass man heute einen guten Eindruck von einer mittelalterlichen Burganlage erhält, deren Geschichte eine Ausstellung dokumentiert.

Von den Zinnen hat man einen schönen Blick über das Sarcatal mit seinen von Eiszeitgletschern glatt geschliffenen Felswänden und über die Steinwüste der

Die besten Klettergebiete am Gardasee finden sich in Arco und Umgebung

Marocche. Auf dem Rückweg durchs Sarcatal säumen riesige Felsblöcke die Straße, eine trostlose Trümmerlandschaft, die einst einen nahezu unpassierbaren Sperrriegel bildete. Die Marocche entstanden am Ende der Eiszeit, als nach dem Rückzug der Gletscher Teile der Bergflanken zu Tal stürzten. An einigen Hängen kann man noch die Abbruchkanten erkennen.

32 Arco

Ort wilder Geschichten in dramatischer Lage.

Das ganze Tal bis Arco (16 600 Einw.) erhält seinen besonderen Reiz durch die fruchtbaren Obst- und Weingärten, die zwischen steilen Felswänden liegen. Für *Kletterer* sind die Klippen eine beliebte sportliche Herausforderung.

Das Stadtbild von Arco beherrscht der hohe *Burgberg*, der nach Norden steil abfällt, während er im Süden ein gemäßigteres Gefälle aufweist. Auf dem Gipfel baute das Geschlecht der Arco 1124 seinen Stammsitz, das mit Bastionen bewehrte **Castello d'Arco** (Tel. 04 64 51 01 56, April–Sept. tgl. 10–19, Okt.–März tgl. 10–16 Jan. nur Sa/So 10–16 Uhr), inmitten von Zypressen, Olivenbäumen und Steineichen. *Albrecht Dürer* hielt die Anlage 1495 in einem Aquarell fest, dessen detailgetreuer Naturalismus beeindruckt. Die Arco waren übrigens ein gewalttätiges Geschlecht, das durch skrupellosen Ehrgeiz, Intrigen und Verrat seinen Machtbereich immer weiter ausdehnte. Die Familiengeschichte gleicht einem mittelalterlichen Kriminalroman, und die Burg erscheint als das passende Ambiente für die finsteren Ereignisse. 1703 wurde sie von den Truppen Vendômes verwüstet. Sehenswert in der restaurierten Anlage sind vor allem die *Torre Grande* und die *Sala degli Affreschi*. Sie birgt einen wertvollen Freskenzyklus aus der Zeit um 1380 mit Spiel- und Ritterszenen.

Die **Altstadt** von Arco schmiegt sich ringartig um den Burgberg. In ihrem mittelalterlichen Gassengewirr lassen sich pittoreske Plätze, schöne Brunnen und eine Vielzahl nobler Bauten entdecken. Den Hauptplatz Piazza Tre Novembre vor der Kirche **Collegiata di Santa Maria Assunta** schmückt ein großer *Moses-Brunnen* von 1600. Die Kirche selbst wurde 1671 im Stil der Spätrenaissance fertiggestellt. Der hohe, lichte Innenraum birgt prunkvolle Altäre und Gemälde meist einheimischer Künstler. Bemerkenswert ist die Altartafel in der ersten Seitenkapelle links. Sie zeigt den Erzengel Michael im Kampf mit dem Teufel, ein Werk des *Felice Brusasorci* von 1754. Schön ist auch die *Orgelempore*, an der musizierende Bürger die sonst üblichen Putti ersetzen.

Bemerkenswert ist auch der **Palazzo Marchetti** neben der Collegiata, dessen Fassade ein Freskenfries mit Göttern, Helden und Nymphen ziert. Das Dach ist mit dekorativen venezianischen Kaminen bekrönt. Das im Palazzo ansässige Restaurant *Cantina Marchetti* (Tel. 04 64 51 62 33) bezaubert dank seines im Stil der Renaissance gehaltenen Ambientes.

Am Rande der Altstadt trifft man inmitten eines Palmengartens auf Gebäude im Stil der k.u.k. Monarchie, hervorstechend das einstige **Casino**, das heute ein Kongresszentrum beherbergt. 1872 hatte der Habsburger Erzherzog Albrecht das milde Klima Arcos entdeckt und sich einen Palast bauen lassen. Ihm folgten andere Mitglieder des Kaiserhauses, die hier den ›frühesten Frühling‹ erleben wollten. Arco avancierte zum ›Nizza des Trentino‹.

Die Kirche **Sant'Apollinare a Prabi** (Via Legionari Cecoslovacchi, am linken Sarca-Ufer, vor der Brücke Richtung Trento dem Schild ›Campingplatz‹ folgen, im Juli/Aug. So geöffnet, sonst im Nachbarhaus nach den Schlüsseln fragen) wird ins 7. Jh. datiert. Das Innere ist mit *Fresken* des 14. Jh. ausgemalt, die das Martyrium der hll. Apollinaris und Laurentius sowie eine Kreuzigung, Grablegung, eine Verkündigung und eine thronende Madonna zeigen. Außen an der Südwand haben sich Wandmalereien aus der Zeit um 1540 erhalten. Sie faszinieren durch ihre lebendige, detailfreudige Bildsprache, die noch ganz der Gotik verpflichtet ist.

Im Ortsteil *Caneve* gleich hinter der Brücke Richtung Rovereto-Torbole findet man links der Hauptstraße die Kirche **San Rocco** (vor und nach der Messe geöffnet). Das Innere ist mit qualitätvollen Fresken des 15. Jh. geschmückt, die der Schule *Andrea Mantegnas* zugeordnet werden. Neben der Darstellung des schlafenden *San Rocco* im Chor sieht man ergreifende Szenen der *Passion Christi*. Beeindruckend sind die für Mantegna typischen illusionistischen Landschaften und Architekturen, vor denen sich das Geschehen abspielt. Die drei *Altäre* der Kirche sind mit schönen Gemälden der venezianischen Schule ausgestattet.

i Praktische Hinweise

Information

Ingarda Trentino, Viale Palme 1, Arco, Tel. 04 64 53 22 55, www.gardatrentino.it

Hotel

*****Park Hotel Il Vigneto**, Viale Rovereto 56, Arco, Tel. 04 64 51 90 91, www.parkhotel ilvigneto.com. Modernes Haus in ruhiger Lage mit Pool, Sauna, Türkischem Bad.

Restaurant

Ristorante alla Lega, Via Vergolano 8, Arco, Tel. 04 64 51 62 05, www.ristorante allalega.com. Ausgezeichnete Küche in einem alten Palazzo (Sa/So auch mittags, sonst nur abends geöffnet).

Auf dem Gipfel des steil abfallenden Burgbergs thront das wehrhafte Castello d'Arco

33 Val Lagarina

Liebliches Tal mit Weinbergen, Burgen, Dörfern und Kirchen.

Südlich von Trento bekommt das Etschtal einen neuen Namen, Val (oder Valle) Lagarina, und zugleich ein neues Gesicht. Es wird weiter und lieblicher, die Dörfer ziehen sich sanfte, mit Weingärten und Obstplantagen bewachsene Hänge hinauf. Erst an der Grenze zur Provinz Verona wird es wieder enger und rauer. Das Tal hat ein mildes, trockenes Klima, das den Weinanbau begünstigt. König der Weine ist der *Marzemino Gentile*, dem Mozart im ›Don Giovanni‹ ein Denkmal setzte.

Vor Rovereto fällt das **Castel Beseno** (Tel. 04 64 83 46 00, www.buonconsiglio.it, März–Mitte Mai Di–So 9.30–17, Mitte Mai–Mitte Nov. Di–So 10–18, Mitte Nov.–Febr. Sa/So 9.30–17 Uhr) mit seinen gewaltigen Bastionen, Türmen und Zinnen ins Auge. Es thront oberhalb der Ortschaft **Calliano** auf einem Hügel, der das Tal des Rio Cavallo abschließt. Mit seinem dreiteiligen Komplex ist es die größte Festung der Region und war jahrhundertelang ein umkämpfter Wachtposten. Heute ist es friedlicher Schauplatz von Kulturevents.

Strategisch noch bedeutender war das **Castel Pietra** (nicht öffentlich zugänglich), das sich hinter Calliano an den Hang des Monte Finonchio klammert und Hüter des hier engen Taldurchganges war. Die in Privatbesitz befindliche Burg bewahrt Fresken des 15. Jh.

Weiter nördlich dehnt sich jene Ebene aus, in der 1487 die berühmte *Schlacht von Calliano* stattfand, in der die Venezianer von den Trentinern geschlagen wurden. Ihr Heerführer *Roberto Sanseverino* ertrank damals in der Etsch. Er wurde im Dom von Trento [s. S. 88] beigesetzt.

34 Rovereto

Eine alte, venezianisch geprägte Kulturstadt mit Gegenwartskunst.

Das mittlere Lagarinatal beherrscht die Stadt Rovereto (37 000 Einw.). Sie liegt an den Ausläufern der Monti Finonchio und Zugna, gegenüber der Bergkette des Bondone-Stivo. Keimzelle der Stadt war

Die Lichtinstallation ›Born to be confused‹ von Chiara Dynys (2004) im MART in Rovereto

das Castello di Rovereto, das im 14. Jh. von den Castelbarco über den Resten einer älteren Anlage erbaut wurde. Das Stadtbild Roveretos trägt deutliche Spuren der Herrschaft Venedigs, die von 1416 bis 1509 dauerte. Mit der Einführung der Seidenraupenzucht durch die Serenissima kam die Stadt durch Seidenmanufakturen zu Reichtum und Blüte. In dieser Epoche entstanden die stattlichen Bauten rund um Piazza Erbe und Piazza Malfatti. Schön ist ein Spaziergang über die beiden Plätze und Straßen wie die Via Orefici, Via Rialto, Via Mercerie und die Via Portici mit ihren Kolonnadengängen.

Am Corso Bettini liegt die spektakulärste Sehenswürdigkeit Roveretos, TOP TIPP das Kunstmuseum **MART** (Corso Bettini 43, Tel. 0464438887, www.mart.tn.it, Di–Do, Sa/So 10–18, Fr 10–21 Uhr). Der Schweizer Stararchitekt *Mario Botta* entwarf das grandiose *Museo d'Arte Moderna e Contemporanea di Trento e Rovereto*: Um einen kreisrunden überglasten Innenhof von 40 m Durchmesser zieht sich der zweistöckige Bau aus hellem Vicenza-Stein. Die hochkarätige Sammlung präsentiert Werke von Giorgio Morandi und Giorgio de Chirico sowie Arbeiten italienischer Futuristen wie Giacomo Balla, Enrico Prampolini oder Carlo Carrà. Auch die internationale Kunstszene ist vertreten mit Robert Rauschenberg, Andy Warhol, Bruce Naumann, Arnulf Rainer, Anselm Kiefer u. v. m. Nicht zuletzt die Wechselausstellungen zu den Kulturthemen des 20./21. Jh. erweisen sich als Publikumsmagneten. Eine weitere Abteilung des MART befindet sich in Trento [s. S. 92].

Die Piazza San Marco wird beherrscht von der barocken Kirche **San Marco** aus dem 16. Jh. Eine gewaltige Tonne überwölbt den Saalbau, der im 18./19. Jh. erweitert und mit zahlreichen Altären ausgestattet wurde. Um 1900 brachte der Mailänder Calori die Stuckdekorationen im Stil des Rokoko an.

Den **Palazzo Pretorio** an der Piazza Podestà zu Füßen des Castello prägt ein niedriger Laubengang. Die Fassade ist mit Schachbrettmuster und einem Freskenfries verziert. Den Innenhof schmücken Wappen der Castelbarco, der venezianischen Dogen und der Habsburger, Zeugnisse der Geschichte Roveretos.

Über der Stadt erhebt sich das **Castello di Rovereto** (Via Castelbarco 7, Tel. 0464438100, www.museodellaguerra.it, Juli–Sept. Di–Fr 10–18, Sa/So 10–19, Okt.–Juni Di–So 10–18 Uhr) mit drei Türmen und einer Bastei. Die Venezianer ließen Ende des 15. Jh. die Burg der Castelbarco überbauen und gaben der Festung ihr bis heute erhaltenes Erscheinungsbild. Im Innern wurde 1921 das *Museo Storico Italiano della Guerra* eingerichtet. Es enthält eine umfangreiche Sammlung von Waffen, Urkunden, Uniformen und Erinnerungsstücken vor allem aus dem Ersten Weltkrieg, aber auch aus der Zeit der Napoleonischen Besetzung und des Zweiten Weltkriegs. So entsteht ein Gesamtbild von den tiefgreifenden politischen und sozialen Wandlungen, die Europa in diesen Zeiten durchmachte.

Die *Via Portici* führt zurück ins Zentrum. Auf dem Weg lockt ein weiteres Highlight Roveretos, die zum MART gehörige **Casa d'Arte Futurista Depero** (Via Portici 38, Tel. 0464431813, www.mart.tn.it, Di–So 10–18 Uhr). Das von *Fortunato Depero* (1892–1960) konzipierte und gestaltete Museum besteht seit 1957, im Rahmen der 2009 vollendeten Restaurierung kam ein raffiniert gestaltetes Treppenhaus von *Renato Rizzi* hinzu. Die Casa Depero, das einzige futuristische Museum Italiens, präsentiert sich als Gesamtkunstwerk – von den Möbeln über Mosaike und farbenprächtige Wandteppiche bis zu Gemälden und Plakaten. Es ermöglicht spannende Einblicke in das umfangreiche Werk des vielseitigen Künstlers Depero. Er vermachte seiner Wahlheimat Rovereto nicht nur das Haus, sondern auch rund 3000 seiner Arbeiten.

i Praktische Hinweise

Information

Azienda per il Turismo, Corso Rosmini 6, Rovereto, Tel. 04 64 43 03 63, www.visitrovereto.it

Restaurant

Ristorante Novecento (900), im Hotel Rovereto, Corso Rosmini 82/D, Rovereto, Tel. 04 64 43 52 22, www.hotelrovereto.it. Schönes Lokal mit guter regionaler Küche, darunter hausgemachte Pasta.

35 Avio

Interessante Burganlage mit herrlichen Fresken aus dem 14. Jh.

Fährt man durch das Val Lagarina weiter nach Süden, vorbei an dem alten Städtchen *Ala*, dessen Paläste an die einst florierende Seidenindustrie erinnern, erreicht man rechts der Etsch Avio. Den von engen Gassen durchzogenen Ort überragt das stattliche **Castello di Sabbionara** (auch Castello di Avio, Tel. 04 64 68 44 53, www.fondoambiente.it/beni, März–Sept. Mi–So 10 18, Okt./Nov. und 2. Februarhälfte Mi–So 10–17 Uhr). Die schon 1053 erwähnte Anlage wurde im 13. Jh. von *Guglielmo II. Castelbarco* ausgebaut. Die in veronesischem Stil entstandene Anlage mit bombastischem Bergfried ist eine Kombination von Festung und Wohnschloss und fügt sich harmonisch ins Gelände ein. Die *Festungsmauern* reichen den ganzen Berg hinab und schließen auch die terrassierten Gärten mit ein.

TOP TIPP

Berühmt ist die Burg vor allem für ihre *Wandmalereien* des 14. Jh., die ältesten profanen Fresken im Trentino. Die **Casa delle Guardie**, das Haus der Wachmannschaften, zeigt faszinierende Bilder, die realistisch inszenierte Kriegsszenen mit zeitgemäß gerüsteten Rittern sowie eine Darstellung des hl. Georg im Kampf gegen den Drachen zum Inhalt haben. Auch die Burg von Avio selbst ist malerisch anschaulich festgehalten.

Romantischer und friedvoller sind die Fresken im **Bergfried** (Mastio) mit den Privatgemächern des Grafen. So war die **Camera d'Amore** wohl vollständig mit höfischen Liebesszenen geschmückt. An der Südwand sieht man Amor zu Pferde in vollem Galopp, während seine Pfeile schon einer Dame und einem knienden Ritter in der Brust stecken.

Südlich von *Borghetto*, an der Grenze der Provinzen Trentino und Verona, rücken die Felswände immer dichter zusammen. Man erreicht die **Veroneser Klause**, einst gefürchtetes Hindernis und strategisch wichtiger Punkt für die nach Süden ziehenden Heere. Die Klause und die umliegenden Höhen wurden von den jeweiligen Landesherren mit Befestigungsanlagen geradezu gespickt. 1796 schlug Napoleon bei *Rivoli* die feindlichen Österreicher. Deshalb trägt noch heute eine Straße in Paris den Namen Rivoli.

Das Castello di Sabbionara über dem Ort Avio war Verteidigungs- und Wohnschloss

Verona – das Tor Italiens

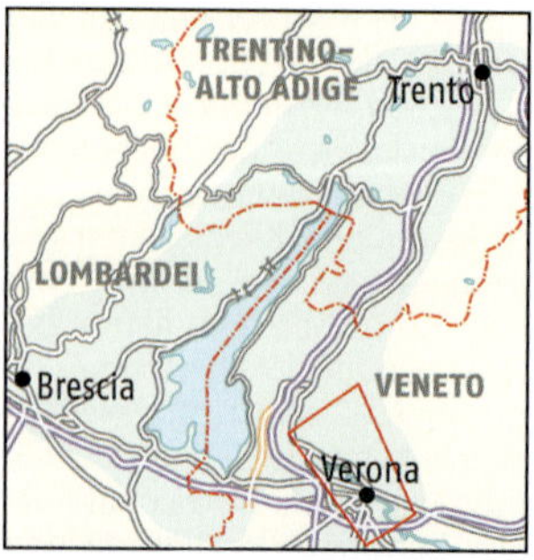

»Verona, die uralte, weltberühmte Stadt, gelegen auf beiden Seiten der Etsch, war immer gleichsam die erste Station für die germanischen Wandervölker, die ihre kaltnordischen Wälder verließen und über die Alpen stiegen, um sich im güldenen Sonnenschein des lieblichen Italiens zu erlustigen.« (Heinrich Heine, 1828, Italienreise.) Tatsächlich wird der Reisende, der von Norden kommt, Verona als die erste typisch italienische Stadt empfinden: einerseits voller Leben, voller Geschäftigkeit, zugleich jedoch auch ein geschichtsträchtiger Ort und Hort künstlerischer und architektonischer Kostbarkeiten.

36 Verona

TOP TIPP

Die erste ›italienische‹ Stadt gehört zum Weltkulturerbe der UNESCO und wurde von Römern, Scaligern und Venezianern geprägt.

Die Lage der in die Windungen der Etsch gebetteten Stadt (265 000 Einw.) ermöglicht es dem Spaziergänger, immer wieder andere, neue Perspektiven und Ausblicke zu entdecken. Dennoch erschließt sich die Schönheit Veronas nicht spontan; sie verbirgt sich eher mit einer gewissen Scheu, verführt auf sanfte, zurückhaltende Weise. Sie reißt nicht hin, betört nicht wie Florenz oder Venedig, sondern bezaubert durch Würde und einen besonderen, beinahe ernsten Charme.

Als ›Tor Italiens‹ am Fuße der Alpen nahm Verona über Jahrhunderte eine Schlüsselstellung in der Geschichte Oberitaliens ein. Die von Galliern und Venetern gegründete Siedlung ließ sich im Jahr 89 v. Chr. ohne Widerstand in die römische Provinz *Gallia Cisalpina* integrieren, was ihr gut bekam.

Römisches Handelszentrum

Die Römer etablierten die Stadt in einer weiten Schleife der Etsch zu Füßen der *Lessinischen Alpen*, umgeben von sanften Hügeln, die nach Süden in die Ebene auslaufen. Es war die Heimat Catulls und Vitruvs, außerdem ein Ort, an dem Julius Caesar gerne verweilte. Nach wohldurchdachten Plänen erbaut, schützten Mauern und prächtige Tore wie die Porta Borsari und die Porta Leoni die Stadt. Im Jahre 49 v. Chr. erhielten die Bewohner das römische Bürgerrecht.

An der Kreuzung der Via Claudia Augusta, der Nord-Süd-Achse, mit der Via Postumia und Via Gallica, die von Osten nach Westen verliefen, entwickelte sich Verona zu einem wichtigen strategischen Knotenpunkt und bedeutenden Handelszentrum. Das römische Straßennetz ist noch heute an den schachbrettartig verlaufenden Verkehrsachsen zu erken-

Großartige Flaniermeile für Jung und Alt: die Piazza Brà mit der Arena in Verona

nen. Die *Piazza delle Erbe* war ehemals das Forum, das Capitolium stand da, wo sich heute der *Palazzo Maffei* erhebt. Zwei Brücken überquerten die Etsch, von denen der *Ponte Pietra* erhalten geblieben ist. Am linken Ufer der *Etsch* entstand das Theater und auf der Kuppe des Hügels San Pietro das Castrum.

Ostgoten, Langobarden, Karolinger

Die Völkerwanderung berührte natürlich auch Verona, doch blieb die Stadt weitgehend unzerstört. Im Jahre 488 drang der **Ostgotenführer Theoderich** nach Italien vor. 490 besiegte er den herrschenden Germanenführer Odoaker bei Verona und ermordete ihn schließlich nach zweijähriger Belagerung in Ravenna. Theoderichs Reich umfasste schließlich ganz Italien. In den Jahren 493–526 herrschten Friede und Wohlstand. Der Ostgotenkönig förderte Bildung und Kultur der Antike. Der häufig in Verona residierende Herrscher ging in die germanischen Heldenepen als *Dietrich von Bern* ein.

568 kamen langobardische Völkerscharen über die Alpen und fielen 569 in Verona ein. Die Stadt wurde zur Residenz ihres Königs Alboin. 774 gelang es **Karl dem Großen** schließlich, das Reich der Langobarden zu erobern. Der Kaiser ernannte seinen Sohn **Pippin** zum König von Italien. Dieser residierte in dem von Theoderich erbauten Palast in Verona.

Die italienischen Könige Berengar I. und Berengar II. versuchten im 9./10. Jh. nach dem Untergang der Karolinger ein neues Königreich zu errichten. Doch sie mussten schließlich **Otto I.** weichen, den der Papst nach Italien gerufen hatte und den er 962 in Rom zum Kaiser krönte. Die von Otto gegründete **Mark Verona** bildete fortan einen der wichtigsten Stützpunkte der deutschen Kaiser.

Kampf der Adelsfamilien

Vom 10. Jh. bis zur Entstehung der freien Kommune Verona 1136 hatte das Haus der Grafen Sambonifazio die Vorherrschaft inne. Zum ersten Mal wurden im Jahre 1136 Konsuln in Verona gewählt.

Die führenden Familien der Stadt begannen nun, um den Einfluss in der Kommune zu kämpfen. Die **Ghibellinen** (Kaisertreuen) – in Verona die Monticoli – stritten mit den **Guelfen** (Papsttreuen), die dem Hause Sambonifazio angehörten. 1226/27 wurde der den Monticoli nahe stehende Ezzelino III. da Romano zum Podestà gewählt. Er verbündete sich mit *Kaiser Friedrich II.* und heiratete dessen uneheliche Tochter Selvaggia. Ezzelino entfachte einen brutalen Kampf gegen die Adelsfamilien. 1259 wurde er in der Schlacht von Cassano d'Adda besiegt. Zu seinem Nachfolger wählte das Volk Mastino della Scala. Mit ihm begann die 128 Jahre (1259–1387) währende Ära der Scaliger in Verona.

Die Herrschaft der Scaliger

Verona erlebte während der Zeit, in der die Familie della Scala regierte, seine größte Blüte. Bis zum Sturz der Scaliger 1387 entwickelte sich die Stadt zu einer Großmacht, fast das gesamte Veneto befand sich im Besitz der Veroneser. Das Haus der della Scala, das eine aufsteigende Leiter (*scala*) im Wappen trug, förderte Handwerk und Kaufmannswesen. Als *Ghibellinen* unterstützten die Scaliger die Interessen des Kaisers. Ihr glanzvoller Hof war ein Hort der Kunst und Literatur. Der Florentiner Dichter Dante fand hier Zuflucht während seines ersten Exils. In seiner ›Göttlichen Komödie‹ setzte er den Scaligern ein Denkmal.

Überall entstanden zu jener Zeit in Italien Signorien von Familien, die meist aus dem Kleinadelsstand kamen und die einmal gewonnene Macht durch die Wahl zum Podestà del Popolo, eines von den Ständen geschaffenen Amtes, mit allen Mitteln zu halten suchten. Auf diese Weise war **Mastino della Scala** in Verona erstmals an die Regierung gekommen und fortan mit allen Kräften bemüht, den Einfluss der einst mächtigsten Adelsfamilie, der Sambonifazio, auszuschalten. Diese konnte tatsächlich den einmal verlorenen Einfluss nicht mehr zurückgewinnen. Seine Gegner ließ Mastino entweder ausweisen oder hinrichten. Gleichzeitig war er klug genug, den Handel mit Venedig zu verstärken. Es gelang ihm, die wirtschaftliche Großmacht für sich zu gewinnen. 1277 wurde Mastino in der Nähe seines Palastes an der Piazza dei Signori von seinen Gegnern ermordet.

Sofort wählte das Volk, das einen Niedergang des gerade begonnenen, florierenden Handels befürchtete, Mastinos Bruder **Alberto della Scala** (reg. 1277–1301), zum neuen Podestà. Dieser sicherte sich weitreichende Rechte und Machtbefugnisse, um den Einfluss der Familie zu festigen. So ließ er sich zum Capitano del Popolo auf Lebenszeit ausrufen. Auf diese Weise entwickelte sich eine Art Erbrecht, das allerdings kaum als legitim angesehen werden kann.

Alberto folgten seine Söhne Bartolomeo (gest. 1304), Albuin (gest. 1311) und Canfrancesco, genannt Cangrande. Unter der Herrschaft des Bartolomeo soll sich die Geschichte von **Romeo und Julia** zugetragen haben. Obwohl nicht verbürgt, wirft sie doch ein Licht auf die herrschenden Zustände und Streitigkeiten in Verona zu dieser Zeit.

Als ›Tor Italiens‹ am Fuße der Alpen heißt Verona den Reisenden willkommen

Cangrande I. della Scala (reg. 1311–29) war die bedeutendste Persönlichkeit des Geschlechts der Scaliger. Er verkörperte das Ideal eines Signore des 14. Jh. Er war ein bedeutender Feldherr und Eroberer, ein kluger Taktiker, aber auch ein eigennütziger Intrigant. Seinen Gegnern gegenüber galt er trotzdem als milde und gerecht. »Seine wohlbekannte Großmut wird sich so offenkundig zeigen, dass selbst seine Feinde vor ihr verstummen«, schrieb Dante im ›Paradiso‹. Cangrandes Hof wurde zu einem der glanzvollsten in Italien. Künstler, Gelehrte, auch Handelsherren und Heerführer kamen nach Verona. Neben Dante weilte auch Giotto hier, um einen Saal des Scaliger-Palastes auszumalen.

Heinrich VII. erhob Cangrande schließlich zum kaiserlichen Vikar von Verona. Mit dieser Machtposition gelang es ihm, beinahe das ganze Veneto zu unterwerfen. Sein Traum war ein norditalienisches Großreich.

Seinem Nachfolger **Mastino II.** (gest. 1351) wäre dieser Traum beinahe gelungen, was jedoch andere Adelsfamilien – wie die Visconti von Mailand und die Gonzaga von Mantua – auf den Plan rief. Nach seiner Niederlage in der Schlacht von Padua 1337 musste Mastino II. große Teile seines Reiches abtreten.

Das Ende der Scaliger und die Herrschaft Venedigs

Die Regentschaften der folgenden Scaliger erwiesen sich als wenig ruhmreich. Sie taten sich vor allem als Tyrannen und Brudermörder hervor. **Cangrande II.** (reg. 1351–59) ließ 1354–56 das Castelvecchio am Ufer der Etsch erbauen, weil er sich – vom Volk gehasst – in seinem Stadtpalast nicht mehr sicher fühlte. Verona nannte ihn *Can Rabbioso* (tollwütiger Hund). Bei einem seiner seltenen Ausgänge wurde er von seinem Bruder **Cansignorio** ermordet. Dieser ließ die elegante Brücke vom Castelvecchio über die Etsch errichten, um notfalls einen Fluchtweg ans andere Ufer und in die Berge zu haben. Um die Herrschaft seiner illegitimen Söhne zu sichern, ließ Cansignorio (reg. 1359–75) auch seinen Bruder Albuin hinrichten, angeblich weil er Verrat an ihm begangen hatte. Als aber auch einer der Söhne, Bartolomeo, ermordet wurde und der Verdacht auf seinen Bruder Antonio fiel, machte der Veroneser Adel der Herrschaft der Scaliger ein Ende.

Die Familien Bevilacqua, Malaspina und andere traten als Condottiere in den Dienst der Visconti. Verona, dessen Stadttore von den Bürgern geöffnet worden waren, fiel kampflos in ihre Hände.

Antonio della Scala floh im Oktober 1387 per Schiff nach Venedig. Damit hatte die Tyrannei der Scaliger ein Ende gefunden, zugleich aber auch die politische Unabhängigkeit der Stadt Verona, die nun die Visconti in Besitz nahmen. Ihre Herrschaft erwies sich jedoch als ebenso tyrannisch wie die der Scaliger. Sie dauerte bis 1404. 1405 unterwarf sich Verona der **Republik Venedig**. Es folgte eine lange Epoche des Friedens. ›Die Herrschaft der sanften Hand‹ der Serenissima ließ im 16. Jh. Verona zu einer außerordentlich wohlhabenden Stadt erblühen.

Venedigs Regentschaft endete erst mit dem Einfall der Napoleonischen Truppen 1796. Verona kam zunächst an Österreich, wurde 1801 bis 1805 zwischen Frankreich und Österreich geteilt und 1814 wieder österreichisch. 1866 fiel es dann endgültig an das neu gegründete Italienische Königreich.

Die Stadtmauern

Veronas Stadtmauern sind zum großen Teil noch erhalten. Im Laufe der Jahrhunderte wurden sie vielfach verändert, erweitert und den Belangen der jeweiligen Zeit angepasst.

Die römische Stadtmauer verlief von der heutigen Brücke Vittorio Emanuele zur noch erhaltenen Porta Borsari, folgte der jetzigen Via A. Cantore bis zur Kirche San Nicolo. Von dort verlief sie in nördlicher Richtung durch die Via Leoncino und traf auf das stark befestigte Ausfalltor Porta Leoni, von dem noch ein kleiner Teil in der Via Leoni, der Verlängerung der Via Capello, zu sehen ist.

Die *Muri novi* des Mittelalters wurden weiter stadtauswärts errichtet, denn sie sollten auch die im Hochmittelalter entstandenen neuen Stadtviertel am Etschufer schützen. Die *Arena*, die in römischer Zeit außerhalb lag, war nun in den Mauerring miteingeschlossen.

Zwischen 1132 und 1153 wurden die alten römischen und frühmittelalterlichen Mauern auch am linken Ufer bis zu den Hügeln hinaufgezogen, wo man sie noch heute sieht. Die Scaliger ließen während ihrer Regierungszeit die Stadtmauern noch einmal so erweitern, dass die vor der Stadt angesiedelten Klöster wie San Zeno, San Bernardino und Santa Maria in Organo am linken Etschufer miteingeschlossen wurden. Während der langen, friedvollen Regierungszeit der Venezianer entstanden die starken Bollwerke mit den sehenswerten Stadttoren, die der Architekt und Festungsbaumeister *Michele Sanmicheli* schuf. Er verbreiterte die mittelalterlichen Mauern durch sternförmige, bis zu 6 m breite Bastionen und Wälle. Die **Porta del Palio** 1, eines der Ausfalltore im Südwesten der Stadt, gilt als das schönste Stadttor Italiens. Die Österreicher errichteten während ihrer Besatzungszeit

Der Baumeister Veronas

Michele Sanmicheli (1484–1559), der berühmte Erbauer von Befestigungsanlagen, Kirchen und Privatpalästen, arbeitete entlang der Küste der Levante, vorrangig aber in seiner Vaterstadt Verona, wohin er nach Lehrjahren in Rom zurückgekehrt war. Beeinflusst von den klassischen Formen der Antike steht er im gleichen Rang wie Palladio und Sansovino. In Verona errichtete er die ersten vorspringenden Bastionen und die schönen Stadttore, z. B. die Porta del Palio, zugleich aber auch bedeutende Paläste, die Kuppel von San Giorgio in Braida und die klassisch schöne Cappella Pellegrini in San Bernardino.

(1814–66) die *Toricelle* – wehrhafte Zitadellen, Wachtürme und Forts – auf den strategisch wichtigen Hügeln rund um die Stadt. Von diesen hat man heute noch einen herrlichen Rundblick über Verona und die Etschschleifen bis hinein in die Poebene.

Rund um Piazza delle Erbe und Piazza dei Signori

Seit Jahrhunderten konzentriert sich Leben und Treiben der Veroneser um drei Plätze, deren Charakter und Formen sehr unterschiedlich sind: Piazza delle Erbe, Piazza dei Signori, Piazza Brà. Die **Piazza delle Erbe** 2 (Platz der Kräuter) diente von Anfang an als **Markt**. Die Römer hatten an der gleichen Stelle ihr Forum, allerdings mit größeren Ausmaßen als sie der heutige Platz umfasst. Goethe faszinierten »Gemüse und Früchte«, während Heinrich Heine das Lächeln der Frauen »wie's nur auf der Piazza delle Erbe so lieblich geschah« anzog. Beides lässt sich auch heute noch bei einem Bummel zwischen den Marktständen mit ihren weißen Sonnenschirmen erleben.

Früher versammelte sich das Volk zur Abstimmung auf dem Platz. Die Beschlüsse des Podestà sowie Gerichtsurteile wurden von dem in der Mitte postierten baldachinartigen *Capitello* – im Volk auch Berlina genannt – verkündet. Gegenüber diesem steinernen Baldachin erhebt sich über einem grazilen römischen Wasserbecken die **Madonna Verona**, das Wahrzeichen der Stadt. Bei der Madonna handelt es sich um eine wiederverwendete Statue einer Römerin (um 380), deren Kopf und Arme im 14. Jh. ergänzt wurden. Die Masken zu ihren Füßen, aus denen das Wasser sprudelt, stellen Verona, Kaiser Lucius Verus und die Könige Alboin und Berengar dar.

Seit Jahrhunderten ist die Piazza delle Erbe der Ort für trubeliges Marktgeschehen

In der Südwestecke des Marktes ließ Gian Galeazzo Visconti die **Colonna del Mercato** aus rotem Veroneser Marmor errichten. Einst war sie mit den Wappen der Visconti geschmückt. Am anderen Ende des Platzes, vor der mächtigen barocken Fassade des **Palazzo Maffei** a, steht als Symbol der venezianischen Herrschaft eine Säule mit dem geflügelten *Markuslöwen*. Der barocke Maffeipalast von 1668 erscheint in seiner prachtvollen, verschwenderischen Architektur mit einer statuengeschmückten Balustrade ungewöhnlich im Stadtbild Veronas. Er wird von der **Torre Gardello** flankiert, welche die älteste, von Cansignorio della Scala 1370 gestiftete *Stadtuhr* trägt. Der Mechanismus und das Gehäuse der Uhr stammen von 1421.

Schräg gegenüber der Torre Gardello erhebt sich der 83 m hohe **Torre dei Lamberti** (Tel. 0458032726, tgl. 8.30–19.30, Juni–Sept. Sa–Do 8.30–20.30, Fr 8.30–23 Uhr). Der ab 1172 errichtete Turm setzt noch heute einen starken Akzent in der Silhouette Veronas. Von der Aussichtsetage bietet sich ein herrliches urbanes Panorama. Er gehört zum **Palazzo del Comune** b, einem mächtigen Vierflügelbau mit großem Innenhof. Der um 1194 fertiggestellte Palast war Amtssitz der Stadtrepublik Verona. Hier tagten die höchsten Gremien der Stadt, darunter der Rat der 500, der zeitweise bis zu 1200 Mitglieder umfasste.

Das im streng romanischen Stil gehaltene Gebäude besticht durch das für Verona typische zweifarbige Mauerwerk aus rotem Ziegelstein und hellem Tuffstein. Dreifache Rundbogenfenster und Bogenfriese beleben zusätzlich die Fassade. An der Front, zur Piazza delle Erbe hin, ist die klassizistische Verkleidung von 1810 erhalten, die an den anderen Fassaden wieder entfernt wurde. Den Innenhof umgeben hohe Rundbogenarkaden, unter denen sich im Mittelalter Kaufläden ausbreiteten, weshalb er noch heute *Cortile del Mercato Vecchio* (Alter Markt) heißt. Eine elegante, aus rosafarbenem Marmor gehauene Freitreppe – *die Scala della Ragione* – entstand während der venezianischen Regierung 1447–50. Stilistisch gehört die Treppe mit ihrer kunstvoll gearbeiteten Balustrade in die Übergangszeit zwischen venezianischer Gotik und Renaissance.

Gegenüber dem Palazzo Comunale steht die mit Zinnen gekrönte und mit Arkaden versehene **Casa dei Mercanti** c (Ecke Via Pelliciai), das einstige Versammlungsgebäude der Kaufleute. Das Haus wurde 1878 originalgetreu rekonstruiert und ist der Sitz der Handelskammer.

Das schönste Ensemble des Platzes bilden zweifellos die schräg gegenüberliegenden **Case dei Mazzanti** d, benannt nach der Familie Mazzanti, die die Häuser 1517 erwarb. Im 14. Jh. waren sie im Besitz der Scaliger. Die neuen Eigentümer, reich gewordene Gewürzhändler, ließen die Fassaden von dem Maler Alberto Cavalli mit mythologischen Fresken schmücken. Bemerkenswert ist auch der durchgehende Balkon mit Außentreppe an der Rückseite der Gebäude, die im Laufe der Zeit gleichsam zu einem Haus zusammenwuchsen.

Während man die Piazza delle Erbe als merkantilen Mittelpunkt Veronas erlebt, erscheint die **Piazza dei Signori** 3 als ein vornehmer, etwas kühler Platz, wo die Regierung und die Gerichtsbarkeit residierten und die Verwaltung der Kommune Verona ihren Sitz hatte; sie war das Zentrum der Scaligerherrschaft. Fünf Straßendurchgänge, die reich verzierte Bögen überspannen, münden auf den Platz. Von der Piazza delle Erbe erreicht man ihn durch den *Arco della Costa*. Man betritt ein saalartiges Rechteck, das Gebäude verschiedener Epochen und Stilarten flankieren. Der älteste Bau ist der *Palazzo del Comune* [s. S. 102], gleichsam das Bindeglied zwischen Piazza delle Erbe und Piazza dei Signori.

Daneben erhebt sich der düstere **Palazzo dei Tribunali** e (auch Palazzo di Cansignorio). Der gedrungene Wehrturm des Palastes ist der Rest einer gewaltigen festungsartigen Anlage des Cansignorio della Scala von 1365. Die venezianischen Umbauten im 15. Jh. und das vorgebaute Säulenportal, das *Michele Sanmicheli* 1530 schuf, verminderten kaum das bedrohliche Erscheinungsbild. Im Innenhof, dem

Eine Augenweide sind die komplett mit Fresken verzierten Case dei Mazzanti

Cortile dei Tribunale, erinnern Kanonen und Trophäen an die Artillerieschule, die hier untergebracht war. Hier, im Torweg zur Piazza Viviani, liegt auch der Eingang zu den **Scavi Scaligeri** (Tel. 04 58 00 74 90, www.comune.verona.it/scaviscaligeri, während Ausstellungen Di–So 10–19 Uhr). Das unterirdische Ausgrabungsgelände erschließt faszinierende Reste von römischen Gebäuden und Mosaikfußböden, mittelalterlichen Türmen und langobardischen Gräbern. Sie bilden auch die Kulisse für Fotoausstellungen des hier ansässigen *Centro Internazionale di Fotografia*.

Geist und Macht der Scaliger repräsentiert der **Palazzo del Governo** f (heute Provinzregierung, nicht öffentlich zugänglich) am Ostende des Platzes. Mit dem Tribunalspalast ist er durch den *Arco della Tortura* verbunden, wo während der venezianischen Herrschaft zur Ermahnung und Abschreckung die Folterwerkzeuge aufgehängt waren.

Der Palast mit seinem Zinnenkranz war die Stadtresidenz der Scaliger, Herrschaftssitz des Cangrande della Scala in der Blütezeit Veronas. Im 14. Jh. hatte er den Ruf, ein Zentrum der Kunst und Kultur zu sein, als Dante den Schutz des großen Cangrande genoss und als Giotto und Altichiero die Säle mit Fresken

Die Piazza dei Signori wird beherrscht vom alten Wehrturm des Palazzo dei Tribunali

schmückten, welche allerdings längst verblichen sind. Die von den Scaligern gegen den Platz hin geschlossene Front wurde 1419 von dem venezianischen Podestà, der fortan in dem Palast residierte, durch Arkaden geöffnet. *Michele Sanmicheli* schuf 1553 das prachtvolle Renaissancetor. Den schönen Innenhof der alten *Reggia della Scala* umgeben frühromanische und gotische Loggien. Ein Brunnen aus Veroneser Marmor bildet den Mittelpunkt des Hofes.

Die kleine romanische Kirche **Santa Maria Antica** g mit einem etwas düsteren dreischiffigen Innenraum war die Hauskirche der Familie della Scala. Auf dem Platz zwischen der Kirche und dem Palast erheben sich die eigenartigen **Arche Scaligere**, die in ihrer Architektur einmaligen Grabmonumente der della Scala. Dies ist gewiss der ungewöhnlichste Friedhof, der sich denken lässt.

Das älteste Grab, das des **Cangrande** (gest. 1329), befindet sich noch außerhalb des eigentlichen Friedhofs, und zwar über dem Nordportal von Santa Maria Antica. Der Sarkophag ist mit Reliefs der Verkündigung und Pietà geschmückt. Auf seinem Deckel sieht man die Liegefigur des Verstorbenen. Cangrande kehrt aber noch einmal wieder, als Ritter zu Pferde auf der Spitze des Baldachins, der den Sarkophag überfängt. Die Reiterstatue fasziniert nicht nur durch das hintergründige Lächeln des Cangrande, interessant ist auch sein hoher Helm, der mit Schwingen und einem Hundekopf (*Cane*) verziert ist. Die Originalstatue steht heute im Hof des Castelvecchio [s. S. 110].

Den *Cimitero* umschließt ein kunstvolles schmiedeeisernes Gitter aus dem 14. Jh., in dem immer wieder das Symbol der Scaliger – die Leiter – eingeflochten ist. Hier sind die schlichten Sarkophage der Mitglieder der Familie eng beisammen aufgestellt. Herausragend und alle übrigen Gräber in den Schatten stellend, erscheinen die freistehenden Monumente des Mastino II. (gest. 1351) und des Cansignorio (gest. 1375). Der Sarg des **Mastino** ruht auf einem von vier Säulen getragenen Podest. Den Toten umgeben vier schöne Engelsfiguren. Wimperge und zierlich gearbeitete Statuettenhäuschen zieren den Baldachin über dem Sarkophag. Auf der Spitze des Pyramidaldaches erscheint Mastino als Ritter im Helm mit geschlossenem Visier.

Wirkt dieses Grab in seiner gotischen Formgebung noch verhältnismäßig schlicht, so erscheint das achteckige Monument des **Cansignorio** verschwenderisch, mit einer Fülle raffinierter, spätgotischer Details, mit Figuren und Reliefs, filigranen Statuettenhäuschen und symbolischen Gestalten. Der Aufbau dieses Prunkgrabes ist der gleiche wie der der beiden anderen: Der Herrscher ruht als Toter auf dem Sarkophag, während er auf der Dachkrone als lebender Krieger zu Pferd dargestellt ist. Grabmal und Denkmal sind hier erstmals als eine Einheit gestaltet.

Kehrt man von hier aus zur Piazza dei Signori zurück, fällt der Blick auf die schöne, heiter wirkende **Loggia del Consiglio** h rechts vom Palazzo del Governo. Dieser Bau nimmt eine Sonderstellung in-

mitten der monumentalen Gebäude der Scaliger ein. Mit seiner eleganten, von schlanken Rundbögen überfangenen Loggia und den vornehmen doppelbögigen Fenstern des Obergeschosses repräsentiert er das Stilempfinden der toskanischen Frührenaissance mit ihrer Kombination aus Leichtigkeit und Grandezza. Der Palast ist 1476–93 entstanden und wird dem Veroneser Baumeister Fra Giovanni Giocondo zugeschrieben. Typisch für Norditalien und Verona ist die in warmen Farben gestaltete Fassade.

Der Saal im ersten Stockwerk diente als Versammlungsort des Stadtrates, während die Loggia für repräsentative Anlässe genutzt wurde. *Marmorstatuen* Veroneser Persönlichkeiten aus römischer Zeit schmücken das Dach des Gebäudes: der Poet Valerius Catull, der Literat Plinius d. Ä., der Historiker Cornelius Nepos und der Architekt Vitruv.

Durch einen Bogen mit der Loggia del Consiglio verbunden, folgt nun ein schlichter Renaissancebau (um 1500), in dem Veronas ältestes und berühmtestes Café, das **Caffè Dante** (Tel. 04 58 00 00 83, www.caffedante.it, So abends und Mo geschl.), zum Verweilen einlädt. Ehemals war es ein bekannter Literatentreff. Vis-à-vis erhebt sich die würdevolle *Statue Dante Alighieris* (1865), der Verona in den Jahren 1316–20 als Exil gewählt hatte. Die neoklassizistische Skulptur schuf der Veroneser Bildhauer Ugo Zanoni.

Die obere Schmalseite des Platzes wird von dem **Palazzo dei Giudici** i abgeschlossen, dem früheren Sitz der venezianischen Richter. Er stammt aus der 2. Hälfte des 17. Jh. Unter dem Bogen neben dem Palazzo befindet sich eine Tafel, die an den ungeklärt gebliebenen Mord an *Mastino I.* 1277 an dieser Stelle erinnert.

Zum Balkon der Casa di Giulietta pilgern Neugierige und Verliebte aus aller Welt

Von der Piazza delle Erbe führt die *Via Cappello* – eine lebhafte Geschäftsstraße – in Richtung Etsch. Publikumsmagnet ist die **Casa di Giulietta** 4 (Via Cappello 23, Tel. 0458034303, Mo 13.30–19.30, Di–So 8.30–19.30 Uhr, Einlass bis 18.30 Uhr). Der Palazzo soll das Elternhaus von Giulietta Capuleti gewesen sein. Während der Regierungszeit Bartolomeos I. della Scala (1301–04) soll hier die Geschichte der unglücklich Liebenden *Romeo und Julia* ihren Anfang genommen haben. Romeo, der zum Geschlecht der Montecchi gehörte, hat angeblich nur ein paar Schritte weiter in der *Via Arche Scaligere* gelebt. Die Liebe zwischen Romeo und Julia scheiterte an der tödlichen Familienfehde der Capuleti und Montecchi – der Stoff folkloristischen Ursprungs regte den jungen William Shakespeare 1595 zu seiner weltberühmten Tragödie an. Historisch verbürgt ist die Geschichte allerdings nicht. Aber im Haus der Julia sucht man auch nicht nach Fakten, sondern nach dem Zauber romantischer Liebe.

Piazza Brà und Arena di Verona

Die Piazza delle Erbe und die Piazza Brà verbindet Veronas beliebteste und eleganteste Einkaufsstraße, die **Via Mazzini**. In den Schaufenstern der Geschäfte spiegelt sich Veronas Rang als Modestadt, die selbst den Vergleich mit Mailand – in kleinerem Rahmen – nicht zu scheuen braucht. Am Ende der eher engen Straße öffnet sich die **Piazza Brà** 5 mit der gestelzten zweibogigen *Porta Nuova* von Sanmicheli, der Arena sowie repräsentativen Gebäuden wie dem *Palazzo Barbieri* (1848), Sitz der Stadtverwaltung, und dem *Palazzo della Gran Guardia* (1610–1853) – einst Kaserne der venezianischen Garnison und inzwischen zum modernen Kongresszentrum ausgebaut – sowie den farbenfrohen Palazzi am **Listòn**, dem ›breiten Streifen‹, Veronas bevorzugter Flaniermeile. Der mit rotem Veroneser Marmor gepflasterte Gehsteig ist allabendlicher Treffpunkt der Einheimischen zum Bummel und Plausch.

Der Name der weiten, unregelmäßigen Piazza Brà, deren Mitte ein von der Schwesterstadt München gestifteter Brunnen, die *Fontana degli Alpi* (1975), gerahmt von Bäumen und Grünanlagen einnimmt, leitet sich von ›Braida‹ her. Das deutschstämmige Wort bezeichnete den ›breiten‹ unbebauten Platz zwischen der römischen und der mittelalterlichen Stadtmauer. An der Südseite neben der Gran Guardia ist die *Portone della Brà* erhalten, die ehemals Teil des gedeckten Ganges zwischen dem Castelvecchio und der von Gian Galeazzo Visconti errichteten – nicht erhaltenen – Cittadella war.

TOP TIPP Das beherrschende Gebäude der Piazza Brà ist die **Arena di Verona** (Tel. 0458003204, www.arena.it, Mo 13.30–19.30, Di–So 8.30–19.30 Uhr, Einlass bis 18.30 Uhr, an Vorstellungstagen bis 15.30 Uhr), eines der ältesten Amphitheater Italiens, das der Stadt an der Etsch

In der eleganten Via Mazzini wird Verona seinem Ruf als Modestadt mehr als gerecht

Weltruhm einbrachte. »Das Amphitheater ist also das erste bedeutende Monument der alten Zeit, das ich sehe, und so gut erhalten«, schrieb *Goethe* in seiner ›Italienischen Reise‹. »Als ich hineintrat, mehr noch aber, als ich oben auf dem Rande umherging, schien es mir seltsam, etwas Großes und doch eigentlich nichts zu sehen. Auch will es leer nicht gesehen sein, sondern ganz voll von Menschen ...«

Tatsächlich entfaltet die antike Arena ihre ganze Faszination erst, wenn sie mit Tausenden von Menschen gefüllt ist. Und die jedes Jahr im Juli und August stattfindenden *Opernfestspiele Arena di Verona* in dem berühmtesten und stimmungsvollsten Freiluft-Opernhaus der Welt sind gewiss die konkurrenzlosen Höhepunkte im Eventkalender der Stadt Verona, ein Fest für Augen und Ohren, und zugleich ein fröhliches Spektakel, in dem das Volk, d. h. die Zuschauer auf den Rängen, eine der Hauptrollen spielt.

Die *Geschichte* der Arena ist ungewöhnlich und wechselhaft. Nach dem Kolosseum in Rom (188 m Länge) und dem Amphitheater in Capua in Kampanien (167 m Länge) ist sie das drittgrößte römische Theater mit einem oval geschlossenen Zuschauerraum. Ihre heutigen Ausmaße betragen 138 m Länge und 109 m Breite, sie bietet Platz für 22 000 bis 25 000 Zuschauer. Erbaut wurde sie wie das Kolosseum im 1. Jh. n. Chr. als Arena für Gladiatorenkämpfe und Tierhetzen.

Die heutige, klassisch gegliederte Fassade mit monumentalen Arkadenbögen diente ursprünglich nur als innere Stützmauer. Eine 30 m hohe, dreigeschossige Außenmauer aus rotem Veroneser Marmor, der aus dem Steinbruch Sant'Ambrogia im Valpolicella stammte, umgab die Arena mit einer 72-achsigen *Prunkfassade*. Von ihr sind am nördlichen Rand noch vier Bögen und fünf Stützpfeiler, die sogenannte *Ala*, erhalten. Pfeiler und Bögen wurden ›a secco‹ gemauert, d. h. ohne Mörtel. Die Wölbung der die Arena umgebenden Umgänge hingegen besteht aus Bruchsteinen und Zement. Im Jahre 265 n. Chr., während der Regierungszeit des *Kaisers Gallienus*, wurde das Amphitheater, das ursprünglich außerhalb der Stadt lag, in den Stadtmauerring miteinbezogen. *Theoderich* ließ das im 5./6. Jh. schon baufällige Monument erneuern. Mehrere Erdbeben im 12./13. Jh. fügten ihm schwere Schäden zu. Außerdem wurde es von den Stadtbewohnern häufig als Steinbruch genutzt.

Im frühen Mittelalter diente es den Bischöfen als *Festung*. Die Scaliger wiederum benutzten es als Hinrichtungsstätte. Ein Fanal war die Verbrennung von mehr als hundert Bürgern Sirmiones 1278 unter der Herrschaft Alberto della Scalas. Sie gehörten der *Patarener-Bewegung* an, die der Papst der Ketzerei beschuldigte und verfolgen ließ [s. S. 40].

In den folgenden Jahrhunderten war die Arena Bühne für prunkvolle Feste,

Im Schein tausender Kerzen erstrahlt die grandiose Arena vor Beginn der Aufführungen

Hochzeiten, Ritterturniere und Stierkämpfe, also ein Ort für Spektakel und Volksbelustigungen. 1569 erneuerten die Venezianer den Zuschauerraum und schufen die bis heute erhaltenen 44 Ränge. Die Balustraden über den Toren zum Spielfeld entstanden 1668. In den Arkaden des Erdgeschosses lagen die Werkstätten der Handwerker und auch Prostituierte gingen hier ihrem Gewerbe nach. Am 10. August 1913 wurde anlässlich des 100. Geburtstages von Giuseppe Verdi zum ersten Mal die Oper ›Aida‹ in der Arena von Verona aufgeführt. Damit begann die glanzvollste Zeit in der Geschichte des altehrwürdigen Gebäudes.

Gegenüber der Gran Guardia, etwas versteckt an der Ecke zur Via Roma, steht das *Teatro Filarmonico* von 1716. In das Atrium des Theaters lockt archäologisch Interessierte das von dem Veroneser Gelehrten *Scipione Maffei* begründete **Museo Lapidario Maffeiano** 6 (Piazza Brà 28, Tel. 045 59 00 87, Di–Sa 8.30–14.30, So 8.30–14, Einlass bis 13.30 Uhr). Skulpturen, Grab- und Weihereliefs, Altäre, Sarkophage aus Veronas römischen Glanzzeiten bilden die Sammlung dieses ältesten Museums für antike Bildhauerkunst, die bereits Goethe bewunderte.

Von der Porta Borsari zum Castelvecchio

Von der Piazza Brà führt die Via Oberdan direkt zur **Porta Borsari** 7. Das Tor mit der stark verwitterten Doppelbogenfassade, mit Halbsäulen und Rundbogenfenstern stammt aus der Zeit um 80 n. Chr. Es bildete den nordöstlichen Abschluss des antiken *Decumanus maximus*, des heutigen Corso Cavour, und war eines der römischen Stadttore, zu dem die Via Gallica und die Via Postumia führten.

Ein weiterer Torbogen überspannte in der Antike den *Decumanus maximus* auf der Höhe des Castelvecchio. Dieser elegante, einem Triumphtor gleichende *Arco dei Gavi* wurde vermutlich von *L. Vitruvius Cerdone* für die Familie Gavia im 1. Jh. n. Chr. erbaut. Sein klassischer Formenkanon mit vorgesetzten Säulen, die einen Giebel tragen, und mit Nischen, in denen ursprünglich Statuen von vier Mitgliedern der Familie Gavia standen, diente später als Vorbild für die oberitalienische Renaissancearchitektur. 1805 wurde der Bogen von den Franzosen zerstört und erst 1932 in einer Grünanlage beim Castelvecchio wieder aufgebaut.

Am Corso Cavour, zwischen der Porta Borsari und dem Castelvecchio, der dann bis zur Porta Nuova **Corso Castelvecchio** heißt, stehen eine Anzahl sehenswerter Paläste. Leider ist der Verkehr hier so stark, dass man sie kaum in Ruhe betrachten kann. Auch ist das Innere dieser Gebäude dem Besucher gewöhnlich verschlossen. *Michele Sanmicheli* schuf die Paläste für begüterte Veroneser Familien.

Als sich die Scaliger im Herzen der Stadt nicht mehr sicher fühlten, begann Cangrande II. 1354 mit dem Bau eines neuen Palastes am Ufer der Etsch, dem **Castelvecchio** 8, das 1356 fertiggestellt war. Doch Cangrande entging trotzdem nicht seinem Mörder, dem Bruder Cansignorio, der ihn 1359 tötete. Cansignorio zog nun selbst in die Wehrburg, die er von den besten Künstlern seiner Zeit, unter ihnen der Maler *Altichiero*, ausschmücken ließ. Das Geld für die aufwendige Ausgestaltung des Palastes erpresste er von den Veroneser Bürgern durch hohe Steuerabgaben.

Die Anlage der Burg mit sechs quadratischen Wehrtürmen und umlaufendem Zinnenkranz in dunkelroter Ziegelbauweise wurde zweigeteilt zu beiden Seiten der Stadtmauer errichtet, welche an dieser Stelle die Etsch berührte. Zur Stadt hin entstand die eigentliche *Festung* für die Garnison, die den Herrscher vor dem eigenen Volk schützen sollte. Außerhalb der Mauer ließ Cangrande II. seine *Residenz* mit Palast, Türmen und Toren und einer Brücke über die Etsch erbauen. Die Brücke sollte im Notfall als Fluchtweg in die Hügel außerhalb der Stadt dienen. Der Palast war gänzlich von Wasser umgeben und nur über zwei Eingänge mit *Zugbrücken* erreichbar.

Der 120 m lange **Ponte Scaligero** 9, den man durch einen mächtigen Torturm betritt, besticht durch seine elegante Architektur ebenso wie durch die massive Wehrhaftigkeit. Zwei schwere Stützpfeiler mit aufgesetzten Türmen tragen drei verschieden weit gespannte Bögen. Zinnen in Schwalbenschwanzform krönen die roten Ziegelmauern. Die weißen Streifen der Bögen und Pfeiler bilden einen reizvollen Kontrast zum dunklen Mauerwerk. Von den Zinnen des Ponte bietet sich einer der eindrucksvollsten Ausblicke auf den Fluss und die Stadt Verona.

Nach der Vertreibung der Scaliger begann *Gian Galeazzo Visconti* mit dem Bau eines neuen Kastells an der Piazza Brà. Deshalb nannte man die Scaligerburg Castelvecchio, Alte Burg. Venedig benutzte die Anlage als Militärakademie, Kaserne und Arsenal. Im 18. Jh., während der französischen Besatzung, wurde der Palast weitgehend zerstört und verkam zusehends. Auch während der österreichischen Herrschaft wurden ihm Schäden zugefügt. Erst 1923 begann man damit, die Festung und die Reste der Residenz zu restaurieren. Eine glanzvolle Neukonzeption des Komplexes bedeutete der Wiederaufbau durch den venezianischen Architekten *Carlo Scarpa* (1958–60).

Trutzig und doch elegant – der Ponte Scaligero wurde als Fluchtweg über die Etsch erbaut

Im Museo di Castelvecchio wird Veronas bedeutendste Kunstsammlung präsentiert

TOP TIPP Der ausgedehnte Gebäudekomplex beherbergt heute das **Museo di Castelvecchio** (Corso Castelvecchio 2, Tel. 0458062611, www.comune.verona.it/castelvecchio/cvsito, Mo 13.30–19.30, Di–So 8.30–19.30 Uhr), Veronas bedeutendstes Kunstmuseum. An beispielhaften Gemälden – von Stefano da Verona, Antonio Pisano gen. Pisanello, über die Meister der Venezianischen Schule, etwa die Brüder Giovanni und Gentile Bellini, Paolo Veronese, Jacopo Tintoretto bis zu Giovanni Battista Tiepolo – lässt sich die Entwicklung von der höfischen Gotik bis zum Barock nachvollziehen.
Zu den Meisterwerken zählen Gemälde des Mantuaners *Andrea Mantegna*. Beachtenswert sind aber auch die Arbeiten von Girolamo dai Libri und Giovanni Francesco Caroto, die der Veroneser Malschule angehörten.

Im Erdgeschoss sind Skulpturen aus der Zeit der Romanik und des Mittelalters ausgestellt, z. B. eine eindrucksvolle Kreuzigungsgruppe von Enrico di Rigino und ein Sarkophag, der dem Meister Nicolò zugeschrieben wird.

Eines der Glanzstücke der Sammlung und ein großer Publikumsliebling ist die *Reiterstatue des Cangrande* vom Grabmal an Santa Maria Antica (dort als Kopie, s. S. 104), die heute im Hof des Castelvecchio ihren Charme entfaltet. Das geheimnisvolle Lächeln des bedeutendsten Herrschers der della Scala, der wie erstaunt wirkende Blick des Pferdes, die feine, überaus kunstvolle Steinmetzarbeit in den Details (z. B. die Satteldecke des Pferdes) veranschaulichen die überragende Kunst des unbekannten ›Meisters der Scaligergräber‹, der das Standbild schuf.

Bemerkenswert ist die gelungene Raumaufteilung des Museums und die beispielhafte Präsentation der Kunstwerke, die sehr viel Raum haben, sich frei entfalten zu können.

Vom Corso Cavour lohnt sich ein Abstecher zur romanischen Kirche **San Lorenzo** 10 (März–Okt. Mo–Sa 10–18, So 13–18, Nov.–Febr. Di–Sa 10–13 und 13.30–16, So 13–17 Uhr) gegenüber dem Palazzo Bevilacqua. Der streng strukturierte romanische Bau geht ungefähr auf das Jahr 1117 zurück. Die Kirche ist dreischiffig. Kreuzpfeiler wechseln mit Säulen ab, die teilweise antike Kapitelle im korinthischen Stil tragen. Fünf Apsiden, deren größte ein *Altarbild* von *Domenico Brusasorci* schmückt, schließen den Altarraum ab. San Lorenzo ist die einzige romanische Emporenbasilika Veronas. Die charakteristischen rot-weißen Streifen aus Ziegelstein und Tuff an Säulen und Pilastern bilden die Schmuckelemente dieses schlichten Gotteshauses. Zwei für Italien untypische runde Türme flankieren die Fassade. In ihrem Innern sind Treppen eingebaut, die die Emporen mit dem Kirchenschiff verbinden.

Rund um die Altstadt

TOP TIPP Veronas wertvollster Kirchenbau, **San Zeno Maggiore** 11 (Tel. 045 59 28 13, www.chieseverona.it, März–Okt. Mo–Sa 8.30–18, So 12.30–18, Nov.–Febr. Di–Sa 10–13 und 13.30–17, So 12.30–17 Uhr), steht in der Neustadt, eingebunden in den venezianischen Wehrmauerring. Das einst zugehörige Benediktinerkloster, das im Mittelalter außerhalb der Stadtmauern lag, entwickelte sich zu einer der bedeutendsten Abteien der Stadt. Es wurde 1773 säkularisiert und weitgehend zerstört. Von der ausgedehnten Anlage, die im Mittelalter durchziehenden Kaisern und Heerführern als Herberge diente, sind nur der *Kreuzgang* und der massive, backsteinerne *Abteiturm* erhalten.

San Zeno mit seinem hohen frei stehenden *Campanile* und dem gestreiften Veroneser Mauerwerk gilt als schönste Basilika der Hochromanik in Oberitalien. Im Laufe der Jahrhunderte kaum verändert, erscheint sie als weitgehend stilreiner Bau des 12. Jh. Eine ältere Kirche wurde beim Erdbeben 1117 zerstört. Schon ein Jahr danach begann man mit dem Neubau. Der Glockenturm war 1178 vollendet. Die Basilika ist dem hl. Zeno, Bischof und Patron Veronas geweiht. Er starb 380 und wurde auf dem alten Friedhof begraben, über dem in der Folgezeit die erste Kirche gegründet wurde. Seine schwarze Hautfarbe deutet darauf hin, dass er aus einer afrikanischen Provinz Roms stammte.

Die monumentale **Fassade**, rechts vom etwas zurückgesetzten Campanile und links vom Abteiturm flankiert, überragt noch das dahinterliegende Dach. Ihre straff gegliederte Vertikale lockert die Zwerggalerie auf, die in Höhe des Tympanons einen horizontalen Akzent setzt. Unter dem Dachgiebel symbolisiert eine große, zwölfstrahlige *Rosette* das Rad der Fortuna. Sie ist ein Werk des Bildhauers *Brioloto* (Anfang des 13. Jh.). Allegorische Figuren versinnbildlichen die Vergänglichkeit des Glücks: Vier Gestalten sind im Fallen bzw. Aufsteigen begriffen, eine sitzt oben gekrönt und in feierlichem Gewand, während die letzte unten nackt auf der Erde liegt. »Ich, das Glück, regiere allein die Sterblichen, ich erhebe und stürze, gebe allen Gutes und Böses« besagt eine Inschrift in lateinischer Sprache in der Nabe des Rades. Eine andere ergänzt: »Ich kleide die Nackten, entkleide die Bekleideten. Wer sich auf mich verlässt, wird ausgelacht.«

Zu den hervorragendsten Werken romanischer Kunst gehört das **Portal**, ein vorgesetzter Säulenbaldachin mit Tympanon und Reliefs zu beiden Seiten, dessen Säulen von zwei Löwen getragen werden. Es ist eine Arbeit des *Meisters Nicolò* (1138), der auch das Portal der Kathedrale von Verona schuf. Das Tympanonrelief zeigt den hl. Zeno als Drachenbezwinger, wie er dem Volk die Standarte Veronas überreicht, eine erstaunlich frühe Darstellung bürgerlicher Souveränität.

Die romanische Kirche San Zeno mit dem backsteinernen Abteiturm zur Linken

Eine besondere Bedeutung erhält die Fassade durch die kunstvollen *Reliefs*. Links und rechts des Portals werden Szenen aus dem Alten und dem Neuen Testament vergegenwärtigt. Die Darstellungen auf der rechten Seite erzählen die Schöpfungsgeschichte von der Erschaffung der Tiere bis zur Feldarbeit Adam und Evas. Sie stammen von der Hand des Meisters Nicolò selbst, während die Szenen links aus dem Leben Christi von der Verkündigung bis zur Kreuzigung sein begabter Schüler *Guglielmo* arbeitete. Er ordnete seine Figuren zwischen den Bögen einer Säulenhalle an. Beachtenswert ist das unterste Reliefpaar auf der rechten Seite. Es zeigt den Gotenkönig *Theoderich auf der Jagd*. Der verfolgte Hirsch lockt ihn bis in die Hölle (rechts sieht man den Teufel und die Höllenflammen), ein Hinweis darauf, dass Theoderich Arianer, d. h. in den Augen der Kirche Häretiker war.

Von besonderer Faszination sind schließlich die **Bronzetüren** mit 48 Reliefplatten, die auf Holztüren montiert wurden. Kaum ein Betrachter wird sich ihrer starken Aussagekraft entziehen können. Die Darstellungen stammen aus zwei verschiedenen Epochen: Die älteren werden um 1120 datiert, die jüngeren sind wahrscheinlich aus dem späten 12. Jh. 23 der älteren Platten, die wohl einer früher bestehenden Tür entnommen sind, wurden am linken Türflügel, fünf am rechten angebracht. Die Unterschiede lassen sich relativ leicht erkennen: Bei den älteren Werken scheinen die Figuren im Raum zu schweben. Sie haben noch keine ausgearbeitete Standfläche. Nur die Köpfe treten plastisch aus dem Reliefgrund hervor. Bewegend ist die Lebendigkeit und Aussagekraft dieser altertümlichen Figuren und Szenen, die stilistisch den starren Formenkanon der byzantinischen Kunst sprengen. Die Bildfelder des 12. Jh. sind schon perspektivisch konstruiert. Personen im Hintergrund werden kleiner dargestellt als die im Vordergrund Agierenden. Ein zaghafter Versuch, Raumtiefe zu erzeugen, ist deutlich erkennbar. Im unteren Feld der rechten Tür werden Szenen aus dem Leben des hl. Zeno geschildert. Sie stammen offenbar von einem anderen Meister als die vorhergehenden. Zwischen den Reliefplatten sind Masken, kleine Königsbüsten, Personifikationen der Tugenden und andere Figuren angebracht.

Imponierend ist jedoch der Blick von den erhöhten Stufen des Hauptportals durch den mächtigen, dreischiffigen **Innenraum** der Basilika. Man überblickt das lang gestreckte Mittelschiff, den erhöhten gotischen Chor, der in drei Apsiden endet, und erkennt die über die ganze Breite reichende Krypta mit den vorgesetzten offenen Arkaden. Im Langhaus wechseln Pfeiler mit Säulen ab. Über ihren Bögen erheben sich die klaren, monumentalen Wandflächen. Kein Gewölbe, sondern eine kielförmige Holzdecke in Dreipassform aus dem 14. Jh. schließt den Raum nach oben hin ab. Die neunschiffige **Krypta** hat die gleichen Maße wie das Hauptschiff. Ihr Gewölbe wird von 48 Säulen getragen, deren Kapitelle mit kunstvollen Skulpturen geschmückt sind.

Meisterwerk des Mittelalters: die Bronzetüren von San Zeno Maggiore

Blick in das Langhaus von San Zeno mit dem skulpturengeschmückten Lettner

In der Krypta ruhen die *Gebeine des hl. Zeno* unter einer Altarmensa von 1889. Steigt man die Treppen hinauf, sollte man die Wandfresken aus dem 13./14. Jh. beachten. Über den Bögen der Krypta erhebt sich eine Balustrade, die den Chor zum Mittelschiff hin abschließt und wertvolle Skulpturen aus Veroneser Werkstätten um 1260 trägt, welche Christus und die Apostel darstellen.

Das Hauptwerk des reich dekorierten Kirchenraumes ist das Altarbild in der Chorapsis, eine atemberaubende ›**Maestà**‹ (1457–59) von *Andrea Mantegna* (1431–1506). Obwohl ein Frühwerk des berühmten Malers, besticht das Triptychon durch den meisterhaften Bildaufbau, die Anordnung der dekorativen Elemente und die illusionistische Malerei, deren Begründer Mantegna war. Der vergoldete, plastische Rahmen mit vier Säulen setzt sich in der gemalten Architektur fort. Die Gestalten sind auf drei Tafeln verteilt, dennoch erscheinen sie räumlich als eine Einheit. Das Thema des Bildes ist eine ›Sacra conversazione‹. Den Mittelpunkt der Komposition bildet die auf einem Thron sitzende Madonna mit dem stehenden Kind, das den linken Arm zärtlich um den Hals der Mutter legt. Eine Gruppe ausgelassen singender und musizierender Engel umgibt das Paar. Die beiden vordersten Engel scheinen plastisch aus dem Rahmen hinauszutreten. Die Madonna wird von den Heiligen Petrus, Paulus, Johannes dem Evangelisten, Zeno, Benedikt, Laurentius, Gregor und Johannes dem Täufer umgeben. Typisch für Mantegna sind der üppige Dekor – Blumengirlanden ziehen sich über die drei Tafeln – und die Vorliebe für die antike Kunst, die sich in Architektur und Baudekor der Bildkulisse niederschlägt. Im Hintergrund erkennt man einen mit Wolken bedeckten Himmel. Mantegna beherrscht nicht nur perfekt die räumliche Gruppierung der Personen, er gibt ihnen auch Plastizität und vermittelt meisterhaft die Illusion des Dreidimensionalen. Bemerkenswert ist, dass der Heiligenschein der Muttergottes als Wiederholung des Radfensters der Fassade erscheint.

San Zeno ist ferner reich mit **Fresken** ausgestattet, deren Schöpfer weitgehend unbekannt sind. Das Fresko im rechten Obergaden von 1397 wird dem Kreis um Altichiero zugeschrieben. Es zeigt Heilige, die den Abt Capelli der Gottesmutter anempfehlen. Gotische Fresken befinden sich an der rechten Wand des Chores. Die ›Taufe Christi‹ und die ›Auferweckung des Lazarus‹ stammen aus dem späten 13. Jh. Das qualitätvollste Werk ist der ›Hl. Georg als Drachentöter‹ (14. Jh.), das dem sog. zweiten Meister von San Zeno zugeordnet wird. Vom ersten Meister von San Zeno stammt die noch sehr statisch wirkende *Schutzmantelmadonna* an der linken Chorwand. Die ›Verkündigung‹ (spätes 14. Jh.) auf dem Triumphbogen wird *Martino da Verona*

Ein hinreißendes Kunstwerk – Andrea Mantegnas ›Maestà‹ in San Zeno

zugeschrieben ebenso wie die ›Kreuzigung‹ in der Apsis. In der linken Seitenapsis fällt die Sitzstatue des hl. Zeno im Bischofsornat (Ende 13. Jh.) ins Auge. Im Volksmund wird sie ›San Zeno che ride‹ (Der lachende San Zeno) genannt. Wie das lächelnde Standbild des Cangrande della Scala ist sie zu einer Symbolfigur Veronas geworden.

Links der Kirche betritt man den stillen **Kreuzgang**. Die beiden Gänge mit Rundbögen auf Doppelsäulen aus rotem Marmor stammen aus dem Jahr 1123, während die beiden anderen, die Spitzbögen aufweisen, um 1400 entstanden sind. Dort, wo die Arkaden apsisartig in den Binnenhof vortreten, stand früher der Waschbrunnen der Mönche.

Die Kirche und das Kloster **San Bernardino** 12 (Via San Bernardino/Stradone Antonio Prevolo, Mo 15–18.30, Di–So 8–12 und 15.30–18 Uhr), die nicht weit von San Zeno stehen, lohnen einen Besuch. Zwei Jahre nach der Heiligsprechung des *Bernhard von Siena*, der öfter in Verona gepredigt hatte, begannen die Franziskaner 1452 mit dem Bau der dem Heiligen geweihten Kirche, der 1466 beendet war. Man betritt zunächst einen weiten Kreuzgang, an dessen Stirnseite die hohe Fassade der Kirche mit einem Renaissanceportal aufragt. Der große, einschiffige Bau repräsentiert das typische schlichte Gotteshaus eines Bettelordens. Zusätzlichen Schmuck erhielt es jedoch durch mehrere **Kapellen**, die zwischen 1486 und 1522 an der rechten Langhauswand angebaut wurden. Das Langhaus selbst ragt hoch auf und wird von einem offenen Sparrendach aus Holz bekrönt.

Die erste Kapelle stattete Nicolò Giolfino (ca. 1512–22) mit einem reichen Freskenschmuck aus, der Szenen aus dem Leben des hl. Franziskus präsentiert. In der zweiten Kapelle dominiert ein Altarbild (1488) von Francesco Bonsignori. Besonders kostbar ist die *fünfte Kapelle*: Die Familie Avanzi ließ Gemälde berühmter Veroneser Renaissancemaler in die Wandtäfelung einfügen. Bemerkenswert sind vor allem die ›Auferweckung des Lazarus‹ an der linken Wand, ein Werk *Antonio Badiles*, sowie die ›Kreuzigung‹ von *Francesco Morone*. Die übrigen Bilder sind Kopien, die Originale befinden sich im Castelvecchio. Auch wenn diese Werke von Giolfino, Caroto und Veronese hier nicht mehr im Original gegenwärtig sind, besticht diese Kapelle durch ihre reiche, für die Veroneser Renaissance beispielhafte Ausstattung.

Berühmt ist vor allem die **Cappella Pellegrini** rechts vor dem Chor, ein Meisterwerk *Michele Sanmichelis*, das 1529 im Stil der römischen Hochrenaissance der Kirche angefügt wurde. Abgeschlossen wurden die Bauarbeiten allerdings erst 1557. Man spürt den Einfluss Bramantes und Raffaels angesichts der hohen Kuppel, die durch Fensteröffnungen beleuchtet wird und durch die feine Ornamentik besticht. Der Grundriss der Kapelle ist fast eine Kopie des Pantheon in Rom.

Die gewaltige, an der gegenüberliegenden Langhauswand angebrachte *Orgel* von 1481 trägt an den Türflügeln Malereien von *Domenico Morone*. Das *Hochaltarbild* ist eine Arbeit *Francesco Benaglios* aus dem Jahre 1463. Es ist eine Nachahmung von Mantegnas Triptychon in San Zeno, erreicht jedoch nicht dessen herausragende Qualität.

Im **Kloster** ist der frühere *Bibliothekssaal* – die *Sala Morone* – sehenswert. (Man muss den Pförtner um Einlass bitten.) Domenico Morone und sein Sohn Francesco dekorierten diesen Saal mit Fresken von Heiligen und Gelehrten des Franziskanerordens. An der Stirnwand sieht man die thronende Muttergottes mit Engeln. Vor ihr knien der Stifter und seine Gemahlin, die von den Heiligen

Franziskus und Clara der Madonna anempfohlen werden. Von links nähern sich ihnen fünf Franziskaner, die als Hinweis auf ihr grausames Martyrium in Marokko mit Messern im Kopf erscheinen. Rechts präsentieren sich weitere Heilige: Antonius von Padua, Bonaventura, Bernhard von Siena und Ludwig von Toulouse. Sehr schön ist der in zarten Farben gehaltene Hintergrund mit einer Ansicht von Malcesine, dem Gardasee und den Lessiner Bergen.

An der Stelle, wo die beiden – übrigens einzigen – Märtyrer Veronas, Fermo und Rustico, 361 den Tod fanden, bauten Benediktinermönche die große Doppelkirche **San Fermo Maggiore** 13 (Tel. 045 59 28 13, www.chieseverona.it, März–Okt. Mo–Sa 10–18, So 13–18, sonst Mo–Sa 10–13 und 13.30–17, So 13–17 Uhr). Der Altar mit den Reliquien der Heiligen, den eine ältere Kirche umgab, sollte nicht verändert werden. Da sich das Niveau des Platzes aber durch Überschwemmungen der Etsch gesenkt hatte, errichtete man über dem unteren, in den Boden abgesunkenen Kirchenschiff ein neues. Der Bau dauerte von 1065 bis 1138 und wurde, nachdem 1260 Franziskaner die Kirche und das Kloster übernommen hatten, verändert und erweitert. Die ursprünglich dreischiffige romanische Kirche wurde nach franziskanischem Muster in eine einschiffige Hallenkirche umgewandelt, die durch ihre helle Weite besticht.

Die zweifarbige, romanisch-gotische **Fassade** entspricht in ihrer harmonischen Gliederung durch hohe Lanzettfenster und Blendbögen sowie dem von zwei Rundfenstern flankierten Triforium und dem repräsentativen Portal durchaus dem gängigen Vorbild Veroneser Kirchenfassaden dieser Zeit. Zwei Bögen unterbrechen die Symmetrie der Westfront. Unter dem linken ist das *Wandgrab* von *Aventino Fracastoro* (gest. 1368), einem Leibarzt der Scaliger, aufgestellt. Verblüffend wirkt die Architektur der *Chorapsiden* mit dem angebauten *Campanile*, die in ihrer Art für Verona beispiellos ist. Während die Seitenapsiden

Veronas große Maler

Altichiero da Zevio (geb. um 1330 in Zevio bei Verona, gest. um 1390) war ein Schüler des gotischen Meisters Turone und gilt als einer der bedeutendsten Maler des 14. Jh. Seine Freskenzyklen bestechen durch ihre lebendige Bildsprache, die naturalistischen Details und die zarte, erlesene Farbigkeit.

Antonio Pisano, gen. Pisanello (geb. vor 1395, gest. nach 1450) war der Begründer der Medaillenkunst und ein Vertreter der frühen Porträtmalerei. Pisanello stand unter dem Einfluss der lombardischen Gotik, vermochte jedoch den höfischen Stil zu überwinden. Schließlich begründete er eine die Renaissance vorbereitende Stilrichtung.

Liberale da Verona (geb. ca. 1445 in Verona, gest. zwischen 1529 und 1536) wurde vor allem als Miniaturist berühmt. Vorbild für seine Malerei war die Sieneser Schule.

Domenico Morone (geb. 1442 in Verona, gest. nach 1517) wuchs in der Blütezeit der höfischen Gotik heran, versuchte jedoch deren Stil- und Formenkanon unter dem Einfluss von Mantegna sowie Jacopo und Gentile Bellini zu überwinden.

Francesco Morone (geb. zwischen 1470 und 1472 in Verona, gest. 1529) war Schüler seines Vaters Domenico, der ihn im Stil der Paduaner Schule ausbildete. Doch arbeitete er auch unter dem Einfluss der lombardischen Schule. Seine Werke zeichnen sich durch Heiterkeit und gelungene Farbgebung aus.

Giovanni Francesco Caroto (geb. um 1480 in Verona, gest. 1555) war Schüler Liberale da Veronas und Mantegnas. Beeinflusst wurde er von Raffael und Correggio. Das Bild im Castelvecchio ›Knabe mit Zeichnung‹ zeigt die erste Kinderzeichnung der Kunstgeschichte.

Paolo Caliari, gen. Veronese (geb. 1528 in Verona, gest. 1588 in Venedig) ging früh nach Venedig, wo er seine Meisterwerke schuf. Er verband Elemente der Hochrenaissance und des Manierismus zu einem klassischen Stil. Das Spätwerk weist bereits auf den Barock voraus. In seinen Gemälden entwickelte er mit reichen Figurenkompositionen und äußerst raffinierten Lichteffekten eine besondere, heitere Stimmung. Die Kompositionen haben festlich inszenierte mythologische und biblische Themen zum Gegenstand.

noch der Romanik angehören, strebt die polygonale Mittelapsis im Stil der Gotik turmartig in die Höhe. Sie ist mit Halbsäulen und Lisenen gegliedert und endet oben in dem filigranen Werk von hell gegen die dunkle Backsteinmauer abgesetzten Dreiecksgiebeln. Ein ornamentaler Kreuzbogenfries und hohe Fialen aus leuchtendem Tuffstein setzen zusätzliche dekorative Akzente. Den kräftigen Glockenturm mit kegelförmigem Dach aus dem 13. Jh. zieren dreibögige Säulenfenster.

Die Franziskaner verlängerten die ursprünglich dreischiffige Basilika der Benediktiner und schufen einen weiten **Saalraum**, der ihren Vorstellungen und Ansprüchen an eine Predigerkirche entsprach. Die Chorkapellen begrenzen das Schiff, dessen schöne, kielförmige Holzdecke besondere Beachtung verdient. Die Kirche ist reich an gotischen **Fresken** des 14./15. Jh. und hervorragenden Werken der Bildhauerkunst. Von besonderem künstlerischen Wert sind das Fresko einer Kreuzigungsgruppe in der Lünette über dem Hauptportal, das *Turone di Maxio* zugeschrieben wird, die Engel mit Spruchbändern an der rechten Wand, vermutlich ein Werk *Stefano di Giovannis*, sowie eine Gottesmutter mit Heiligen von *Giovanni Francesco Caroto* (1528) in der links angebauten *Cappella della Madonna* (1613).

Das wertvollste Fresko ist die *Verkündigung* von *Pisanello*. Es befindet sich über dem *Grabmal des Nicolò Rangoni di Brenzone* (1426) links vom Eingang. Dieses früheste erhaltene Werk Pisanellos fasziniert vor allem aufgrund der lebhaften Darstellung des Engels. Während sein feines Antlitz die Ergriffenheit des Sendboten zum Ausdruck bringt, scheinen die großen Flügel des Herbeieilenden noch wie im Flug zu beben. Das Grabmal selbst ist eine Arbeit des Florentiners *Nanni di Bartolo*. Vorne öffnen zwei Putten einen schweren Baldachin. Über dem Sarkophag erscheint der aus dem Grab auferstandene Christus. Zu seinen Füßen schlafen in bewegten Posen die Grabwächter. Der Grabmal und Fresko umschließende Rahmen fügt die beiden Werke zu einer künstlerischen Einheit zusammen.

Die Fresken des **Chors**, die aus der ersten Hälfte des 14. Jh. stammen, sind Zeugnisse des frühgotischen Malstils in Verona. Es fällt auf, dass die Figuren statt der üblichen idealisierten jetzt individualisierte Gesichter haben. Auf die zukünftige Entwicklung weisen vor allem die beiden lebensnahen Porträts der Stifter eines unbekannten Meisters hin: Links erscheint der kniende Prior des Franziskanerklosters, Daniele Gusmerio, in dessen Amtszeit die Kirche umgebaut wurde, und rechts Guglielmo da Castelbarco, der das Kloster mit Spenden unterstützte. Er trägt ein Modell der Kirche in den Händen. Sehr schön sind auch die *Lorenzo Veneziano* zugeschriebenen Fresken ›Krönung Mariens‹ und ›Anbetung der Könige‹ aus der zweiten Hälfte des 14. Jh.

In der *linken Chorkapelle* beachte man das Altarbild des 16. Jh. welches den hl. Antonius zwischen den Heiligen Augustinus und Nikolaus zeigt, ein Spätwerk von *Liberale da Verona*. Nebenan befindet sich die Kapelle der Familie della Torre mit einem prachtvollen Grabmal aus Marmor und Bronze. Es wurde um 1510 von Andrea Briosco di Padova, genannt *Il Riccio*, für den Naturwissenschaftler *Gerolamo della Torre* und seinen Sohn Marc'Antonio geschaffen.

Die **Unterkirche** ist die älteste romanische Kirche Veronas. Den dreischiffigen Chor, im Wechsel von kreuzförmigen und quadratischen Säulen getragen, schließen drei Apsiden ab. Der Grundriss geht auf die frühe benediktinische Zeit zurück. In das Mitteljoch wurde später beim Bau der Oberkirche aus statischen Gründen eine weitere Reihe von schlanken Stützen eingezogen, sodass der Eindruck eines Säulenwaldes von würdevoller Strenge entstand. Auffallend sind die Fresken an den Wänden und Pfeilern, die die Franziskaner im 13./14. Jh. anbringen ließen, sowie das eindrucksvolle Kruzifix (14. Jh.) über dem Altar.

Von der Piazza delle Erbe führen schmale, enge Gassen in die Altstadt Veronas. Dort, wo in römischer Zeit die Via Postumia auf die Etsch stieß, erhebt sich unvermittelt an einer kleinen Piazzetta zwischen den sich dicht aneinanderreihenden Häusern die Kirche **Sant'Anastasia** 14 (Tel. 045 59 28 13, www.chieseverona.it, März–Okt. Mo–Sa 9–18, So 13–18, Nov.–Febr. Mo–Sa 10–13 und 13.30–17, So 13–17 Uhr). Dieser gotische Kirchenbau – der größte in Verona – gehörte zu einem Dominikanerorden und wurde zu Ehren des San Pietro Martire errichtet. Der Name Sant'Anastasia geht auf ein früheres, bescheidenes Gotteshaus zurück, das dieser Heiligen geweiht war. Der schlichte Backsteinbau

Blick auf Veronas Altstadt mit den Kirchen Sant'Anastasia und Santa Maria Antica

mit einem hohen Campanile entstand zwischen 1290 und dem späten 15. Jh.

Für die **Fassade** war eigentlich eine Marmorverkleidung vorgesehen, die nicht ausgeführt wurde. Nur das feierliche *Doppelportal* mit nach innen abgeschrägtem Gewände wurde fertiggestellt. Eine gedrehte Säule mit einer *Figur des hl. Dominikus* teilt das Portal. Der rechte Pfeiler ist mit einem Flachrelief bedeckt, auf dem die Geschichte des Märtyrers San Pietro erzählt wird. Die Reliefs auf dem Türsturz stellen Szenen des Neuen Testaments dar.

Bemerkenswert ist der rückwärtige Teil der Kirche, der am besten vom gegenüberliegenden Etschufer aus zu sehen ist. Der mit anmutigen Lisenen und kleinen Bögen geschmückte *Campanile* überragt ein Ensemble von sechs polygonalen *Chorkapellen*, die sich an das weit ausladende Querschiff lehnen.

Das **Innere** ist eine typische dreischiffige Bettelordenskirche mit hohem Kreuzrippengewölbe. Mächtige Rundpfeiler aus rotem Marmor tragen die Mittelschiffsarkaden. Hölzerne Zugbalken wurden zur Unterstützung der Statik vertikal eingebaut. Der Kirchenraum ist überaus reich an Farben sowie an plastischen und architektonischen Elementen. Sehr dekorativ gibt sich der weiß-blau-rote Marmorfußboden (1462) im Dreisassmuster, eine Arbeit von *Pietro da Forlezza*. Das Gewölbe ist mit lebhaften floralen Ornamenten bemalt. Da die Kirche nur sehr schmale Fenster hat, ist das Schiff in mystisches Halbdunkel gehüllt. Um die Hauptwerke gut sehen zu können, sollte man den Kustoden darum bitten, die Beleuchtung anzuschalten. Wertvolle Kunstwerke, *Fresken* und *Tafelbilder* von *Caroto*, *Liberale da Verona*,

Pisanellos originelles Fresko ›Der hl. Georg, die Prinzessin und der Drache‹ in Sant'Anastasia

Francesco Morone u. a., sowie herausragende *Grabmonumente* schmücken das Langhaus und die Seitenkapellen der Kirche. Vor dem ersten Pfeiler eines jeden Seitenschiffes fallen die *Weihwasserbecken* auf, die von den berühmten *Due Gobbi*, den Buckligen, getragen werden. Die rechte Figur entstand 1591, die linke 1495. Letztere wird *Gabriele de Cagliari*, dem Vater von Paolo Veronese, zugeschrieben.

Die bedeutendsten Kunstwerke der Kirche befinden sich in den fünf Chorkapellen zu Seiten des Hauptchores. Sie stammen aus der Zeit der Scaligerherrschaft und repräsentieren die ›höfische Gotik‹, die sich damals in Verona entwickelte und deren wichtigste Vertreter *Turone*, *Altichiero* und *Pisanello* waren.

Die **Cappella Cavalli**, die erste Kapelle des rechten Querschiffes umschließt das Grab von Federico Cavalli (ca. 1390) mit einer Freskomalerei von *Stefano da Zevio* in der Lünette. An der oberen Seitenwand der Kapelle, von dem Grabmal teilweise verdeckt, sieht man ein großartiges *Votivfresko* (um 1390) des Veroneser Malers *Altichiero da Zevio*. Es stellt kniende Ritter aus dem Geschlecht der Cavalli dar, die von den Heiligen Georg, Martin und Jakob der Muttergottes empfohlen werden. Den Hintergrund nehmen fantasievoll gestaltete gotische Gebäude ein, die reich mit Loggien, Spitzbögen und Fialen geschmückt sind. Das Bild entstand auf dem Höhepunkt von Altichieros Schaffen. In Ausdruck und Bewegung vermittelt es das feine Malempfinden des Meisters, dessen Arbeiten von Giotto beeinflusst waren und doch weicher und realistischer im Ausdruck erscheinen. Das Fresko der Gottesmutter darunter stammt aus der 2. Hälfte des 14. Jh.

Die benachbarte **Cappella Pellegrini** birgt das Grabmal des Tommaso Pellegrini (1392). In der Lünette prangt ein Fresko des Altichiero-Schülers *Martino da Verona*. Gegenüber erhebt sich das Grabmonument der Familie Bevilacqua, für das *Altichiero* selbst ein Fresko gemalt hat. Bemerkenswert in dieser Kapelle sind die 24 *Terrakottareliefs* von Michele da Firenze aus der Zeit von 1430–35. Sie zeigen Szenen aus dem Neuen Testament. Stilistisch sind sie schon der Frührenaissance verpflichtet.

Das berühmteste und kostbarste Werk der Kirche Sant'Anastasia befindet sich außen über dem Eingangsbogen dieser Kapelle: Das **Fresko** *Der hl. Georg, die Prinzessin und der Drache* von Antonio Pisano, gen. *Pisanello*. Es entstand 1433–38 und gilt als Höhepunkt der gotischen Malerei in Oberitalien. Man sieht den hl. Georg, der gerade dabei ist, sein Pferd zu besteigen, um in den Kampf gegen den Drachen zu reiten. Rechts die Prinzessin, in kostbare Gewänder gekleidet, die sich mit großem Ernst von dem Ritter verabschiedet. Dazwischen steht in eigenartig verkürzter Perspektive das Pferd, mit dem Hinterteil zum Betrachter. Szenen aus dem Ritterleben, fantastische Landschaften und imaginäre Architekturen füllen den Hintergrund, daneben auch symbolische Gestalten wie etwa die Gehenkten. Jenseits des Flusses erkennt man den Drachen inmitten der Skelette seiner Opfer. Traditionellerweise wird Georg im Kampf mit dem Drachen dargestellt. Pisanello wählte jedoch einen anderen Moment für seine ungewöhnliche Darstellung. Georg nimmt Abschied von der als Opfer auserkorenen Prinzessin, die er vor dem Drachen retten wird.

Den **Hauptchor** dominiert die Reiterstatue über dem Grabmal des letzten, erfolglosen, Feldherren der Scaliger, *Condottiere Cortesia Serego* (um 1429). Es ist ein Werk *Nanni di Bartolos*, eines Schülers von Donatello. Der Condottiere erscheint in prunkvoller Rüstung hinter einem monumentalen Vorhang, den zwei Knappen halten. Die Szene wirkt übertrieben theatralisch, wird jedoch durch die Blattrankenornamente und Fresken rund um die Reiterfigur aufgelockert. Das ›Jüngste Gericht‹ (um 1360) gegenüber ist ein Werk *Turones*, eines der ersten Vertreter des ›höfischen Stiles‹ in der Veroneser Malerei.

Im linken Seitenschiff verdient die *Cappella del Rosario* mit einem Altarbild der Madonna mit Kind und Heiligen, ein Werk von *Lorenzo Veneziano* aus der zweiten Hälfte des 14. Jh., Beachtung. Das Bild ist von einer prunkvollen barocken Ausstattung umgeben.

Tritt man aus der Kirche hinaus auf die Piazzetta, fällt rechts über dem Torbogen, der früher Eingang zum Kloster war, das Grabmal für *Guglielmo di Castelbarco* (gest. 1320) auf, eine hervorragende Arbeit *Enrico di Riginos*.

Veronas **Duomo Santa Maria Matricolare** 15 (Tel. 045 59 28 13, www.chieseverona.it, März–Okt. Mo–Sa 10–17.30, So 13.30–17.30, Nov.–Febr. Di–Sa 10–13 und 13.30–17, Sa bis 16, So 13.30–17 Uhr) erhebt sich am Rande eines kleinen Platzes unweit der Stelle, wo die Etsch einen großen Bogen macht und dann weiter nach Süden fließt. Der heutige Bau wurde 1139–87 errichtet, nachdem die Vorgängerkirche aus dem 10. Jh. dem Erdbeben von 1117 zum Opfer gefallen war. Das Äußere weist noch weitgehend romanische Stilelemente auf, während das Innere zwischen 1444–1520 im Stil der Gotik umgestaltet wurde. Der *Campanile* hat einen romanischen Sockel; sein Mittelteil entstand im 16. Jh. nach Entwürfen von *Sanmicheli*, während der obere Teil erst 1926 fertiggestellt wurde. Die Fassade, das rechte Seitenportal und der gewaltige Chorabschluss der Kirche sind in ihrer harmonischen Gliederung durch horizontale Schichten aus Backstein und Tuff klassische Beispiele der Veroneser Romanik.

Beschwingte Raumkomposition – der gotische Duomo von Verona mit prunkvollen Kapellen

Die eindrucksvolle **Fassade** erscheint als ein perfekt gestaltetes ›Compositum‹ aus romanischen und gotischen Formen. Die hervorragende *Portalanlage* (1138) mit einem doppelgeschossigen Baldachin ruht auf gedrehten Säulen, die zwei Fabeltiere (Greife) tragen. Sie ist ein Spätwerk des Bildhauers *Nicolò*, der auch den Portikus von San Zeno gestaltete. Eine für das Mittelalter seltene Inschrift bezeugt die Autorenschaft des Künstlers. Unter dem Baldachinvorbau bestechen die in das abgestufte Gewände eingestellten romanischen Plastiken, vor allem die Jagdszenen und Tiere sowie die Gestalten der Propheten, die als früheste Beispiele mittelalterlicher Gewändeskulpturen eine besondere Bedeutung haben. An den vordersten Pfeilern erkennt man zwei ausdrucksstarke Kriegerfiguren. Es sollen die *Paladine Karls d. Gr.* – Roland (links) und Olivier (rechts) – sein. Im farbig gefassten Tympanon thront die Gottesmutter mit dem Kind zwischen anbetenden Hirten und den Heiligen Drei Königen, während Engel die Geburt Christi verkünden. Zu beiden Seiten der Vorhalle wird die Fassade von großen Fenstern durchbrochen.

Hohe, weit gespannte Arkaden überwölben den dreischiffigen **Innenraum**. Sie ruhen auf mit dekorativen Blattkapitellen und Blattkonsolen geschmückten Bündelpfeilern aus rotem Marmor. Die mächtigen Bögen laufen in einem Kreuzrippengewölbe aus, das den hallenartigen Raum schwungvoll abschließt.

Die drei ersten **Kapellen** rechts und links nach dem Hauptportal sind mit spielerisch gestalteten Scheinarchitekturen dekoriert, die der Architekt *Giovanni Maria Falconetto* 1503 schuf.

Das bedeutendste Kunstwerk des Domes befindet sich in der 1. Kapelle links vom Eingang, der **Cappella Cartolari-Nichesola**. Das Altarblatt zeigt eine *›Himmelfahrt Mariens‹ (1535)* von *Tizian*. Es ist das einzige Werk des großen Venezianers in Verona. Maria gleitet über die Wolken himmelwärts und blickt noch einmal hinab zu den Aposteln, die in Verwunderung und Staunen der Entschwebenden nachblicken. Zwei der Apostel schauen verblüfft in den leeren Sarg. Die rechte vordere Figur, die betend niedergekniet ist, wird als ein Porträt des Architekten *Michele Sanmicheli* angesehen. Virtuos stimmte Tizian die matten, sanften Farben aufeinander ab. Eine besondere Stille und Andacht wirkt in diesem Gemälde. Die dramatische Überhöhung und das Pathos der berühmten ›Assunta‹ (1518) Tizians in der Frari-Kirche von Venedig ist hier einer vereinfachten, verinnerlichten Bildsprache gewichen.

Ein Hauptwerk des Veroneser Malers *Liberale da Verona* ist in der 2. Seitenkapelle rechts vom Eingang, der **Cappella Calcasoli**, zu sehen. Die *›Anbetung der Könige‹* entstand Ende des 15. Jh. Sie besticht durch die Fülle der noch im kleinsten Detail ausdrucksvollen Porträts (Liberale war als Miniaturmaler in Siena tätig), gleichzeitig aber auch durch den fantastischen Landschaftshintergrund, der an Dürer denken lässt. Bemerkenswert sind auch die lustigen Tierdarstellungen im Vordergrund und die Vielzahl von Engelsköpfen, die sich hinter der Heiligen Familie auftürmen. Die Anmut und der Formenreichtum der höfischen Gotik erreichten mit diesem Werk einen Höhepunkt.

Am Ende des rechten Seitenschiffes fällt in der **Cappella Mazzanti** das *Grabmal der hl. Agatha* (1353) auf. Die mit qualitätvoller Steinmetzarbeit von *Domenico da Lugo* gerahmte Kapelle umschließt eine Tomba, die an die der Scaliger erinnert. An die Stelle der Reiterstatue tritt hier die Darstellung des Martyriums der Santa Agata von Catania. Allerdings wurden im Sarkophag 1353 die Gebeine der hl. Agathe von Verona aufgefunden.

Die Chorschranken im schlichten klassischen Stil sind ein Werk *Michele Sanmichelis* (1534). Die **Chorapsis** ist mit Fresken zum Marienleben ausgestattet, die *Francesco Torbido* 1534 nach Entwürfen von Giulio Romano schuf.

Vom linken Seitenschiff aus erreicht man den weitläufigen **Kreuzgang** des Domes. Bevor man ihn betritt, passiert man einen Gang, der noch einen Teil des Mosaikfußbodens und eine Säule der alten Kirche des 5. Jh. bewahrt. Der Kreuzgang mit Doppelsäulen aus rotem Marmor stammt aus dem 12. Jh., der Erbauungszeit des Domes.

Links neben den Chorschranken des Domes führt eine Tür zum Baptisterium **San Giovanni in Fonte**, 1123–35 erbaut. Man betritt einen dreischiffigen Raum mit einem ungewöhnlich breiten Mittelschiff. Romanische und gotische Freskenfragmente bedecken die Wände. Ein Meisterwerk ist das *Taufbecken* aus der Zeit um 1200, das aus einem einzigen roten Marmorblock gemeißelt wurde. *Re-*

Vom Colle San Pietro aus hat man einen schönen Blick auf den römischen Ponte Pietra

liefs mit Darstellungen aus dem Leben Jesu bedecken die Wangen des Oktogons. Sie gehören zu den wertvollsten Zeugnissen romanischer Bildhauerkunst in Oberitalien. Antike Tradition, byzantinische Einflüsse und die expressive, aus dem Norden kommende Formensprache der Romanik verbinden sich in diesen Reliefs zu einer großartigen Stilsynthese. Die verschiedenen Szenen aus dem Leben Christi – von der Verkündigung bis zur Taufe – werden aufgrund ihrer unterschiedlichen Ausarbeitung mehreren Meistern zugeschrieben.

Rechts vom Hauptportal des Domes befindet sich die **Biblioteca Capitulare** (www.capitolareverona.it, zugänglich nur für Studenten und Wissenschaftler). Bereits im 5. Jh. gegründet, ist sie eine der ältesten der Welt und birgt einen kostbaren Schatz an Pergamenten, Codices, Gold- und Silberarbeiten. Entstanden ist sie als Skriptorium der ›Schola sacerdotum‹ und birgt daher vor allem wertvolle Handschriften und Inkunabeln, z.B. den Codex Iustinianus (Original von 534).

Über den Ponte Pietra zum linken Etschufer

Geht man vom Dom aus an dem sich anschließenden Bischofspalast vorbei Richtung Etsch, stößt man auf den Ponte Pietra, die einzige aus römischer Zeit erhaltene Brücke. Sie überquert mit fünf Bögen unterschiedlicher Spannweite die Etsch. Allerdings stammen nur die beiden ersten Bögen am linken Ufer noch aus der Antike. Sie sind aus Naturstein, während die folgenden im 16. Jh. aus Ziegelstein erneuert wurden. Den letzten Bogen mit dem Wachturm am rechten Ufer hatten die Scaliger im 13. Jh. angefügt. Im Zweiten Weltkrieg wurde die Brücke zerstört, jedoch ebenso wie die Brücke der Scaliger originalgetreu wieder aufgebaut.

Von der Brücke hat man einen besonders schönen Blick auf das linke Etschufer mit dem Teatro Romano und der malerischen Kulisse des *Colle San Pietro*. Dieser Stadtteil ist weniger bekannt und sehr viel ruhiger als die Straßen rings um die Piazza delle Erbe und die Arena. Auch im Mittelalter war die Siedlung links der

Etsch nur ein Randgebiet, obwohl die Scaliger sie durch den Bau eines neuen Mauerrings in das alte Stadtgebiet miteinbezogen hatten und bedeutende Klöster und Kirchen erbaut worden waren. Die Kirchen bergen einen großen Reichtum an Kunstwerken der Renaissance und der Veroneser Malschule des 15. Jh. Für diese spektakuläre Kunstmeile entlang der Etsch entwickelte sich daher der Begriff ›Pantheon der Veroneser Malerei‹. Ein Abstecher in diesen Stadtteil lohnt also nicht nur wegen des antiken Theaters, sondern auch, um die eine oder andere Kirche zu besichtigen und den unvergleichlichen Ausblick vom Colle San Pietro zu genießen.

Das **Teatro Romano** 16 (Rigaste Redentore 2, Tel. 0458000360, Mo 13.30–19.30, Di–So 8.30–19.30 Uhr, Einlass bis 18.30 Uhr) schmiegt sich an den Hügel, den einst ein antiker Tempel krönte. Es wurde schon um die Zeitenwende als Bühne für Dramen errichtet und ist damit älter als die Arena. Offenbar fanden in Verona Schauspiel und Literatur ein ebenso großes Interesse wie Gladiatorenkämpfe und Tierhetzen. Was man heute noch sieht, ist allerdings nur ein Bruchteil des ursprünglichen Theaters, das mit einer 152 m langen, statuengeschmückten Frontmauer am Etschufer zwischen Ponte Pietra und dem verschwundenen Ponte Postumia abschloss. Zweigeschossige Galerien rahmten die Tribüne, doch Erdbeben, Hochwasser und Erdrutsche zerstörten nach und nach die Anlage.

Im Mittelalter wurde das Areal überbaut und die Reste des Theaters dienten als Steinbruch. Die Römer hatten weichen Tuffstein als Baumaterial verwendet, deshalb mussten die erhaltenen Stufen nach und nach mit Marmor ausgebessert werden. Heute dient das Theater zwischen Juli und September als Freilichtbühne für Schauspiel-, Musik- und Tanzaufführungen (www.estate teatraleveronese.it).

Als einzige Reste der mittelalterlichen Überbauung blieben die Kirche *Santi Siro e Libera* aus dem 10. Jh. mit einem schönen Portal (14. Jh.) und einer dekorativen Marmortreppe (17. Jh.) sowie das Kloster *San Girolamo* erhalten, dessen wuchtige Mauern das Theater oben abschließen. Es beherbergt das **Museo Archeologico del Teatro Romano** (Öffnungszeiten wie Theater, per Aufzug zugänglich) in dem u. a. Mosaiken, Statuen, ein Bronzekopf aus der Zeit des Augustus und eine weibliche Sitzfigur, die römische Kopie eines griechischen Originals, ausgestellt sind.

TOP TIPP Eine Treppe links vom Teatro Romano führt hinauf auf den **Colle San Pietro**. Dieser Anstieg mit dem reizvollen Wechselspiel der Ausblicke findet seinen Höhepunkt im grandiosen Stadtpanorama vom Gipfel aus. Kirchen, Türme und Brücken des alten Verona fügen sich zu einem beeindruckenden Bild.

Das Gebäude, welches den Hügel beherrscht, ist das **Castel San Pietro**, eine Kaserne der Österreicher aus dem Jahr 1854. Zunächst stand hier ein römischer Tempel, später vermutlich die sagenumwobene *Burg des Theoderich*, in der auch der fränkische König Pippin residierte. Später verlor die Burg an Bedeutung und geriet in Vergessenheit. Erst die Visconti bauten sie im 14. Jh. zu einer strategisch bedeutenden Festung aus. 1793 wurde die Trutzburg durch die Truppen Napoleons zerstört.

Geht man vom Teatro Romano flussaufwärts, vorbei an der Kirche **San Stefano** 17, die zu den ältesten Veronas gehört und unter den Langobarden Bischofssitz war, erreicht man die von einer hohen Kuppel überwölbte Kirche **San Giorgio in Braida** 18, auch San Giorgio Maggiore genannt. Der Turm, der die Kirche flankiert, stammt noch aus dem 11. Jh., als hier ein Benediktinerkloster gegründet worden war. Später übernahmen Augustiner das Kloster und führten es zu großer wirtschaftlicher Blüte. 1477 wurde die heutige Kirche errichtet, nachdem das Kloster der Kongregation San Giorgio in Alga in Venedig übertragen worden war. Der Entwurf für die Kuppel geht auf *Michele Sanmicheli* zurück. Die einfache, harmonisch gegliederte Fassade ist aus weißem Marmor. Obwohl im 17. Jh. entstanden, zeigt sie noch starke Elemente der Renaissance. Sie stimmt auf gelungene Weise mit dem benachbarten Stadttor San Giorgio aus dem Jahre 1525 überein.

Der schlichte, einschiffige **Innenraum** wurde von dem Venezianer *Antonio Rizzo* entworfen und 1536–43 ausgeführt. Die Klarheit der Formen und ein vorbildliches Gleichgewicht der Raumgestaltung zeichnen den Bau aus. Das Licht verteilt sich im Wesentlichen durch die Fensteröffnungen der Kuppel. Es reicht allerdings nicht aus, um die zahlreichen bedeutenden *Gemälde* der Kapellen zu beleuchten, sodass man den Kustoden bitten sollte, die künstliche Beleuchtung

Die hohe Kuppel von San Giorgio in Braida geht auf einen Entwurf Michele Sanmichelis zurück

einzuschalten. *Goethe* pries bei seinem Besuch 1786 die »Galerie von guten Gemälden« in San Giorgio in Braida, eine wahre »Pinakothek« oberitalienischer Malerei des 16. Jh. Nicht nur Veroneser Künstler, sondern auch die beiden Venezianer *Jacopo* und *Domenico Tintoretto* sowie die Brescianer *Romanino* und *Moretto* sind hier vertreten.

Hauptwerk ist das ›Martyrium des hl. Georg‹ (1566) von *Paolo Veronese* am **Hochaltar**, welches der Maler während eines kurzen Aufenthaltes in seiner Geburtsstadt schuf. Er hatte einige Jahre zuvor Verona verlassen, um in der Kunstmetropole Venedig zu arbeiten. Das Bild besticht durch seine meisterliche Komposition, vor allem aber durch die geniale Lichtgestaltung.

Die den Chor flankierende Verkündigungsgruppe malte *Giovanni Caroto*. An der rechten Wand sieht man eine ›Brotvermehrung‹ von *Paolo Farinati*, gegenüber die ›Mannalese‹ von *Felice Brusasorci*.

Von den vielen qualitätvollen Werken seien des Weiteren hervorgehoben: über dem Portal eine *Jacopo Tintoretto* zugeschriebene ›Taufe Christi‹, in der dritten Seitenkapelle rechts das ›Pfingstwunder‹ von *Domenico Tintoretto*, in der vierten Kapelle ein Gemälde von *Felice Brusasorci*, eine überaus feinfühlige ›Maria mit drei Engeln‹. In der ersten Seitenkapelle links verdient die ›Hl. Ursula mit den Jungfrauen‹, ein Spätwerk *Giovanni Francesco Carotos*, Beachtung, es weist schon manieristische Züge auf. In der vierten Kapelle links befindet sich *Girolamo dai Libris* ›Thronende Madonna zwischen San Zeno und San Laurentius‹.

Weiter flussabwärts stößt man auf eine der schönsten Kirchen Veronas, **Santa Maria in Organo** 19 (Eingang Itinerario delle Acque Morte). Die ursprüngliche Stiftskirche des Benediktinerordens aus dem 7./8. Jh. wich im 12. Jh. einem romanischen Bau, von dem noch die Krypta erhalten ist. Im späten 15. Jh. erhielt die Kirche ihre heutige Form. Damals hatten Mönche aus dem Kloster Monte Oliveto Maggiore bei Siena die Abtei übernommen. Der untere Teil der **Fassade** mit drei unterschiedlichen, in klassischem Stil gestalteten Bögen geht wahrscheinlich auf einen Entwurf Michele Sanmichelis zurück. Im oberen Teil und an den Seitenwänden blieb das charakteristische Mauerwerk der Veroneser Romanik, wechselnde Schichten von Tuff- und Ziegelstein, erhalten. Den von einer Kuppel

Der Mönch Fra Giovanni schuf die illusionistischen Intarsien in Santa Maria in Organo

gekrönten *Campanile* (1525–33) konzipierte vermutlich der Olivetanermönch Fra Giovanni da Verona.

Der dreischiffige **Innenraum** im Renaissancestil kulminiert in der Vierungskuppel. Charakteristisch sind das über der Krypta aufgestockte Querschiff und der tiefe Chor. Die schöne Kassettendecke ist eine Arbeit Francesco Canellas von 1790.

Auch diese Kirche ist äußerst reich an Kunstwerken. Die Wände im Mittelschiff zieren Fresken mit Szenen aus dem Alten Testament, rechts Arbeiten von *Giovanni Francesco Caroto* (1480–1555), links von *Nicolò Giolfino* (1475–ca. 1555), einem der bedeutendsten Maler der Renaissance in Verona und Schüler Liberales. Er malte auch die kleine Apsis der Cappella della Croce rechts aus.

Im Chor sieht man gewaltige Gemälde (1556) von *Paolo Farinati*, den ›Bethlehemitischen Kindermord‹ und den ›Triumph des Konstantin‹. Hinter dem Hochaltar aus prachtvollem, mehrfarbigem Marmor betritt man den tiefen **Mönchschor**, in dem sich die wertvollsten Kunstwerke der Kirche befinden. Zwischen 1493–99 fertigte der geniale Olivetanermönch *Fra Giovanni* kunstvolle Intarsien und Schnitzereien an, die das **Chorgestühl** zieren. Dieser Giovanni da Verona war ungewöhnlich vielseitig: Architekt, Schnitzer, Miniaturist und Bildhauer; er gilt zudem als hoch begabter Meister der Perspektive. Von den 41 Chorstühlen sind 27 mit intarsierten Rücklehnen versehen. Die Chorstühle trennen kleine Pfeiler, aus deren Kapitellen eine Konsole mit umlaufendem Gebälk hervorspringt. Jeder Pfeiler weist andere Schnitzereien auf: Girlanden, Waffen, Tiere, Kandelaber sowie die Passionssymbole. Greifen und geflügelte Chimären tragen die Armlehnen der Stühle. Die außerordentlich fein und präzise gearbeiteten Intarsien sind religiösen und profanen Themen gewidmet. Eine Vorliebe zeigt der Künstler für Kästen und Schränke, hinter deren halb geöffneten Türen symbolische Gegenstände erscheinen. Bemerkenswert sind die perspektivischen Darstellungen von Kirchen (z. B. Santa Maria in Organo), Palästen und Straßenzügen sowie Stadtansichten des mittelalterlichen Verona.

Im Zentrum des Chorgestühls steht ein *Lesepult*, das Fra Giovanni um 1500 schnitzte. Der dreieckige Sockel ist mit Schnitzereien und Einlegearbeiten verziert. Interessant ist die Darstellung eines Hasen, dessen Fell durch die raffiniert angeordneten Holzteilchen äußerst naturnah und lebendig wirkt. Fra Giovanni hat das Pult mit Intarsienarbeiten von aufgeschlagenen Chorbüchern geschmückt. Verblüffend ist die Perfektion, mit der der Mönch Licht- und Schattenreflexe sowie perspektivische Raumwirkungen allein durch verschieden getönte Holzarten hervorruft.

Vor dem Hochaltar steht ein weiteres wertvolles Werk des *Fra Giovanni*: ein geschnitzter, 4 m hoher *Kandelaber* für die Osterkerze. Hervorragend sind die Darstellung der Karyatiden, die Heiligenfiguren tragen, sowie die ausdrucksstarken Bildnisse von Dante, Petrarca und Boccaccio.

Als besondere Schönheit präsentiert sich die **Sakristei**, von der Vasari schrieb, sie sei die schönste, »die in ganz Italien bestand«. Die Wände bemalte *Francesco Morone* 1506 mit Porträts von ›heiligen und berühmten Persönlichkeiten‹ des Benediktinerordens. Sie sind in die weiße Kutte der Olivetaner gekleidet.

An der linken Sakristeiwand stehen Kastenbänke, die Fra Giovanni 1519–23 mit Intarsien von höchster Meisterschaft schmückte. Die holzverkleidete Wand gegenüber hat Domenico Brusasorci mit stimmungsvollen Landschaften bemalt.

Die Via Santa Maria in Organo geht weiter südlich in die Via Giardino Giusti über. Dort erhebt sich die finster wirkende Fassade des **Palazzo Giusti**. Durchquert man aber das Eingangstor und den von Arkaden überwölbten Innenhof des Palastes mit einem beachtenswerten großen Leuchter, so betritt man den **Giardino Giusti** 20 (Via Giardino Giusti 2, April–Sept. tgl. 9–20, Okt.–März tgl. 9–Sonnenuntergang), eine Parkanlage von großer Schönheit.

TOP TIPP

Die Familie Giusti stammte aus Florenz, musste aber im 15. Jh. aus politischen Gründen die Toskana verlassen. Um ein Stück der Heimat zu bewahren, schuf sie den Garten im Stil der toskanischen Renaissance, gleichsam als natürliches Bühnenbild zu ihrem mit Fresken und repräsentativen Treppenanlagen ausgestatteten Palast. Fortan nannte sich die Familie voll Stolz ›Giusti dei Giardini‹. Die heutige Anlage geht auf das Jahr 1570 zurück. Im 19. Jh. war ein Park im englischen Stil entstanden, der aber im Zweiten Weltkrieg durch Bomben zerstört wurde.

Der Garten, in dem Natur, Kunst und Geschichte ihren Ausdruck finden sollten, war mit Wasserspielen, Vogelvolieren und Wild, das in einem zugehörigen Wald lebte, bereichert.

Im unteren Teil wandelt man heute durch kunstvoll geschnittene, von Buchsbaumhecken gerahmte Labyrinthe. Effektvolle Statuen, Brunnen und Blumenbeete beleben die strenge, antikische Architektur des Gartens. Rückwärtig steigt ein Hügel an, an dessen Hang sich Grotten und Tempelchen in reicher Vegetation ducken. Heute sind die Grotten weitgehend verfallen, waren aber einst mit Spiegeln, Edelsteinen, buntem Glas und illusionistischer Malerei ausgestattet. Der Ruhm des Gartens beruht auf der herrlichen *Zypressenallee*, die sich Stufe um Stufe die Terrassen hinaufzieht und vor einer Tropfsteinhöhle endet. Darüber tritt die *Mascherone*, eine dämonische Groteske, aus dem Felsen. Aus ihrem Riesenmaul ließ man einst Feuerzungen ausströmen. Auf dem Haupt trägt sie eine Art Balkon, den *Belvedere*, von dem man einen großartigen Blick über den Garten und die Stadt hat. Kurz vor dem Ausgang steht eine Steinskulptur, an deren Sockel ein Holzhammer befestigt ist. Schlägt man ihn gegen die Statue, erklingt ein heller, nachschwingender Ton, während der Sockel nur einen dumpfen, klanglosen Laut hervorbringt.

Praktische Hinweise

Information

IAT Piazza Brà, Via degli Alpini 9, Verona, Tel. 04 58 06 86 80, www.tourism.verona.it

Die **Verona Card** (www.veronacard.it), zu kaufen in Museen, bei der Touristeninformation und in Tabakgeschäften, ermöglicht für zwei (15 €) oder fünf Tage (20 €) kostenlose Benutzung der öffentlichen Verkehrsmittel sowie freien Eintritt in zahlreiche Museen und Kirchen. Man kann auch eine gemeinsame Eintrittskarte für die vier großen Kirchen Duomo Santa Maria Matricolare, San Zeno, San Fermo und Sant'Anastasia erwerben.

Parken

Die Altstadt nördlich der Arena bis zum Ufer der Etsch (Adige) ist als **Zona Traffico Limitato (ZTL)** meist für Besucherautos gesperrt. Hotels erteilen Ausnahmegenehmigungen für die Anfahrt. Die zentrumsnächsten Parkhäuser sind Parcheggio Cittadella (Piazza Cittadella) und Parking Arena (Via Bentegodi 8).

Hotels

*******Due Torri Hotel**, Piazza S. Anastasia 4, Verona, Tel. 045 59 50 44, www.duetorrihotels.com. Luxuriöses Haus an historischem Platz (ehem. Poststation), Einrichtung im Stil des Veroneser ›Ottocento‹.

Toskanische Gärten standen Pate für die kunstvolle Anlage des Giardino Giusti

****Colomba d'Oro, Via C. Cattaneo 10, Verona, Tel. 045 59 53 00, www.colombahotel.com. Unweit der Piazza Brà gelegenes, gemütliches Hotel mit besonders freundlichem Service.

****Hotel Accademia, Via Scala 12, Verona, Tel. 045 59 62 22, www.accademiavr.it. Zentral gelegenes, modernes Haus mit viel Komfort und einer guten Küche.

**Hotel Aurora, Piazza delle Erbe 2, Verona, Tel. 045 59 47 17, www.hotelaurora.biz. Einfaches, für die Lage relativ preiswertes Haus mit schönem Ausblick auf die Piazza und gutem Frühstück.

Restaurants

Al Bersagliere, Via Dietro Pallone 1, Verona, Tel. 04 58 00 48 24, www.trattoriaalbersagliere.it. Traditionelle Trattoria in der Altstadt mit Veroneser Spezialitäten, z. B. Pferdefleisch (So/Mo geschl.).

Ristorante Adriano, Via Moschini 26, Verona, Tel. 045 91 38 77, www.ristoranteadriano.it. Das charaktervolle Restaurant in einem Palazzo aus dem 17. Jh. bietet hervorragende Fischspezialitäten (So und Mo mittags geschl.).

Ristorante Greppia, Vicolo Samaritana 3, Verona, Tel. 04 58 00 45 77, www.ristorantegreppia.it. Bei Veronesen beliebtes Lokal mit regionalen Spezialitäten im Herzen der Altstadt (Mo geschl.).

Teodorico Re, Piazzale Castel San Pietro 1, Verona, Tel. 04 58 34 99 90, www.teodoricore.com. Lokal mit guter Küche und Loungebar in herrlicher Lage auf dem Colle San Pietro (Di geschl.).

37 Valpolicella

Nördlich von Verona beginnt die liebliche Hügellandschaft des Valpolicella, die sich zwischen der Etsch im Westen und dem Valpantena ausbreitet.

Berühmt ist diese Gegend für ihren schmackhaften *Wein*, den roten Valpolicella, den Amarone und den Recioto. Ebenso berühmt ist der rote Veroneser *Marmor*, der hier gebrochen wird und in der Stadt überall Verwendung fand. Das Valpolicella ist ein reizvolles Ausflugs- und Wandergebiet. Die Weinberge und die Hügel des Südteils mit ihren Villen und Dörfern weichen gen Norden einer herberen Landschaft, die mehr und mehr alpinen Charakter annimmt. Die dortigen Dörfer mit ihren rustikalen Natursteinhäusern sind häufig recht ursprünglich geblieben.

Im Mittelalter gehörte dieses Gebiet dem Geschlecht der della Scala. Die Venezianer verliehen ihm eine eigenständige Verwaltung unter Führung eines Vikars. Reiche Veroneser Familien bevorzugten das Valpolicella seines angenehmen Klimas wegen und bauten Villen und Landhäuser, die als *Sommersitze* dienten. Einige der Villen blieben erhalten und die meisten befinden sich noch in Privatbesitz. Solche, die Weingütern gehören, kann man im Rahmen von Weinproben besichtigen.

Hinter Arbizzano, beim Straßenschild Novare, führt rechts eine kleine Straße in ein ausgedehntes Weinbaugebiet. An ihrem Ende stößt man auf die **Villa Novare** (Loc. Navore, Arbizzano di Negrar, Tel. 04 56 02 07 44, www.villanovare.it, Besichtigung mit Weinprobe nach Voranmeldung möglich, Weinverkauf Mo–Fr 9.30–16.30, Sa 9.30–12.30 Uhr) aus dem 18. Jh. Heute gehört die Villa der Familie Bertani, die zu den bedeutendsten Repräsentanten des Valpoliceller Weinbaus zählt.

Die klassische Fassade des Mitteltraktes gliederte der Architekt *Adriano Cristofali* durch Halbsäulen und Lisenen. Darüber fügt sich der Dreiecksgiebel in eine mit Statuen geschmückte Attika ein. Im Innern besticht der zweigeschossige Saal mit reichem Freskenschmuck, welcher Allegorien der Künste und der Jahreszeiten zum Inhalt hat.

Etwas versteckt in einem Park bei Pedemonte liegt das Weingut **Cantine Santa Sofia** (Via Ca' Dede' 61, Pedemonte, Tel. 04 57 70 10 74, www.santasofia.com, Weinverkauf Mo–Fr 9.30–11.45 und 14.30–17.30 Uhr). Es keltert gehobene, preisgekrönte Tropfen. Nach Voranmeldung können die historischen Weinkeller (Cantine storiche) besichtigt werden. Zum Stammsitz gehört eine Villa (nicht zugänglich), die Marcantonio Serego 1560 nach Plänen *Andrea Palladios* bauen ließ. Der große Architekt dachte an ein römisches Haus mit Peristyl und Atrium, wie es Vitruv beschrieben hatte. Ungewöhnlich ist die Verwendung von rohem Naturstein, durch den der Bau einen bodenständigen, rustikalen Charakter erhält.

Im Valpolicella sind auch eine Anzahl romanischer Kirchen erhalten. Herausragend und einen Besuch wert ist die Kirche **Pieve di San Giorgio** im Dorf San Giorgio bei Sant'Ambrogio di Valpolicella.

In den grünen Hügeln des Valpolicella gedeihen die Trauben für bekannte Weinsorten

Der kleine Weiler liegt hoch auf einem Hügel über Sant'Ambrogio, von dem man einen wunderschönen Blick über die Hügelwelt des Valpolicella hat.

Die Kirche steht an der Stelle eines antiken Heiligtums, von dem ein Opfertisch erhalten ist. Während der Langobardenzeit gab es hier eine bedeutende Klerikerschule, die bis ins späte Mittelalter als religiöses Zentrum wirkte. Die heutige Kirche mit dem dreiseitigen Kreuzgang stammt vermutlich aus dem 11. Jh. Es handelt sich um eine doppelchörige Basilika, die den drei Apsiden im Ostchor eine Apsis im Westwerk gegenüberstellt. Diese ist mit einem noch ganz der byzantinischen Tradition verpflichteten Fresko ausgemalt. Es zeigt Christus in der Mandorla als Weltenrichter, den vier apokalyptische Gestalten umgeben.

Niedrige Rundbogenarkaden teilen den Innenraum in drei Schiffe. Berühmt ist das im Chor aufgestellte *Ziborium*. Inschriften zufolge entstand es während der Regierung des langobardischen Königs Liutprand (712–744). Es erhebt sich auf vier Säulen über dem Altar, der 1923 nach dem Vorbild von San Prospero in Perugia zusammengesetzt wurde, nachdem man die Einzelteile wiederaufgefunden hatte. Der Baldachin, den die Säulen tragen, ist mit den für die langobardischen Steinmetze typischen Flechtbandornamenten geschmückt.

Reizvoll ist auch der *Kreuzgang* rechts der Kirche. Die niedrigen Arkaden ruhen auf anmutigen Säulen, deren Kapitelle Tiere, Blatt- und Rankenwerk zieren. Er wird in die Zeit zwischen dem 10. und dem 12. Jh. datiert.

Nördlich von Verona, nur wenige Kilometer außerhalb der Stadt, Richtung Bosco Chiesanova befindet sich im *Valpantena*, im Ort Santa Maria in Stelle, gleich neben der Pfarrkirche ein unterirdisches Heiligtum aus römischer Zeit, das Pantheon oder **Ipogeo di Santa Maria in Stelle** (2.–3. Jh. n. Chr.). Durch einen langen Gang erreicht man einen tonnengewölbten Raum mit zwei Seitenräumen, die in Apsiden enden.

Die Funktion dieser unterirdischen römischen Tempelanlage ist unbekannt. Im 4. Jh. entstand hier eine christliche Kultstätte, die im 5. Jh. mit sehr schönen Fresken ausgestattet wurde. Im Laufe der Zeit sind sie zwar weitgehend verblasst, doch ihre Wirkung ist unvermindert stark.

i Praktische Hinweise

Hotel

*******Villa del Quar**, Via Quar 12, Pedemonte, Tel. 04 56 80 06 81, www.hotelvilladelquar.it. Im Valpolicella (ca. 20 Autominuten von Verona) sehr ruhig gelegenes Luxushotel in einer Villa des 17. Jh. mit Restaurant, Garten und Pool.

Ristorante

RISERVATO
HOTEL
DU LAC

Gardasee aktuell A bis Z

Vor Reiseantritt

ADAC Info-Service:
Tel. 018 05 10 11 12 (0,14 €/Min.aus dem deutschen Festnetz, max. 0,42 €/Min. aus Mobilfunknetzen)

Unter dieser Nummer oder bei den ADAC Geschäftsstellen können ADAC Mitglieder kostenlos Informations- und Kartenmaterial anfordern.

ADAC im Internet:
www.adac.de
www.adac.de/reisefuehrer

Gardasee im Internet:
www.visitgarda.com
www.gardasee.de
www.lagodigarda.it

Italienisches Tourismusministerium:
www.italia.it

ENIT – Ente Nazionale Italiano per il Turismo: www.enit.it

Deutschland
Barckhausstrasse 10, 60325 Frankfurt/Main, Tel. 069/23 74 34, frankfurt@enit.it

Österreich
Mariahilfer Str. 1b/TOP XVI, 1060 Wien, Tel. 01/505 16 39, vienna@enit.it

Schweiz
Uraniastr. 32, 8001 Zürich, Tel. 04 34 66 40 40, zurich@enit.it

Allgemeine Informationen

Reisedokumente

Reisende aus Deutschland, Österreich und der Schweiz benötigen einen gültigen **Reisepass** oder **Personalausweis,** Kinder bis 12 Jahre können auch einen Kinderreisepass benutzen.

Kfz-Papiere

Führerschein und Zulassungsbescheinigung Teil 1 (vormals Fahrzeugschein) sind mitzuführen. Empfohlen wird die Mitnahme der Internationalen Grünen Versicherungskarte.

Krankenversicherung

Heutzutage ist die **Europäische Krankenversicherungskarte** in die übliche Versicherungskarte integriert. Sie wird in ganz EU-Europa anerkannt und garantiert die medizinische Versorgung. Sicherheitshalber empfiehlt sich jedoch der Abschluss einer zusätzlichen *Reisekranken-* und *Rückholversicherung*.

Hund und Katze

Für Hunde und Katzen ist bei Reisen innerhalb der EU ein gültiger, vom Tierarzt ausgestellter EU-Heimtierausweis mit Nachweis einer Tollwutimpfung vorgeschrieben, ebenso die Kennzeichnung durch einen Mikrochip.

Zollbestimmungen

Reisebedarf für den persönlichen Gebrauch obliegt innerhalb der EU keinen Beschränkungen und darf abgabenfrei eingeführt werden. Richtmengen für privaten Verbrauch: 800 Zigaretten, 400 Zigarillos, 200 Zigarren, 1 kg Tabak, 10 l Spirituosen, 20 l Spirituosen unter 22 %, 90 l Wein (max. 60 l Schaumwein), 110 l Bier.

Bei Einreise in die **Schweiz** bleiben zollfrei: 200 Zigaretten oder 50 Zigarren oder 250 g Tabak, 2 l alkoholische Getränke bis zu 15 % und 1 l Spirituosen über 15 % (für Personen ab 17 Jahren), andere Waren bis zu einem Gesamtwert von 300 CHF, beschränkt ist dabei die Mitnahme von Lebensmitteln, siehe www.ezv.admin.ch.

Geld

Die gängigen *Kreditkarten* werden von Banken, Hotels und vielen Geschäften akzeptiert. Zum Geldabheben rund um die Uhr stehen zahlreiche *Maestro-Bankomaten* zur Verfügung.

Tourismusämter im Land

Unter **Praktische Hinweise** im Haupttext sind Filialen der *Tourismusämter* aufgeführt, die reichhaltiges Prospektmaterial, oft auch in deutscher Sprache, bereithalten. Die meisten Büros sind tgl. 9–12.30 und 15–19.30 Uhr geöffnet, in kleineren Orten nur von Mai bis Ende September.

Kompetente Ansprechpartner findet man auch bei der **Comunità del Garda**, Via dei Colli 15, Gardone Riviera, Tel. 03 65 29 04 11, www.lagodigarda.it.

Notrufnummern

Notruf: Tel. 112 (EU-weit, auch mobil: Polizei, Unfallrettung, Feuerwehr)

ACI-Soccorso Stradale (Pannendienst): Tel. 80 31 16, Mobil-Tel. 800 11 68 00. Man beachte die *gelben Notrufsäulen* auf den Autobahnen (ca. alle 2 km).

ADAC Notrufstation Monza, Tel. 03 92 10 41 (rund um die Uhr)

ADAC Notrufzentrale München, Tel. 00 49/89/22 22 22 (rund um die Uhr)

ADAC Ambulanzdienst München, Tel. 00 49/89/76 76 76 (rund um die Uhr)

ÖAMTC Schutzbrief Nothilfe: Tel. 00 43/(0)1/251 20 00, www.oeamtc.at

TCS Zentrale Hilfsstelle: Tel. 00 41/(0)224 17 22 20, www.tcs.ch

Bei Unfällen mit *Sachschäden* ist es dringend erforderlich, die Versicherung und die Versicherungsnummer des Unfallgegners zu notieren. Bei Unfällen mit *Personenschaden* muss die Polizei verständigt werden.

Diplomatische Vertretungen

Deutsches Generalkonsulat, Via Solferino 40, Mailand, Tel. 026 23 11 01, www.mailand.diplo.de

Österreichisches Generalkonsulat, Piazza del Liberty 8/4, Mailand, Tel. 02 78 37 43, www.bmeia.gv.at

Schweizer Generalkonsulat, Via Palestro 2, Mailand, Tel. 027 77 91 61, www.eda.admin.ch

Besondere Verkehrsbestimmungen

Tempolimits (in km/h): Für Pkw, Motorräder und Wohnmobile gilt innerhalb geschlossener Ortschaften 50, außerorts 90, auf Schnellstraßen 110 (bei Regen 90) und auf Autobahnen 130 (bei Regen 110). Für Wohnmobile über 3,5 t gilt außerorts und auf Schnellstraßen 80, auf Autobahnen 100; Pkw mit Anhänger dürfen außerorts und auf Schnellstraßen max. 70, auf Autobahnen 80 fahren.

Die *Promillegrenze* liegt bei 0,5.

Motorrad- und Mopedfahrer müssen immer mit *Abblendlicht* fahren, Autofahrer nur außerorts. Es besteht *Anschnallpflicht*, für Lenker und Mitfahrer von Zweirädern *Helmpflicht*. Kinder unter 12 Jahren müssen hinten sitzen. Das *Telefonieren* während der Fahrt ist nur mit Freisprechanlage erlaubt. Das *Nationalitätenkennzeichen* bzw. das EU-Kennzeichen ist Pflicht.

Jede Person, die im Falle einer Panne oder eines Unfalls auf offener Straße den Wagen verlässt, muss eine reflektierende *Warnweste* tragen. Diese muss griffbereit im Auto mitgeführt werden. Jede Ladung, die nach hinten überragt (Surfbretter, Boote, Fahrradständer etc.), muss mit einer 50 x 50 cm großen, rot-weiß-roten, reflektierenden Warntafel gekennzeichnet werden. Keine Ladung darf über die Vorderkante des Fahrzeugs hinausragen.

Öffentliche *Parkplätze* sind durch weiße oder blaue Markierungen gekennzeichnet. Die ›blauen‹ Parkplätze sind gebührenpflichtig. Eine gelbe Markierung bedeutet *Parkverbot*.

Strom

Die Netzspannung beträgt 125 oder 220 V. Deutsche Stecker passen nicht in alle Steckdosen.

Anreise

Auto

Am schnellsten ist die Anfahrt über den Brenner und die Autobahn A22. Die Abfahrt zum Gardasee Nord liegt hinter Rovereto, zum Gardasee Süd bei Affi. Von Trento kann man auch die Staatsstraße SS 45bis in Richtung Riva durch das Sarcatal nehmen.

Die österreichischen und Schweizer Autobahnen sind **mautpflichtig.** Vignetten gibt es beim ADAC, bei grenznahen Rastplätzen und Tankstellen. Die Autobahngebühren in Italien richten sich nach zurückgelegter Strecke und Fahrzeugklasse. Bezahlt wird bei der Autobahnabfahrt in Euro, per Kreditkarte oder mit der *Viacard* (Karten zu 25 € oder 50 € beim ADAC oder in Italien an Autobahnraststätten). Wer bargeldlos bezahlt, wird an vielen Mautstellen auf eigenen Fahrspuren schneller abgefertigt.

Autobahn-Tankstellen sind 24 Stunden geöffnet, übrige Tankstellen meist Mo–Fr 7–12.30 und 15.30–19.30 Uhr. An Hauptstrecken gibt es *SB-Tanksäulen*, die Geldscheine sowie Kreditkarten annehmen.

Bahn und Autoreisezug

Die Züge über den **Brenner** erreichen Brescia und Verona direkt. Züge nach Rom oder Venedig halten in der Regel in Trento, Rovereto und Verona, allerdings ist die Weiterfahrt von dort zum Gardasee kompliziert, da das Bahnnetz in dieser Region schlecht ausgebaut ist: Die Bahntrasse verläuft von Nord nach Süd entlang der Autobahn, also relativ weit vom See entfernt, sowie am Südufer des Sees. Hier sind Peschiera und Desenzano an das Streckennetz angeschlossen.

Autoreisezüge fahren von mehreren deutschen Städten aus nach Verona, teilweise allerdings nur im Sommer.

Fahrplanauskunft:

Deutsche Bahn, Tel. 018 05 99 66 33 (persönlich, 0,14 €/Min. aus dem deutschen Festnetz, max. 0,42 €/Min. aus Mobilfunknetzen), Tel. 080 01 50 70 90, sprachgesteuert, gebührenfrei), www.bahn.de

Deutsche Bahn Autozug, Tel. 018 05 99 66 33 (0,14 €/Min. aus dem deutschen Festnetz, max. 0,42 €/Min. aus Mobilfunknetzen), www.dbautozug.de

Österreichische Bundesbahn, Tel. 05 17 17, www.oebb.at

Schweizerische Bundesbahnen, Tel. 09 00 30 03 00 (1,19 CHF/Min. aus dem Schweizer Festnetz), www.sbb.ch

Trenitalia, Buchungscenter Deutschland, Tel. 018 05 01 35 33 (0,14 €/Min. aus dem dt. Festnetz, max. 0,42 €/Min. aus Mobilfunknetzen), www.trenitalia.news-plus.net

Bus

Von mehreren deutschen Großstädten fahren Busse nach Verona. Zentrale Reservierungsstelle:

Deutsche Touring, Am Römerhof 17, Frankfurt/Main, Tel. 069/790 35 01, www.touring.de

Flugzeug

Der *Flughafen* für die Gardasee-Region ist **Aeroporto Valerio Catullo di Verona Villafranca** (Tel. 04 58 09 56 66, www.aeroportoverona.it). Linienflüge verkehren von Frankfurt, Köln und München sowie von Wien, nur aus der Schweiz gibt es keine Direktverbindungen. Mitunter wird auch der Flughafen **Aeroport D'Annunzio di Brescia Montichiari** (Tel. 03 09 65 65 99, www.aeroportobrescia.it) angeflogen.

Bank, Post, Telefon

Bank

Die Banken sind in der Regel Mo–Fr 8.30–13.30 und 14.30–15.30 Uhr geöffnet.

Post

Die Postämter sind in der Regel Mo–Fr 8–13.30 bzw. 14 und Sa 8–12 Uhr geöffnet. Briefmarken (*Francobolli*) gibt es auch in Tabakläden (*Tabacchi*).

Telefon

Internationale Vorwahlen:
Italien 00 39
Deutschland 00 49
Österreich 00 43
Schweiz 00 41

In Italien ist die Ortsnetzkennzahl fester Bestandteil der Telefonnummern und muss **immer** (inkl. der 0) mitgewählt werden. Dagegen fällt bei Handy-Nummern die 0 weg.

Die Benutzung handelsüblicher **Mobiltelefone** ist in ganz Italien möglich.

Die öffentlichen Telefonzellen sind fast ausschließlich für **Telefonkarten** (*Scheda telefonica*) eingerichtet, die zu 1 €, 2,50 € und 5 € in Tabakläden, Kiosken und manchen Bars verkauft werden.

Die 800-Nummern, *Numero Verde*, gelten nur innerhalb Italiens und sind gebührenfrei.

Einkaufen

Öffnungszeiten: in der Regel Mo–Sa 9–13 und 15.30–19.30 Uhr. Am Gardasee haben jedoch viele Geschäfte während der Saison abends länger und auch So geöffnet.

Mode und Kulinaria

Die Orte rund um den Gardasee sind ein wahres Einkaufsparadies und bieten eine Fülle von Souvenirläden, Modeboutiquen, Sportwarenläden und anderen Geschäften. Beliebte Artikel sind nach wie vor *Lederwaren* und *Schuhe*, die auch häufig auf den Wochenmärkten angeboten werden. Preiswerter als in Deutschland ist *Zinn*, das meist aus Brescia kommt. Gutes *Olivenöl* vom Gardasee hat seinen Preis. Sein Geschmack ist mild und sehr angenehm.

Verona ist eine sehr angenehme Einkaufsstadt für elegante *Mode*, *Pelze* und *Schuhe*. Außer in den Geschäften kann man die Produkte auch direkt bei den Fabriken in der Umgebung erwerben. Kulinarische Spezialitäten sind die *Baci di Giulietta*, mit Likör gefüllte süße Köstlichkeiten, sowie der berühmte *Pandoro*, ein trockener, aromatischer Kuchen.

Märkte

Obwohl die Märkte an Originalität verloren haben, lassen sich hübsche Leder- oder Strickwaren finden. Ein Besuch lohnt schon wegen der geschäftigen und doch entspannten Atmosphäre.

Viele Märkte enden um 13 Uhr, deshalb sollte man einen Besuch auf den Vormittag legen oder sich vorab nach den genauen Zeiten erkundigen.

Märkte rund um den Gardasee

Montag: Peschiera, Moniga, Torri del Benaco, San Zeno di Montagna, Colombare di Sirmione

Dienstag: Castelletto di Brenzone, Bussolengo, Desenzano, Limone (April–Sept. 1. u. 3. Di im Monat), Tignale, Torbole (April–Sept. 2. und 4. Di im Monat)

Mittwoch: Arco (1. u. 3. Mi im Monat), Gargnano, Lazise, Riva (2. u. 4. Mi im Monat), San Felice del Benaco

Donnerstag: Bardolino, Bussolengo, Lonato, Toscolano-Maderno, Trento

Freitag: Garda, Manerba, Lugana di Sirmione

Samstag: Malcesine, Pacengo di Lazise, Padenghe (nachmittags), Salò, Valeggio sul Mincio

Sonntag: Rivoltella di Desenzano

In **Verona** werden Märkte Di–Fr in verschiedenen Stadtteilen abgehalten; am dritten Samstag im Monat findet der ›Mercato 3A‹ (Artigianato, Arte, Antiquario) auf der *Piazza San Zeno* mit Kunsthandwerk, Antiquitäten und Kunst statt.

In **Brescia** gibt es neben dem täglich auf der *Piazza Mercato* veranstalteten Markt jeden Samstag auf der *Piazza Loggia* einen großen Wochenmarkt.

Essen und Trinken

Obgleich die Gastronomie am Gardasee noch heute durchaus vom internationalen Tourismus beeinflusst ist, zeigt sie deutlich eine Rückbesinnung auf heimische Produkte und traditionelle Rezepte. Diese neue ›alte‹ Küche trägt dem Bedürfnis nach leichter, natürlicher Kost Rechnung, ohne auf Überliefertes zu verzichten. Die Gardaseeküche der *Riviera degli Olivi* mit dem Monte-Baldo-Gebiet, der Gegend um Rivoli und dem Minciotal, stellt regionale Produkte wie Olivenöl, heimische Gemüsearten und vor allem Fisch in den Mittelpunkt ihrer Kochkunst. *Gardaseeforellen*, *Karpfen*, *Schleien*, *Zander* und *Aale* sind seit Jahrhunderten die Hauptnahrungsmittel der Region. Unter den Gemüsen nimmt im Frühjahr der *Spargel* aus dem Gebiet von Rivoli und Cavaion eine Vorrangstellung ein.

Im **Minciotal** ist schon der Einfluss der Küche Mantuas spürbar. Es gibt herrliche Pasta-Gerichte. Berühmt sind die *Tortellini di Valeggio* mit delikater Fleischfüllung. Ragouts von *Wildhasen* oder *Kaninchen* begleiten selbstgemachte Spaghetti. Eine Spezialität der Küche des oberen Gardasees sind die *Agole* oder *Aole sale*, kleine gesottene Fische, die im Ganzen verzehrt werden. Im **Monte-Baldo-Gebiet** stehen Wildgerichte, *Kaninchen*, *Ziege* und *Lamm* auf der Speisekarte. Sie werden mit heimischen Käsen, Bergkräutern und Pilzen angereichert und verfeinert.

Aus **Verona** kommt das berühmte Hauptgericht *Bollito misto con la pearà*. Es besteht aus verschiedenen gekochten Fleischsorten mit einer Pfeffersoße aus Knochenmark, Semmelmehl und Fleischbrühe. Eine Besonderheit ist auch die *Pastissada de caval*, ein pikant gewürztes, in Rotwein (Barolo oder Amarone) geschmortes Pferderagout. Zu den Hauptgerichten isst man vielfach Polenta.

Im **Valténesi** haben sich verschiedene gastronomische Betriebe zu einem ›Club Pesce di Lago‹ zusammengeschlossen, um traditionelle Fischgerichte wiederzubeleben. Vor allem der *Coregone*, eine weiße Lachsart, die in großen Seen lebt, wird hier präsentiert. Olivenöl *extra vergine* und der fruchtige Rosé *Chiaretto* ergänzen die Tafelfreuden des Valténesi.

Wein

Überall findet man **Vinotheken**, in denen die Weine der Region angeboten werden. Vier Weingebiete grenzen an den See, die *Riviera del Garda Bresciana*, *Lugana*, *Custoza* und *Bardolino*. Im Lugana wächst ein angenehmer Weißer, ebenso in Custoza südöstlich von Peschiera. Der

Bardolino ist ein leichter, süffiger Rot- oder Roséwein, der jung getrunken wird. Schwerer sind die Weine aus dem Valpolicella nordwestlich von Verona. *Valpolicella*, *Recioto* und *Amarone* aus dem Veroneser Hügelland gehören zu den Spitzenweinen Italiens.

Sehr gute weiße und rote Weine kommen aus dem Trentino. Berühmt ist der schwere *Marzemino*, dem Mozart im ›Don Giovanni‹ ein Denkmal setzte.

In Italien gilt **Rauchverbot** in Bars, Restaurants und Diskotheken, die nicht über separate Räumlichkeiten verfügen.

Feiertage

1. Januar (*Capodanno*, Neujahr), 6. Januar (*Epifania*, Heilige Drei Könige), Ostersonntag (*Pasqua*) und Ostermontag (*Pasquetta*), 25. April (*Liberazione*, Fest der Befreiung von Faschismus und deutscher Besatzung 1945), 1. Mai (*Festa del Lavoro*, Tag der Arbeit), 2. Juni (*Festa della Repubblica*, Nationalfeiertag), 15. August (*Ferragosto*, Mariä Himmelfahrt), 1. November (*Ognissanti*, Allerheiligen), 8. Dezember (*Immacolata Concezione*, Mariä Empfängnis), 25./26. Dezember (*Natale*, Weihnachten).

Festivals und Events

Rund um den Gardasee werden vor allem die Patroziniumsfeste (*Sagra*) der Kirchen feierlich begangen. Während des Sommers finden in verschiedenen Orten außerdem die *Regatte delle bisse* statt, Wettkämpfe mit schmalen, flachen Booten, die von vier Männern wie Gondeln im Stehen vorwärts bewegt werden.

Ausführliche und aktuelle Informationen bieten die einschlägigen Webseiten über den Gardasee [s. S. 129]

Februar/März

Verona: *Carnevale* mit einem Umzug und Spektakeln in den Stadtteilen.

März/April

Brenzone: *Via Crucis vivente* (Lebendiger Kreuzweg) – Prozession am Abend des Karfreitags, die an der Kirche San Carlo Borromeo in Castelletto startet.

April/Mai

Riva del Garda: *Sympatex Bike Festival Garda Trentino* – vier Tage lang werden in Riva Bike-Neuheiten der Saison vorgestellt, dazu gibt es Wettkämpfe für Profis und Laien, Shows und Musik (Ende April/Anfang Mai, www.bike-festival.de).

Mai

Brescia: *Mille Miglia* – Start des Oldtimerrennens, das über Desenzano, Peschiera und Verona bis nach Rom und zurück nach Brescia führt (www.millemiglia.it).

Juni

Trento: *Feste Vigiliane* – Festwoche zur Erinnerung an den Schutzpatron der Stadt, den hl. Vigilius. Dabei finden der *Palio dell'Oca* (Geschicklichkeitskämpfe mit Flößen auf der Etsch, der Sieger erhält eine Gans = *Oca*) sowie das mittelalterliche Maskenfest *Ciusi e Gobj* auf dem Domplatz statt (www.festevigiliane.it).

Juni/Juli

Nördlicher Gardasee: *Garda Jazz Festival* – Dreiwöchiges Festival mit Konzerten internationaler Jazzgrößen an verschiedenen Orten des nördlichen Gardasees (Mobil-Tel. 0333743 4452, www.gardajazz.com).

Juli

Garda: *Sardellata al Chiar di Luna – Pal del Vò* – traditionelles Fischfest bei Vollmond mit großem Sardinenfischen.

Dro: *Drodesera Fies* – Festival mit Theater- und Tanz-Performances im einstigen Wasserkraftwerk Centrale Fies (Tel. 0464504700, www.centralefies.it).

Juli/August

Gardone Riviera: *Nuovo Festivale del Vittoriale Tener-a-mente* – Theater, Tanzdarbietungen und Konzerte im Amphitheater des Vittoriale (Mobil 0393554 5627, www.anfiteatrodelvittoriale.it).

Riva del Garda: *Musica Riva Festival* – internationales Treffen junger Musiker (Tel. 0464554073, www.musicarivafestival.com).

Juli–September

Verona: Opernfestspiele in der Arena (Tel. 0458005151, www.arena.it).

August

Lazise: *Festa della Madonna della Neve* – Volksfest mit gastronomischen Ständen und Musik im Ortsteil Colà (Anf. Aug.).

Garda: *Palio delle Contrade* – Wettkampf mit traditionellen Booten (15. Aug., Mariä Himmelfahrt).

Riva del Garda: *Notte di Fiaba* – Musik- und Theaterfest mit Feuerwerk (Tel. 04 64 56 01 13, www.nottedifiaba.it).

Rovereto: *Festival Internazionale W. A. Mozart* – Das Wunderkind gab bereits mit 13 Jahren in Rovereto Konzerte (Tel. 04 64 43 99 88, www.festivalmozartrovereto.com, Ende Aug.).

September

Bardolino: *Sagra dei Osei* – Fest der Vögel, traditionelles Volksfest im Ortsteil Cisano (www.sagradeiosei.com, 1. Septemberwoche).

Desenzano: *Festa dell'Anitra* – Entenfest, traditionelles Volksfest.

Rovereto: *Oriente Occidente – Incontro di Culture* – Theater und Tanz im Theater von Rovereto und in den Schlössern der Umgebung (Tel. 04 64 43 16 60, www.orienteoccidente.it, 1. Septemberhälfte).

Gargnano: *Centomiglia* – Segelregatta nach Torbole, Desenzano del Garda und zurück nach Gargnano (www.centomiglia.it, 2. Wochenende im Sept.).

Oktober

Bardolino: *Festa dell'Uva e del Vino* – großes Weinfest (1. Wochenende im Okt.).

November

Verona: *Fieracavalli* – Pferdemesse mit allem, was Reiter brauchen (www.fieracavalli.it, Anfang Nov.)

Dezember

Weihnachtsmärkte in vielen Orten, z. B. Garda, Malcesine, Arco, Riva, Trento.

Klima und Reisezeit

Das Klima ist im Gardaseegebiet sehr mild, da die Berge die kalten Nordwinde fernhalten. Die jahreszeitlichen Temperaturschwankungen werden außerdem durch die großen Wassermassen ausgeglichen. Die Hitze des Sommers mildern zudem kühlende Winde. Die mittlere Jahrestemperatur beträgt 12 °C.

Frühjahr und Herbst gelten als die besten Reisezeiten. Im April und Mai entfaltet sich die reiche Blütenpracht am See; das Monte-Baldo-Gebiet besticht im Frühsommer durch seine einzigartige Flora. Im Herbst ist es ruhig am See und die Silhouetten der Berge scheinen sich im hellen Dunst aufzulösen.

Klimadaten Gardasee

Monat	Luft (°C) min./max.	Wasser (°C)	Sonnen-std./Tag	Regen-tage
Januar	1/ 5	8	3	5
Februar	1/ 7	6	4	5
März	4/12	8	5	7
April	9/17	10	6	9
Mai	13/20	13	7	11
Juni	17/24	18	7	10
Juli	19/27	20	8	8
August	18/26	21	7	8
September	15/21	19	6	7
Oktober	10/16	16	5	8
November	11/ 5	12	3	8
Dezember	2/ 6	9	3	8

Museen und Kirchen

Museen

Die meisten Museen haben montags geschlossen. Es gibt aber auch andere Ruhetage, besonders im Winter. Die *Öffnungszeiten* sind uneinheitlich und ändern sich häufig und oft kurzfristig.

Kirchen

Die meisten Kirchen sind in den Mittagsstunden geschlossen. Kleinere Kirchen in abgelegenen Orten sind oft nur zu den Gottesdiensten geöffnet.

Nachtleben

Nachtschwärmer finden am Gardasee gute Möglichkeiten, sich auszutoben. Mehrere Orte haben Diskotheken und Nachtlokale, die bis 4 oder 5 Uhr morgens geöffnet sind. Besonders bekannt für ihr Nachtleben sind Desenzano und Bardolino, hier gibt es die meisten Clubs und Discos, sodass es auch Tanzfreudige aus dem Umland am Freitag und Samstag dorthin zieht.

Beliebte und sehr große Diskotheken sind der **Hollywood DanceClub** (Via Montavoletta 11, Tel. 04 57 21 05 80, www.hollywood.it, April–Sept. Fr/Sa 22–4 Uhr, Anfang Aug. auch Do 22–4 Uhr) in Bardolino sowie der **Fura Club** (Via Lavagnone 13, Mobil-Tel. 34 07 67 51 18, www.fura.it, Fr/Sa 23–5, So 22–3 Uhr) in Lonato.

Doch auch klassische Nachtlokale, Pubs oder Piano Bars findet man in allen größeren Ortschaften wie in Riva, Torri del Benaco, Salò, Lazise oder Malcesine.

Sport

Angeln

Im Gardasee und im Mincio ist das Angeln mit Angelschein erlaubt. Den Antrag für den Schein erhält man bei den Tourismusämtern oder Gemeinden.

Baden

Die schönsten Strände finden sich am Süd- und am Ostufer, im Westen lassen die steilen Felswände kaum Platz für Badestrände. Badeschuhe werden empfohlen, da die Ufer meist steinig sind.

Golf

Arzaga Golfclub (27 Loch), Via Arzaga 1, Calvagese della Riviera (BS), Tel. 03 06 80 62 66, www.arzaga-golf-garda.it

Gardagolf Country Club (27 Loch), Via Angelo Omodeo 2, Soiano del Lago (BS), Tel. 03 65 67 47 07, www.gardagolf.it

Golf Il Colombaro (9 Loch), Via Colombaro 1, Cunettone di Salò (BS), Tel. 03 65 55 31, www.ilcolombaro.it

Bogliaco Golf Resort (18 Loch), Via del Golf 21, Toscolano-Maderno (BS), Tel. 03 65 64 30 06, www.golfbogliaco.com

Golf Chervò (27 Loch), Loc. San Vigilio, Pozzolengo (BS), Tel. 03 09 18 01, www.chervogolfsanvigilio.it

Golf Ca' degli Ulivi (27 Loch), Via Ghiandare 2, Marciaga di Costermano (VR), Tel. 04 56 27 90 30, www.golfclubcadegliulivi.it

Golf Club Villafranca (18 Loch), Loc. Pozzomoretto, Villafranca (VR), Tel. 04 56 30 33 41, www.golfvillafranca.com

Golf Club Paradiso del Garda (27 Loch), Loc. Paradiso, Peschiera d. Garda (VR), Tel. 04 56 40 58 02, www.golfclubparadiso.it

Golf Club Verona (18 Loch), Loc. Cà del Sale 15, Sommacampagna (VR), Tel. 045 51 00 60, www.golfclubverona.com

Klettern

Die besten Klettermöglichkeiten bietet Arco (Tel. 04 64 53 28 28, www.friendsofarco.it) Dort findet jedes Jahr im Juli der Free-Climber-Wettbewerb **Rock Master** (www.rockmaster.com) statt. Man kann auch in Torbole oder Nago klettern, Auskünfte erteilen die Tourismusbüros.

Motorschifffahrt

Auf dem See erlaubt, mit Ausnahme des zum Trentino gehörenden Teiles (vor der Küste von Riva und Torbole). Auskünfte erteilen Hafeninspektoren, und Tourismusbüros. Ausführliche Informationen für Mitglieder – auch Segler – bietet die **ADAC Sportschifffahrt** (Tel. 089/76 76 0, www.adac.de/sportschifffahrt).

Mountainbike

Hauptanziehungspunkt ist der Monte Baldo. Die Seilbahn von Malcesine nimmt Mountainbikes mit. Schön zu befahren sind auch die alten Straßen nach Pregasina und zum Ledrosee sowie das Tennotal oder der Monte Tremalzo. Grundsätzlich gilt, dass neben ausgewiesenen Routen nur Wege befahren werden dürfen, die die Breite eines quergestellten Fahrrads und eine Neigung geringer als 20 % haben. Auskunft:

Allgemeiner Deutscher Fahrrad-Club (ADFC), Grünenstr. 120, 28199 Bremen, Tel. 04 21/34 62 90, www.adfc.de

Segeln

Fast jeder Ort am Gardasee hat eine Segelschule. Auskünfte erteilen die Tourismusbüros. Man kann aber auch Boote chartern. ADAC Mitglieder sollten sich vor Ort nach günstigen Konditionen erkundigen. Die schönsten Segelreviere liegen in der Mitte des Sees, wo an den Ufern die Alpen der Hügellandschaft Platz machen.

Surfen

Surfschulen findet man in den meisten Orten am See. Am beliebtesten ist der Nordteil, vor allem Torbole mit seinen starken Winden. Dort sowie in Campione und Riva finden im August und September Windsurfmeisterschaften statt.

Wandern

Das Gebiet um den Gardasee und im Sarca- und Tennotal bietet dem Wanderer vielfältige Möglichkeiten: leichte Wege entlang der Hügel über dem Seeufer bzw. den Tälern, aber auch anspruchsvolle Bergtouren in den Höhenlagen. Besonders beliebt ist das Monte-Baldo-Gebiet zwischen Monte Altissimo und Punta Telegrafo mit einer Vielzahl gut zu gehender Wege und einmaliger Flora. Am Westufer sind es die Umgebung des Ledrosees und die Hochebene von Tremosine, wo besonders reizvolle Wanderungen locken. Auskünfte erteilen die örtlichen Tourismusbüros.

Wintersport

Das Lifte des Skigebiets auf dem **Monte Baldo** (www.baldogardasuperski.it) sind über die Seilbahn von Malcesine und über die Wintersportorte Polsa und San Valentino zugänglich. Alpinskilifte und Langlaufloipen gibt es auch auf dem **Monte Bondone** bei Trento.

Statistik

Der Gardasee liegt 65 m über dem Meeresspiegel und ist maximal 346 m tief, 51,6 km lang und 17,5 km breit. Insgesamt 368 km^2 nimmt der See ein. Rund 135 000 Menschen leben an seinen Ufern. Das Reisegebiet dieses Führers umfasst das Land zwischen Trento und Verona, die Ufer des Gardasees, das Sarca-, Tenno- und Minciotal sowie die Stadt Brescia und berührt damit die Regionen Venetien (Veneto), Lombardei (Lombardia) sowie die Provinz Trento (Trentino).

Unterkunft

Agriturismo

Urlaub auf dem Land erfreut sich großer Beliebtheit, allerdings sind nicht alle Betriebe ganzjährig geöffnet. Information:

Turismo Verde, Via Mariano Fortuny 20, Roma, Tel. 06 32 40 111, www.turismoverde.it

Camping

Das Angebot an Campingplätzen ist groß. Eine Beschreibung geprüfter Plätze bietet der jährlich erscheinende **ADAC Campingführer**, Band Südeuropa. Der ebenfalls jährlich erscheinende **ADAC Stellplatzführer Deutschland – Europa** informiert über Wohnmobil-Stellplätze (www.adac.de/campingfuehrer).

Ferienhäuser und -wohnungen

Ferienhäuser und Ferienwohnungen sind meist komplett eingerichtet. Bettwäsche und Handtücher sind nicht immer inklusive, können aber oft vor Ort ausgeliehen werden.

Hotels

Hotels werden mit * (sehr bescheiden) bis ***** (Luxushotel) klassifiziert. Wer gerne unmittelbar am Seeufer wohnt, sollte sich unbedingt vorher über die genaue Lage des Hotels informieren.

Vor allem während der italienischen Schulferien (Mitte Juni bis Mitte September) sind die Hotels häufig ausgebucht.

Jugendherbergen

Associazione Italiana Alberghi per la Gioventù (AIG), Via Cavour 44, 00184 Roma, Tel. 06 48 71 152, www.aighostels.com

Deutsches Jugendherbergswerk, Bismarckstr. 8, Detmold, Tel. 052 31/740 10, www.jugendherberge.de

Verkehrsmittel im Land

Bahn

Die Orte am Gardasee sind nicht durch Eisenbahnlinien miteinander verbunden, lediglich Peschiera del Garda und Desenzano del Garda sind ans Bahnnetz angeschlossen. Von dort bestehen Zugverbindungen nach Trento, Brescia und Verona.

Bus

Busse verbinden die Küstenorte. Fahrkarten erhält man an Kiosken oder in Geschäften, die den Verkauf per Logo anzeigen. An manchen Haltestellen gibt es Automaten. Beim Busfahrer kann nicht bezahlt werden. Infos und Fahrpläne:

APTV, Lungadige Galtarossa 5, Verona, Tel. 04 58 05 78 11, www.aptv.it

Mietwagen

In Städten und größeren Orten sind internationale Autovermieter vertreten. Für Mitglieder bietet die **ADAC Autovermietung GmbH** günstige Konditionen. Buchungen über ADAC Geschäftsstellen, unter Tel. 089/76 76 34 34 oder im Internet unter www.adac.de/autovermietung.

Schiff

Zwischen allen wichtigen Orten am See besteht von Mitte März bis Oktober täglicher Linienverkehr mit *Motorschiffen* oder *Tragflügelbooten*. Von Ende März bis Ende September starten außerdem von vielen Häfen *Ausflugsfahrten*, u. a. zur Isola del Garda. Zwischen Toscolano-Maderno und Torri del Benaco verkehren das ganze Jahr über tgl. *Autofähren*, zwischen Malcesine und Limone im April/Mai Sa/So/Fei, von Juni–Sept. tgl., Informationen:

Navigazione Lago di Garda, Piazza Matteotti 1, Desenzano, Tel. 03 09 14 95 11, www.navigazionelaghi.it

Sprachführer

Italienisch für die Reise

Das Wichtigste in Kürze

Ja/Nein	*Si/No*
Bitte/Danke	*Per favore/Grazie*
In Ordnung./Einverstanden.	*Va bene./D'accordo.*
Entschuldigung!	*Scusi!*
Wie bitte?	*Come dice?*
Ich verstehe Sie nicht.	*Non La capisco.*
Ich spreche nur wenig Italienisch.	*Parlo solo un po' d'italiano.*
Können Sie mir bitte helfen?	*Mi può aiutare, per favore?*
Das gefällt mir (nicht).	*(Non) Mi piace.*
Ich möchte …	*Vorrei …*
Haben Sie …?	*Ha …?*
Wie viel kostet …?/	*Quanto costa …?*
Kann ich mit Kreditkarte bezahlen?	*Posso pagare con la carta di credito?*
Wie viel Uhr ist es?	*Che ore sono?/Che ora è?*
Guten Morgen!/Guten Tag!	*Buon giorno!*
Guten Abend!	*Buona sera!*
Gute Nacht!	*Buona notte!*
Hallo!/Grüß dich!	*Ciao!*
Wie ist Ihr Name, bitte?	*Come si chiama, per favore?*
Ich heiße…	*Mi chiamo…*
Ich bin Deutsche(r)	*Sono tedesco(-a)*
Ich komme aus Deutschland.	*Sono della Germania.*
Wie geht es Ihnen?	*Come sta?*
Auf Wiedersehen!	*Arrivederci!*
Tschüs!	*Ciao!*
Bis bald!	*A presto!*
Bis morgen!	*A domani!*
gestern/heute/morgen	*ieri/oggi/domani*
am Vormittag/am Nachmittag	*la mattina/al pomeriggio*
am Abend/in der Nacht	*la sera/la notte*
um 1 Uhr/um 2 Uhr…	*all'una/alle due…*
um Viertel vor (nach)…	*alle... meno un quarto (e un quarto)*
um…Uhr 30	*alle…e trenta*
Minute(n)/Stunde(n)	*minuto(-i)/ora(-e)*
Tag(e)/Woche(n)	*giorno(-i)/settimana(-e)*
Monat(e)/Jahr(e)	*mese(-i)/anno(-i)*

Zahlen

0	*zero*	19	*diciannove*
1	*uno*	20	*venti*
2	*due*	21	*ventuno*
3	*tre*	22	*ventidue*
4	*quattro*	30	*trenta*
5	*cinque*	40	*quaranta*
6	*sei*	50	*cinquanta*
7	*sette*	60	*sessanta*
8	*otto*	70	*settanta*
9	*nove*	80	*ottanta*
10	*dieci*	90	*novanta*
11	*undici*	100	*cento*
12	*dodici*	200	*duecento*
13	*tredici*	1000	*mille*
14	*quattordici*	2000	*duemila*
15	*quindici*	10 000	*diecimila*
16	*sedici*	1 000 000	*un millione*
17	*diciassette*	1/2	*mezzo*
18	*diciotto*	1/4	*un quarto*

Wochentage

Montag	*lunedì*
Dienstag	*martedì*
Mittwoch	*mercoledì*
Donnerstag	*giovedì*
Freitag	*venerdì*
Samstag	*sabato*
Sonntag	*domenica*

Monate

Januar	*gennaio*
Februar	*febbraio*
März	*marzo*
April	*aprile*
Mai	*maggio*
Juni	*giugno*
Juli	*luglio*
August	*agosto*
September	*settembre*
Oktober	*ottobre*
November	*novembre*
Dezember	*dicembre*

Maße

Kilometer	*chilometro(-i)*
Meter	*metro(-i)*
Zentimeter	*centimetro(-i)*
Kilogramm	*chilo(-i)*
Pfund	*mezzo chilo*
100 Gramm	*etto(-i)*
Liter	*litro(-i)*

Unterwegs

Nord/Süd/West/Ost	*nord/sud/ovest/est*
oben/unten	*sopra/sotto*
geöffnet/geschlossen	*aperto/chiuso*
geradeaus/links/ rechts/zurück	*diritto/sinistra/ destra/indietro*
nah/weit	*vicino/lontano*
Wie weit ist…?	*A che distanza si trova...?*
Wo sind die Toiletten?	*Dove sono le toilette?*
Wo ist die (der) nächste…	*Dove si trova nelle vicinanze…*
Telefonzelle/	*una cabina telefonica/*
Bank/	*una banca/*
Geldautomat/	*un bancomat/*
Post/	*la posta/*
Polizei?	*la polizia?*
Bitte, wo ist…	*Scusi, dov'è…*
der Hauptbahnhof/	*la stazione centrale/*
der Busbahnhof/	*la stazione autolinee/*
der Flughafen?	*l'aeroporto?*
Wo finde ich …	*Dove si trova…*
eine Bäckerei/	*un panificio/*
ein Kaufhaus/	*un grande magazzino/*
ein Lebensmittel-geschäft/	*un negozio di alimentari/*
den Markt?	*il mercato?*
Ist das der Weg/ die Straße nach …?	*È questa la strada per ….?*
Ich möchte mit …	*Vorrei andare …*
dem Zug/	*col treno/*
dem Schiff/	*colla nave/*
der Fähre/	*col traghetto/*
dem Flugzeug	*col aereo*
nach…reisen.	*a…*
Gilt dieser Preis für Hin- und Rückfahrt?	*È la tariffa di andata e ritorno?*
Wie lange gilt das Ticket?	*Fino a quando è valido il biglietto?*
Wo ist das Tourismusbüro/	*Dov'è l'Ufficio per il turismo/*
ein Reisebüro?	*un'agenzia viaggi?*
Ich suche ein Hotel.	*Cerco un albergo.*
Wo kann ich mein Gepäck lassen?	*Dove posso depositare i miei bagagli?*

Freizeit

Ich möchte ein…	*Vorrei noleggiare…*
Fahrrad/	*una bicicletta/*
Mountainbike/	*un mountain bike*
Motorrad/	*un moto/*
Surfbrett/	*una tavola da surf/*
Boot mieten.	*una barca.*
Gibt es in der Nähe…	*Dove si trova nelle vicinanze…*
einen Strand/	*una spiaggia/*
einen Freizeitpark/	*un parco di divertimento/*
ein Freibad/	*una piscina pubblica/*
einen Golfplatz/	*un campo di golf/*
einen Reitstall?	*una scuola di equitazuione?*
Wann hat … geöffnet?	*Quando è aperto (aperta)…?*

Bank, Post, Telefon

Brauchen Sie meinen Ausweis?	*Vuole vedere i miei documenti?*
Wo soll ich unterschreiben?	*Dove debbo firmare?*
Wie lautet die Vorwahl für …?	*Qual è il prefisso per …?*
Wo gibt es…	*Dove trovo…*
Telefonkarten/	*le schede telefoniche/*
Briefmarken?	*i francobolli?*

Tankstelle

Wo ist die nächste Tankstelle?	*Dov'è la stazione di servizio più vicina?*
Ich möchte …Liter…	*Vorrei…litri…*
Benzin/Super/	*di benzina/super/*
Diesel.	*diesel.*
Volltanken, bitte.	*Faccia il pieno, per favore.*
Bitte prüfen Sie…	*Verifichi per favore…*
den Reifendruck/	*la pressione delle ruote/*
den Ölstand/	*il livello dell'olio/*
den Wasserstand/	*il livello dell'acqua/*
das Wasser für die Scheibenwischanlage/	*l'acqua per il tergicristallo/*
die Batterie.	*la batteria.*
Würden Sie bitte …	*Per favore, mi può…*
den Ölwechsel vornehmen/	*cambiare l'olio/*

Hinweise zur Aussprache

c,-cc	vor ›e‹ und ›i‹ wie ›tsch‹, Bsp.: **ci**ao; sonst wie ›k‹, Bsp.: **co**me
ch,-cch	wie ›k‹, Bsp.: **ch**e, **ch**ilo
g,-gg	vor ›e‹ und ›i‹ wie ›dsch‹, Bsp.: **ge**nte; sonst wie ›g‹, Bsp.: **go**la
gli	wie ›Lilie‹, Bsp.: fi**gli**o
gn	wie ›Cognac‹, Bsp.: ba**gn**o
sc	vor ›e‹ und ›i‹ wie ›sch‹, Bsp.: **sci**opero; sonst wie ›sk‹, Bsp.: **sc**ala
sch	wie ›sk‹, Bsp.: I**sch**ia
sci	vor ›a,o,u‹ wie ›sch‹, Bsp.: la**sci**are
z	wie ›ds‹, Bsp.: **z**uppa

den Radwechsel vornehmen/	*cambiare la ruota/*
die Sicherung austauschen/	*sostituire il fusibile/*
die Zündkerzen erneuern/	*sostituire le candele/*
die Zündung nachstellen.	*regolare l'accensione.*

Mietwagen

Autovermietung	*Autonoleggio*
Ich möchte ein Auto mieten.	*Vorrei noleggiare una macchina.*
Was kostet die Miete …	*Quanto costa il noleggio …*
pro Tag/	*al giorno/*
pro Woche/	*alla settimana/*
mit unbegrenzter km-Zahl/	*senza limite chilometraggio/*
mit Kaskoversicherung/	*con assicurazione kasko/*
mit Kaution?	*con cauzione?*
Wo kann ich den Wagen zurückgeben?	*Dove posso restituire la macchina?*

Panne

Ich habe eine Panne.	*Ho un guasto.*
Der Motor startet nicht.	*La macchina non parte.*
Ich habe die Schlüssel im Wagen gelassen.	*Ho le chiavi in macchina.*
Ich habe kein Benzin/Diesel.	*Non ho più benzina/ diesel.*
Gibt es hier in der Nähe eine Werkstatt?	*C'è un'officina qui vicino?*
Können Sie mir einen Abschleppwagen schicken?	*Mi potrebbe mandare un carro attrezzi?*
Können Sie den Wagen reparieren?	*Può riparare la mia macchina?*
Bis wann?	*Quando sarà pronta?*

Unfall

Hilfe!	*Aiuto!*
Achtung!/Vorsicht!	*Attenzione!*
Rufen Sie bitte schnell …	*Per favore, chiami subito …*
einen Krankenwagen/	*un'ambulanza/*
die Polizei/	*la polizia/*
die Feuerwehr.	*i vigili del fuoco.*
Es war (nicht) meine Schuld.	*(Non) È stata colpa mia.*
Geben Sie mir bitte Ihren Namen und Ihre Adresse.	*Mi dia il suo nome ed indirizzo, per favore.*
Ich brauche die Angaben zu Ihrer Autoversicherung.	*Mi dia i particolari della sua assicurazione auto.*

Notfall

Ich möchte eine Anzeige erstatten.	*Vorrei fare una denuncia.*
Man hat mir …	*Mi hanno rubato…*
Geld/die Tasche/	*i soldi/la borsa/*
die Papiere/	*i documenti/*
die Schlüssel/	*le chiavi/*
den Fotoapparat/	*la macchina fotografica/*
den Koffer/	*la valigia/*
das Fahrrad	*la bicicletta.*
gestohlen.	

Krankheit

Können Sie mir einen guten Deutsch sprechenden Arzt/ Zahnarzt empfehlen?	*Mi può consigliare un bravo medico/ dentista che parla il tedesco?*
Wann hat er Sprechstunde?	*Qual è l'orario delle visite?*
Wo ist die nächste Apotheke?	*Dove si trova la farmacia più vicina?*
Ich brauche ein Mittel gegen…	*Vorrei qualcosa contro…*
Durchfall/	*la diarrea/*
Halsschmerzen/	*mal di gola/*
Fieber/	*la febbre/*
Insektenstiche/	*le punture d'insetti/*
Kopfschmerzen	*mal di testa*
Verstopfung/	*la costipazione/*
Zahnschmerzen	*mal di denti.*

Hotel

Können Sie mir bitte ein Hotel/eine Pension empfehlen?	*Potrebbe consigliarmi un albergo/ una pensione, per favore?*
Ich habe bei Ihnen ein Zimmer reserviert.	*Ho prenotato una camera.*
Haben Sie ein Einzel-/	*Ha una camera singola/*
Doppelzimmer …	*doppia…*
mit Dusche/	*con doccia/*
mit Bad/	*con bagno/*
für eine Nacht/	*per una notte/*
für eine Woche/	*per una settimana/*
mit Blick aufs Meer?	*con vista sul mare?*
Was kostet das Zimmer …	*Quanto costa una camera…*
mit Frühstück/	*con prima colazione/*
mit Halbpension/	*con mezza pensione/*

mit Vollpension?	*con pensione completa?*
Kann ich mit Kreditkarte zahlen?	*Posso pagare con la carta di credito?*
Haben Sie einen Hotelsafe/Internetzugang	*Avete una cassetta di sicurezza/l'accesso a Internet?*
Wie lange gibt es Frühstück?	*Fino a che ora viene servita la colazione?*
Ich möchte um…Uhr geweckt werden.	*Vorrei essere svegliato alle ore…*
Ich reise heute Abend/morgen früh ab.	*Vorrei partire questa sera/domani mattina.*

Restaurant

Ich suche ein gutes/günstiges Restaurant.	*Cerco un buon ristorante/un ristorante non troppo caro.*
Die Speisekarte/Getränkekarte, bitte.	*Vorrei la carta/la lista delle bevande, per favore.*
Welches Gericht können Sie mir empfehlen?	*Quale piatto mi può consigliare?*
Ich möchte das Tagesgericht/das Menü (zu …).	*Vorrei il piatto del giorno/il menù (da…).*
Ich möchte nur eine Kleinigkeit essen.	*Vorrei uno spuntino.*
Haben Sie … vegetarische Gerichte/offene Weine/alkoholfreie Getränke?	*Ha dei… piatti vegetariani/vini della casa/analcolici?*
Kann ich bitte… ein Messer/eine Gabel/einen Löffel haben?	*Vorrei avere… un coltello/una forchetta/un cucchiaio.*
Die Rechnung, bitte.	*Il conto, per favore!*

Essen und Trinken

Abendessen	*cena*
Apfel	*mela*
Artischoken	*carciofi*
Auberginen	*melanzane*
Bier	*birra*
Brot/Brötchen	*pane/panino*
Butter	*burro*
Ei (Eier)	*uovo (uova)*
Ente	*anatra*
Erdbeeren	*fragole*
Espresso (mit Milch)	*caffè (macchiato)*
Essig	*aceto*
Feigen	*fichi*
Fisch	*pesce*
Flasche	*bottiglia*
Fleisch	*carne*
Frischkäse	*ricotta*
Fruchtsaft	*succo di frutta*
Frühstück	*prima colazione*
gebacken	*al forno*
gegrillt	*ai ferri/alla griglia*
gekocht	*bollito(a)*
Gemüse	*verdura*
Glas	*bicchiere*
Hühnchen	*pollo*
Kalbfleisch	*vitello*
Kalbshaxenscheibe	*ossobuco*
Kaninchen	*coniglio*
Kartoffeln	*patate*
Käse	*formaggio*
Knoblauch	*aglio*
Kotelett	*costoletta*
Krabben	*gamberetti*
Lamm	*agnello*
Languste	*aragosta*
Maisschnitte	*polenta*
Meeresfrüchte	*frutti di mare*
Miesmuscheln	*cozze*
Milch mit einem Schuss Espresso	*latte macchiato*
Milchkaffee	*caffellatte*
Mineralwasser (mit/ohne Kohlensäure)	*acqua minerale (con/senza gas)*
Mittagessen	*pranzo*
Nachspeise	*dolce*
Obst	*frutta*
Öl	*olio*
Orange	*arancia*
Parmesan	*parmigiano*
Pfeffer	*pepe*
Pfirsich	*pesca*
Pilze	*funghi*
Reisbällchen, gefüllt	*arancine*
Rindfleisch	*manzo*
Salat	*insalata*
Salz	*sale*
Schafskäse	*pecorino*
Schaumwein, Sekt	*spumante*
Schinken	*prosciutto*
Schweinefleisch	*maiale*
Spinat	*spinaci*
Steak	*bistecca*
Suppe	*minestra, zuppa*
Tee	*té*
Thunfisch	*tonno*
Tintenfische	*polpetti*
Tomaten	*pomodori*
Venusmuscheln	*vongole*
Vorspeisen	*antipasti*
Wein	*vino*
Weißwein/Rotwein/Roséwein	*vino bianco/vino rosso/vino rosato*
Weintrauben	*uva*
Zucker	*zucchero*
Zwiebeln	*cipolle*

Register

Impressum

Chefredakteur: Dr. Hans-Joachim Völse
Textchefin: Dr. Dagmar Walden
Chef vom Dienst: Bernhard Scheller
Bildredaktion: Astrid Rohmfeld
Aktualisierung: Martin Brecheisen
Klappenkarte vorne und Karten Innenteil: Mohrbach Kreative Kartographie
Klappenkarte hinten: ADAC e.V. Kartografie/KAR
Layout: Martina Baur
Herstellung: Ralph Melzer
Druck, Bindung: Rasch Druckerei und Verlag
Printed in Germany

Ansprechpartner für den Anzeigenverkauf: Kommunalverlag GmbH & Co KG, MediaCenterMünchen, Tel. 089/92 80 96 44

ISBN 3-89905-723-2

Neu bearbeitete Auflage 2012

Bildnachweis

Titel: Limone sul Garda.
Foto: Laif (Berthold Steinhilber)

Titel plus-Karte: Hafen von Garda.
Foto: Laif (Eid)

AKG: 64 (Hedda Eid), 91 (Piero Baguzzi), 114 (Electa), 118 (Cameraphoto), 124 (Erich Lessing) – **Anzenberger:** 10.2, 60.2 (Toni Anzenberger), 59.2 (Guenther Thoeni) – **Archivio di Fondazione Arena di Verona:** 108 (Gianfranco Fainello) – **Artur:** 110 (Klaus Frahm) – **Bildagentur-online:** 1.2 (Wh.), 106 (N.N.), 22, 39.1, 55, 59.1, 66, 75 (Guido Alberto Rossi) – **Bilderberg:** 63 (Berthold Steinhilber), 83 (Milan Horacek) – **Das Fotoarchiv:** 29 (Ernst Stadler) – **ddp images/AP:** 15 – Reinhard Eisele: 1.3 (Wh.), 47 – **Fotolia:** U4.2 (NikonSteff) – **Hotel Laurin, Salò:** 65 – **Huber:** 2.1 (Wh.), 88, 89 (Franco Cogoli), 2.2 (Wh.), 3.1 (Wh.), 16, 45, 100 (Gräfenhain), 3.2 (Wh.), 26, 30, 33, 38, 105, 121 (Fantuz Olimpio), 2.4 (Wh.), 32, 73, 112 (Bernhart), 6, 93 (Simeone), 7.2 (Friedel), 18, 27 (Johanna Huber), 39.2 (Potschka), 43 (Bachmann), 57, 99, 119 (Lubenow), 60.1 (Guido Baviera), 76 (Luca Da Ros), 81 (N.N.), 90 (Luca Gusso), 127 (S. Raccanello) – **Ifa-Bilderteam:** 42, 68 (Stadler) – **Helga Lade:** 95 – **Laif:** 2.3 (Wh.), 3.3 (Wh.), 7.3, 24, 34, 35, 36, 37, 51 (Wh.), 69, 72 (Max Galli), 7.1, 8.2, 50.2, 128.1 (Celentano), 8.1, 96 (Standl), 10.3 (Wh.), 23, 128.3 (Sabine Bungert), 20, 128.5 (Clemens Zahn), 31 (Luigi Caputo), 92 (Heuer), 94 (Heidorn), 103 (Hemispheres), U4.1 (Tobias Gerber) – **LOOK:** 10.1 oben (Wh.), 128.4 (Uli Seer), 46.2 (Klaus-Gerhard Dumrath), 54 (CO2), 58 (Sabine Lubenow), 85 (Franz Marc Frei), 107 (Javier Larrea), 123 (Wilfried Wirth) – **MART, Rovereto:** 11.2 – **Mauritius:** 1.1 (Wh.), 50.1 (Bernd Ritschel), 3.4 (Wh.), 52, 53, 71 (imagebroker), 11.1 (imagebroker/Christian Handl), 49 (Westend61), 86, 97 (CuboImages), 113 (AGE), 117 (Hiroshi Higuchi) – **Museo delle Palafitte del Lago di Ledro:** 12.2 – **Picture Alliance:** 48 (Udo Bernhart), 102 (Axel M. Mosler) – **Schapowalow:** 9.1 (Atlantide), 9.2, 10.4, 79, 111 (SIME), 125 (Robert Harding) – **Shutterstock:** 128.2 – **Martin Thomas:** 14.2 – **Superbild:** 46.1 (Photo_Bank) – **Visum:** 109 (Alfred Buellesbach) – **Thomas Peter Widmann:** 70 – **Ernst Wrba:** 41.
Alle anderen Abbildungen stammen aus dem Archiv des Verlages.